Y LLINYN ARIAN

THOMAS GEE 1815-98

Y LLINYN ARIAN

Agweddau o Fywyd a Chyfnod

THOMAS GEE

(1815-1898)

gan

IEUAN WYN JONES

❖   ❖   ❖

GWASG GEE

Dinbych

Ⓗ IEUAN WYN JONES A'R CYHOEDDWYR

Argraffiad Cyntaf: HYDREF 1998

ISBN: 07074 0317 0

Dymuna'r cyhoeddwyr gydnabod cymorth Adrannau Cyngor Llyfrau Cymru.

Argraffwyr a Chyhoeddwyr:

GWASG GEE, DINBYCH, LL16 3SW

Cyflwynedig i

EIRIAN

Cynnwys

Darluniau

Rhwng tt. 64 a 65

Gwilym Hiraethog, Syr Hugh Owen, Henry Richard a John Griffiths 'Y Gohebydd'.

Y milwyr yn nhref Dinbych, Mai 1888.

Bronallt, Stryd y Dyffryn, Dinbych – cartref Thomas Gee.

Thomas Gee a'i geffyl, Degwm.

Susannah, gwraig Thomas Gee, 1892.

Priodas Aur Mr. a Mrs. Thomas Gee, 1892.

Staff Gwasg Gee yn 1892.

Pwyllgor Gwaith Eisteddfod Genedlaethol 1882.

Swyddogion Y Capel Mawr, Dinbych, 1898.

Angladd Thomas Gee, 3 Hydref 1898.

Diolchiadau

Cefais sawl cymwynas ac ysgogaeth wrth fynd ati i lunio'r gyfrol hon. Bu'r syniad yn cyniwair ers rhai blynyddoedd, ond fe ddaeth y sbardun angenrheidiol wrth sylweddoli ein bod yn prysur nesáu at ganmlwyddiant marwolaeth Thomas Gee. Trafodais fy mwriad efo Mr Emlyn Evans, Rheolwr-Gyfarwyddwr Gwasg Gee, ac yr oedd ei barodrwydd i ystyried cyhoeddi ac argraffu yn symbyliad ychwanegol. Yn sicr, bu ei anogaeth a'i gefnogaeth gyson yn amhrisiadwy, yn arbennig felly ei waith manwl a thrylwyr wrth olygu'r gyfrol. Pwysais yn drwm ar gyngor doeth rheolwr Gwasg Gee, Mr Alun Williams, yn arbennig yn y cyfnod olaf. Diolch hefyd i Mr R. M. Owen am gymorth efo'r lluniau i'r gyfrol. Mae Mr Owen wedi gwneud cyfraniad pwysig iawn fel hanesydd lleol yn Ninbych a'r cylch.

Bu astudio hanes yn ddiddordeb brwd gennyf ers dyddiau ysgol, ac mae'r diolch pennaf am hynny i Mr Phillips, fy athro hanes yn ysgol Tŷ Tan Domen, Y Bala ac yn ddiweddarach yn Ysgol y Berwyn. Sylweddolais yn fuan iawn mai ychydig o hanes Dinbych, fy nhref enedigol, a gefais tra oeddwn yn yr ysgol gynradd yno a bod hynny'n brofiad i lawer o'm cyfoedion hefyd. Wedi dychwelyd i'r dref yn 1974 ar ôl priodi y deuthum i lawn sylweddoli lle canolog pobl fel Thomas Jones a Thomas Gee nid yn unig yn hanes yr ardal, ond yn hanes ein cenedl yn ogystal.

O edrych ar lyfryddiaeth hanes Cymru, prin iawn fu'r deunydd safonol yn y Gymraeg a'r Saesneg hyd at yn gymharol ddiweddar. Mae ein dyled fel Cymry'n fawr iawn i John Davies am ei gyfrol *Hanes Cymru*, sy'n dod â hanes y genedl o fewn cyrraedd i bob un ohonom. Bu'r gyfrol yn gydymaith amhrisiadwy i mi drwy gydol y cyfnod y bûm wrthi'n ymchwilio ac yn ysgrifennu. Yn ogystal bu cyfrolau Kenneth O. Morgan, *Wales in British Politics 1868-1922* a *Rebirth of a Nation: Wales 1880-1980* wrth fy ochr yn gyson. Rhaid cytuno â John Davies pan ddywed fod cyfraniad R. T. Jenkins i'n dealltwriaeth o'r ddeunawfed ganrif a hanner cyntaf y bedwaredd ganrif ar bymtheg yn un llachar.

Dechrau'r daith o safbwynt y gwaith ymchwil manwl oedd

9

sgwrs a gefais efo Ellen Parry Williams, Llyfrgellydd Cymreig Prifysgol Bangor. Tynnodd Ellen fy sylw at y ffaith fod gan y llyfrgell gopïau o'r *Faner* a oedd bron yn gyflawn o 1857 ymlaen, a diolch iddi hi am bob cymorth a gefais. Rhai o'r profiadau mwyaf gwerthfawr a gefais oedd darllen ôl-rifynnau'r *Faner*, a sylweddoli'n fuan fod yma newyddiaduraeth boblogaidd o safon uchel. Hawdd deall sut y byddai'r darllenwyr yn awchu wrth ddisgwyl am y rhifyn nesaf i ddod o'r wasg.

Pwysais yn drwm ar amser ac amynedd staff y Llyfrgell Genedlaethol yn Aberystwyth, ac mae fy nyled yn fawr iddynt. Diolch i Graham Jones, o adran yr archif wleidyddol, am ei anogaeth ac ambell awgrym gwerthfawr. Diolch hefyd i Gwyn Jenkins, Ceidwad yr Adran Lawysgrifau a Chofysgrifau, a'i staff am eu cymorth wrth imi fod wrthi'n chwilota'r swmp o ddeunydd sydd ar gael am Thomas Gee. Cefais gwmni sawl cyfaill wrth imi dreulio amser yn Aberystwyth. Hoffwn ddiolch yn arbennig i Mary, gwraig Philip Henry Jones, am ddod â gwaith pwysig ei gŵr ar Wasg Gee i'm sylw. Bu ei gyfraniadau ef yn y *Traethodydd* a *Thrafodion Hanes Sir Ddinbych* yn gymorth amhrisiadwy, ac yn gyfrwng i edrych o'r newydd ar agweddau o gymeriad Thomas Gee. Gobeithio'n fawr y cawn ni weld llawer mwy o ffrwyth ei lafur wedi'i gyhoeddi'n fuan.

Cyfaill arall a fu'n gymorth mawr yw fy nghyd-aelod seneddol, Cynog Dafis. Bu'r ugain munud o daith rhwng Westminster a West Kensington ar y tiwb wedi pleidlais ddeg yn bwysig iawn wrth drafod rhannau o'r llyfr. Cefais nifer o awgrymiadau gwerthfawr ganddo, ond y pwysicaf o ddigon oedd ei anogaeth i ailddarllen nofelau Daniel Owen. Yn wir, bu ailddarllen *Rhys Lewis* yn arbennig yn gyfrwng i mi ddeall naws rhan o'r cyfnod yr oeddwn yn ymdrin ag o yn well, yn ogystal â chadarnhau rhagoriaethau Daniel Owen fel nofelydd.

Mae'r diolch pennaf, wrth gwrs, i'm teulu, ac i Eirian yn fwyaf arbennig. Cyflwynaf y llyfr iddi hi. Heb ei chymorth a'i chydweithrediad, ni fyddai'r gyfrol wedi gweld golau dydd. Buom yn byw a chysgu Thomas Gee am gyfnod mor faith fel na allwn fod wedi cyflawni'r gwaith heb y gefnogaeth a'r anogaeth barod a gefais ganddi. Treuliasom fis ar benrhyn Cotentin yn Normandi ym mis Awst 1997, ac yno y cefais yr hamdden a'r cyfle i wneud llawer o'r gwaith ysgrifennu.

Medi 1998

10

Cyflwyniad

Yr oedd Thomas Gee yn gymeriad pwysig yn hanes diweddar Cymru, ac o ganlyniad mae'n anodd dirnad paham fod cyn lleied wedi'i ysgrifennu amdano. Pe byddai wedi byw a gweithio mewn unrhyw wlad arall ymron yn Ewrop, byddai'n cael ei ystyried yn ffigur mawr, ac wedi cael sylw haeddiannol. Yn Lloegr byddai ei ddylanwad yn cymharu'n ffafriol â, dyweder, Beaverbrook neu Northcliffe. Dewisiodd weithio yng Nghymru, ac fe gyhoeddodd y papur newydd mwyaf llwyddiannus ac ehangaf ei gylchrediad yn hanes y Gymraeg.

Ganed Thomas Gee ym mlwyddyn brwydr Waterloo a bu farw ychydig dros flwyddyn cyn troad y bedwaredd ganrif ar bymtheg. Yn ystod ei oes faith, gwelodd gryn newid yng nghyflwr gwleidyddol, cymdeithasol, addysgol a chrefyddol Cymru. Yn ogystal, gwelwyd darganfyddiadau gwyddonol a chreu cymdeithas ddiwydiannol ar draws Ewrop. Bu Thomas Gee yn gysylltiedig â llawer o'r meysydd hyn.

Credaf fod achlysur canmlwyddiant ei farwolaeth yn amser priodol i ailedrych ar ei gyfraniad i fywyd Cymru. Gan ei fod yn gymeriad mor amlochrog, ac wedi byw bron hyd ddiwedd y ganrif o'r blaen, byddai wedi bod yn dasg amhosibl i mi edrych ar bob agwedd o'i waith a'i fywyd: hynny oherwydd prinder amser. O ganlyniad, penderfynais ganolbwyntio ar ei gyfraniad fel gwleidydd ar y llwyfan cenedlaethol, a golygydd a pherchennog *Y Faner*. Gan fod y cyfnod hwn yn hanes Cymru yn un mor ddiddorol, ceisiaf ei roi yng nghanol y cyfnod hwnnw yn hytrach nag olrhain ei achau'n ormodol. Gwnaed hynny'n dra effeithiol yng nghyfrol T. Gwynn Jones, a ph'run bynnag doedd gan Thomas Gee ei hun fawr o ddiddordeb yn y pwnc.[1] Fe ysgrifennodd rhyw Lady Verney ato ym mis Hydref 1892, gan ofyn a oedd ganddo gysylltiad teuluol â dyn o'r enw Gee ym mysg pleidwyr alltudiedig Siarl y Cyntaf yn Blois yn 1650, ond ni

---

[1] Jones, T. Gwynn, *Cofiant Thomas Gee* (Gwasg Gee, 1913) t. 1 (o hyn allan *Cofiant TGJ*).

thrafferthodd i'w hateb. Mae dylanwadau teuluol yn bwysig, ac nid anghofir hynny yn llwyr. Ond wedi'r cwbl, dyn ei gyfnod oedd Thomas Gee, a phriodol yw i ni ei weld felly.

Hyd yma, yr unig *Gofiant* ohono yw hwnnw o eiddo T. Gwynn Jones a gyhoeddwyd yn 1913, prin bymtheng mlynedd ar ôl marwolaeth Thomas Gee. Gwnaeth hynny ar gais y teulu, ac fe gafodd beth trafferth – fel y mae ei ohebiaeth efo merch Thomas Gee yn tystio.[2] Nid ef oedd y dewis cyntaf na'r ail i ymgymryd â'r gwaith. Yn wreiddiol, ymddiriedwyd y dasg i'r Parch. Griffith Ellis, Bootle, ond methodd â'i gwblhau oherwydd afiechyd. Yr ail ddewis oedd D. E. Jenkins, ac er iddo ef wrthod fe awgrymodd enw T. Gwynn Jones.[3] Rhaid cydnabod, fodd bynnag, na allai Griffith Ellis fod wedi rhagori ar waith T. Gwynn Jones, sydd yn glasur o *Gofiant* awdurdodol. Roedd yn adnabod Thomas Gee yn dda. Meddai yn y nodiad ar ddechrau'r gyfrol:

> *Cefais y fraint o adnabod Mr Gee yn dda, pan oedd ef yn hen ŵr a minnau'n llanc. Ceisiais adael iddo adrodd ei hanes ei hun, hyd y gellais.*

Gofynnwyd iddo ysgrifennu llyfr o oddeutu 600 tudalen, a gwnaeth hynny mewn amser cymharol fyr.[4] Bu'n gweithio fel gohebydd ar *Y Faner* rhwng 1890 a 1893 a rhwng 1895 a 1898, ac o ganlyniad i hynny adwaenai wrthrych ei *Gofiant* yn bersonol. Er bod T. Gwynn Jones yn ei lythyr at Mary Gee ar y 13eg o Fai 1913 yn amddiffyn ei gynnwys, gan bwysleisio ei fod am i'w thad siarad drosto'i hun gymaint ag a oedd yn bosibl, mae'n amlwg fod y llyfr yn fwy o folawd nag o *Gofiant* gwrthrychol. Hawdd gweld sut y bu i hynny fod. Wedi'r cwbl, roedd Gee yn un o arwyr mawr Gwynn Jones, a'r berthynas rhyngddynt yn un meistr a gwas am rai blynyddoedd.

Erbyn hyn mae modd inni weld Thomas Gee mewn golwg newydd, a hwnnw'n olwg tipyn mwy gwrthrychol. Cyhoeddwyd toreth o lythyrau ac erthyglau ar hanes y bedwaredd ganrif ar bymtheg, ac o'r herwydd fe ellir dehongli rhan Thomas Gee yn nigwyddiadau'r cyfnod yn fwy cytbwys. Cyfrol John Davies ar *Hanes Cymru* yw un o'r cyfrolau diweddaraf a phwysicaf ar y

---

[2] LLGC 8311D.
[3] Gweler erthygl Philip Henry Jones yn *Y Traethodydd*, Hydref 1992.
[4] *Cofiant T. Gwynn Jones* (David Jenkins, Gwasg Gee 1973. t. 231).

maes hwn, ac mae'n rhaid cyfeirio hefyd at gyfrolau Kenneth O. Morgan, *Wales in British Politics 1868-1922* a *Rebirth of a Nation: Wales 1880-1980*. Yn ychwanegol, cyhoeddwyd erthyglau gwerthfawr ac ysgolheigaidd gan J.E.Caerwyn Williams a Philip Henry Jones yn *Y Traethodydd* ar ran Thomas Gee yn sefydlu'r cylchgrawn hwnnw, ac fe dynnais yn helaeth arnynt wrth ymdrin â'r pwnc yn y llyfr hwn. Ceir erthyglau eraill gan Philip Henry Jones ac S. I. Wicklen ar Wasg Gee yn *Nhrafodion Cymdeithas Hanes Sir Ddinbych*.

Gellir nodi yn y fan hyn mai un o lwyddiannau mawr *Y Faner* yn ei gyfnod ef oedd y modd y bu i Thomas Gee ddod â gwŷr talentog i weithio ar y papur. Crybwyllwyd eisoes am gyfnod T. Gwynn Jones fel gohebydd ac yr oedd Gwilym Hiraethog yn cyfrannu'n gyson yn y blynyddoedd cynnar. Yn yr un modd, bu Emrys ap Iwan ar staff *Y Faner* am gyfnod gweddol fyr (1885-87) ac yn llythyrwr ac erthyglwr cyson i'r papur am gyfnod llawer hwy.

Rhaid crybwyll un ffaith arall am ran Mary Gee yn y fenter o sicrhau *Cofiant* teilwng i'w thad. Fe ysgrifennodd T. Gwynn Jones at Lloyd George i ofyn am sylwadau. Ni chafodd ateb, ac meddai mewn llythyr at Miss Gee ar yr 8fed o Dachwedd 1912:

> *I need hardly say that I will not write to him again, as I do not think the memory of the man who made his career possible for him requires any unwilling or thoughtless patronage from any person, however elevated he may be.*[5]

Yn amlwg, doedd hyn ddim wrth fodd Miss Gee. Yn wrthgefn i T. Gwynn Jones, fe ysgrifennodd hi at Lloyd George, ac o'r diwedd fe anfonwyd nodyn wedi'i ar-ddweud ganddo yn Saesneg gan ofyn i Gwynn Jones ei gyfieithu. Ond nid oedd cynnwys y nodyn o deyrnged yn ddigon da ganddi, ac fe anfonodd eilwaith at Lloyd George yn gofyn iddo ei ailysgrifennu. Gwrthododd yntau wneud hynny, fel yr eglurodd ei ysgrifennydd preifat, y Dr Thomas Jones, mewn llythyr at T. Gwynn Jones ar y 6ed o Fehefin 1913.[6] Yn amlwg, nid oedd merch hynaf Thomas Gee yn un i'w chroesi yn ysgafn.

---

[5] Llawysgrifau Thomas Gee LLGC 8311D.
[6] *Cofiant T. Gwynn Jones* gan David Jenkins, t. 231-2.

Penderfynodd Thomas Gee yn weddol gynnar yn ei oes mai fel perchennog Gwasg Gee y gallai wneud y cyfraniad mwyaf i fywyd Cymru. Yr oedd yn ŵr o ynni dihysbydd ac yn weithiwr diarbed. Doedd o ddim yn llenor ac nid oedd ganddo feddwl gwreiddiol. Er hynny, yr oedd Y *Faner* yn llwyddiant oherwydd safon ei newyddiaduriaeth, ac am fod y papur ar seiliau busnes cadarn. Yn y maes newyddiadurol Cymraeg, does neb yn dod yn agos ato o ran dylanwad ar ddarllenwyr ail hanner y bedwaredd ganrif ar bymtheg. Bu peth dadlau ynghylch cylchrediad Y *Faner*, a oedd ar ei anterth yn chwarter ola'r ganrif. Yn ei dystiolaeth o flaen pwyllgor seneddol, dywedodd Howell Gee, un o feibion Thomas Gee, fod ei gylchrediad yn 50,000. Mae hynny'n awgrymu fod rhwng 15,000 a 20,000 o gopïau'n cael eu hargraffu. Ond yn ôl perchenogion presennol Gwasg Gee, mae'n anodd credu y gallai'r wasg fod wedi argraffu cymaint o un rhifyn, a byddai 10,000 yn agosach ati.

Yn ei fywyd personol gallai fod yn galed a didostur ar brydiau gan ddisgwyl ymroddiad llwyr gan y rhai a weithiai iddo. Ar y llaw arall, yr oedd agwedd ei ferch, Mary, ato yn ymylu ar eilun-addoliaeth, a'i fab Howell a'i dilynodd fel perchennog y wasg. Yn y maes gwleidyddol, gwelwyd Cymru'n symud oddi wrth geidwadaeth y tadau Methodistaidd i gyfnod llawer mwy rhyddfrydol a radical ar ôl 1843, ac yn fwy amlwg felly ar ôl 1868. Bu Thomas Gee yn fodd i hybu a chefnogi cenhedlaeth o Gymry ifainc a disglair i fentro i'r maes gwleidyddol.

Ym myd addysg, sylwn ar y frwydr i sefydlu system addysg elfennol ac eilradd, a rhan Thomas Gee yn y frwydr i sefydlu coleg prifysgol yn y gogledd. Ymunodd â'r Methodistiaid Calfinaidd yn 1830, bu'n weinidog ac yn aelod blaenllaw o'r cyfundeb, gan ddatgan yn frwd ac yn eofn fod angen i'r aelodau ystyried cyflwr cymdeithasol pobl Cymru yn ogystal â'u cyflwr moesol ac ysbrydol. Bu'n ymhél â byd busnes a masnach, a chawn ef yng nghanol y cynllun i agor rheilffordd rhwng Dinbych a'r Rhyl.

Mae'n debyg mai David Rees, gweinidog gyda'r Annibynwyr yng Nghapel Als ger Llanelli, a golygydd Y *Diwygiwr* rhwng 1835 a 1865, sy'n dod agosaf at Thomas Gee fel ffigur mwyaf y wasg radical yng Nghymru yn y bedwaredd ganrif ar bymtheg. Fe'i gelwir yn *bencampwr Rhyddfrydiaeth yng Nghymru yn y cyfnod hwn* gan R.T. Jenkins yn ei gyfrol ardderchog ar hanes Cymru yn

Thomas Jones – Sylfaenydd y wasg a ddaeth yn Wasg Gee

Denbigh
CIRCULATING LIBRARY.

The Corporation of Denbigh

Bought of T. Gee & Son,
PRINTERS,
Booksellers, Stationers and Bookbinders,
Welsh Publishers.

Periodicals, Music, Fancy Articles, &c. immediately procured — Account Books ruled & made to order.
WALL PAPERS AND PATTERNS.
Agents for the Phœnix Fire & Clerical & Medical Life Assurance Companies.

NEWSPAPER & ADVERTISING AGENTS.

PIANO FORTES OF ALL MAKERS AT THEIR PRICES.

Date			£	s	d
1843					
Decr 15	Printing 50 Lists of Borough Corporate Officers			13	
March 16	Richards's Commutance			3	
	Letter paper 9 — Pens 9 — Bottle of Ink 1			2	
Jany 19	Printing 100 Statements of debt			14	6
29	do 50 Requisitions about Livesey			8	6
Feby 10	do 2100 Tickets about Weighing Coal			17	6
March 15	do 50 Bills of Land in Green to let			5	
May 30	do 40 Bills of mad Dogs			8	
Nov 27	do 50 Lists of Corporate Officers			13	
Decr 24	do 50 Statements of accounts			12	

£ 4 16 6

Feby 17th 1845 Rec'd the above by
the payment of W. Hartings Treasurer
Gee & Son

hanner cyntaf y ganrif. Wrth bwyso a mesur cyfraniad y ddau, ni ellir ond dod i'r casgliad fod Thomas Gee ar y blaen, gan iddo asio'i waith fel golygydd papur newydd a dyn busnes, ac fel gwleidydd ymarferol a nerthol, am gyfnod mor faith. Bu'r *Faner* yn ddylanwad ar genedlaethau o Gymry Cymraeg, ac yn fodd i ddod â newyddion Cymru, gwledydd Prydain ac yn wir o wledydd tramor iddynt am y tro cyntaf. Nid papur 'annibynnol' mo'r *Faner.* Defnyddiodd Thomas Gee'r papur yn. ddiedifar fel erfyn yn nwylo'r Rhyddfrydwyr, ac yr oedd yr un mor wleidyddol unllygeidiog â, dyweder, y *Daily Telegraph* o du'r Torïaid heddiw. Dyna'r fantais fawr o beidio â gorfod dibynnu ar nawdd cyhoeddus i'w gynnal, fel y mae cymaint o gyhoeddiadau Cymraeg ein hoes ni.

Sut mae mesur llwyddiant Thomas Gee yn y gwahanol feysydd y bu'n ymwneud â nhw? Fel yn hanes pob dyn, digon cymysg oedd ei lwyddiannau. Un o'r brwydrau cyntaf oedd yn erbyn y dreth eglwys, ac fe ddiddymwyd honno yn 1868. Brwydrodd yn hir a chaled o blaid hawliau tenantiaid amaethyddol, ond fe aeth y gwres o'r ymdrech honno pan sefydlwyd Comisiwn Brenhinol yn 1896. Datgysylltiad yr Eglwys oedd un o'i brif amcanion, ac ni wireddwyd hynny tan 1920. Ef oedd un o brif arweinwyr Cymru Fydd yn y nawdegau, â'i fryd ar ymreolaeth i Gymru. Aflwyddiannus oedd ei ymdrechion yn y cyswllt hwn, wrth iddo fethu â chymodi rhwng elfennau croes yn Ne Cymru. Bu ei ymdrech i sefydlu system addysg yn lled lwyddiannus, er mai ychydig o Gymraeg a geid yn yr ysgolion. Bu wrthi'n dadlau o blaid sefydlu coleg prifysgol i Ogledd Cymru, ac fe agorwyd coleg ym Mangor cyn diwedd y ganrif. Roedd rhai o'i syniadau ar y pwnc hwn yn rhyfedd, a dweud y lleiaf, fel y cawn weld eto.

Er ei holl ymdrechion, ei ynni dihysbydd, a'i gyfraniad sylweddol i sicrhau bod Cymru'n elwa o'r rhyddfreinio cyson a ddigwyddodd yn ystod y bedwaredd ganrif ar bymtheg, a'i awydd am wella cyflwr yr ardaloedd amaethyddol, ni all rhywun lai na chredu iddo dreulio llawer gormod o'i amser yn ffraeo efo Eglwyswyr yn hytrach na chadw ei lygad ar yr elfennau pwysig. Dywed Kenneth Morgan:

> *The sectarian malice of ministers and bishops, journalists and publicists, the denominational rancour of men like Thomas Gee*

and Bishop A. G. Edwards of St. Asaph divided and defused the national energies. [7]

Brawddeg gignoeth yw hon, ond mae yna ddigon o wirionedd ynddi i fod yn werth ei dyfynnu. Mynegodd Emrys ap Iwan yr un safbwynt, ond o gyfeiriad tra gwahanol, yn ei erthygl yn Y *Geninen* ym mis Ebrill 1892. Meddai:

> *Pethau amgylchiadol nad oes a wnelont ddim â'n cymeriad a'n bodolaeth fel cenedl, ydyw dadsefydlu Eglwys Loegr, a diwygio deddf y tir; ac am hynny ni a allwn aros yn hir am bethau felly heb fawr o sarhad na cholled. Y sarhad o beidio â bod yn genedl a fyddai yn sarhad mawr; colli'n hiaith a fyddai'n golled erchyll.*

Yr oedd Thomas Gee yn perthyn yn rhy agos i genhedlaeth a welodd 'orthrwm' yr eglwyswyr ar y Methodistiaid cynnar i fod yn hollol wrthrychol ar y mater hwn. Cawn weld fod tref Dinbych wedi gweld tywallt gwaed wrth i'r pregethwyr teithiol geisio cynnal oedfaon yno. Cofiaf i ddiacon yng nghapel fy nhad yn y dref ddweud wrthyf am gyfnod pan na adawai offeiriad i deuluoedd ymneilltuol gladdu eu meirw ym mynwent yr Eglwys Wen, a bu'n rhaid eu claddu y tu allan i wal y fynwent mewn tir nad oedd yn gysegredig. Adroddai'r stori efo cymaint o arddeliad fel y gwyddwn fod teimladau cryfion yn y dref yn erbyn y modd y bu i rai eglwyswyr ymddwyn, a bod hanesion fel hyn yn cael eu trosglwyddo o genhedlaeth i genhedlaeth.

Er hyn i gyd, rhaid gosod Thomas Gee yn agos i ben y rhestr o'r Cymry mwyaf dylanwadol yn ystod y bedwaredd ganrif ar bymtheg, hyd yn oed os nad yw'n cyrraedd y brig. Meddai Kenneth Morgan eto:

> *Thomas Gee serves as the link between the mid-Victorian world of S.R. and Lewis Edwards and the neo-nationalism of Lloyd George and Tom Ellis. His death in 1898, shortly after that of the other Grand Old Man, Mr Gladstone, marked a great divide in the odyssey of Welsh Liberalism. The Baner was never quite the same newspaper again.* [8]

[7] *Rebirth of a Nation: Wales 1880-1980* (Kenneth O. Morgan) (Gwasg y Brifysgol. 1981).
[8] *Rebirth of a Nation* t. 50.

Safodd Thomas Gee fel llinyn arian, yn clymu'r gwahanol elfennau ym mywyd Cymru yn ystod canrif bwysig yn ein hanes. Gobeithio y cewch fwynhad o ddarllen y gyfrol hon sy'n trafod rhai agweddau o'i fywyd a'i gyfnod.

Cynfas y Cyfnod

Er mwyn 'ceisio deall y dylanwadau a ffurfiodd gymeriad yn ogystal â daliadau crefyddol a gwleidyddol Thomas Gee, mae'n werth treulio ychydig o amser yn edrych ar hanes y cyfnod a arweiniodd at ddyfodiad ei dad i Ddinbych, ac ar y digwyddiadau pwysig a gadarnhaodd ei syniadau radical ar wleidyddiaeth. Mae Kenneth O. Morgan yn dweud amdano:

> *Always to the left in politics, he flirted for a while with republicanism.*[1]

Heb fynd i ormod o helynt wrth geisio esbonio yr hyn a olygir wrth y chwith mewn gwleidyddiaeth, a gwleidyddiaeth y bedwaredd ganrif ar bymtheg at hynny, gellir dweud yn weddol ddiogel fod gwleidyddiaeth Thomas Gee ymhell i'r chwith i arweinwyr y Methodistiaid Calfinaidd yn ystod y cyfnod o'i flaen, pobl megis Thomas Jones, Thomas Charles a John Elias, ac yn fwy radical na llawer o'i gyfoedion. Bu llawer o wgu mewn Cymdeithasfa a Chyfarfod Misol o ganlyniad i'w argyhoeddiadau gwleidyddol.

Mae hanes tref Dinbych yn hynod o ddiddorol, a cheisiwn sylwi ar rai o'r digwyddiadau pwysig o ganol y ddeunawfed ganrif ymlaen. Gall y sawl sy'n dymuno pori yn hanes y dref cyn hynny droi at lyfrau neu lyfrynnau diddorol eraill. Rhydd T. Gwynn Jones yn ei gofiant ef amlinelliad bras o'r cyfnod ar ôl 1282.[2] Yn Ninbych y gwelwyd rhai o'r enghreifftiau ffyrnicaf o'r gwrthdaro rhwng y Methodistiaid Calfinaidd a'r Eglwyswyr yn y 1750au. Gwnaeth Hywel Harris ymgais i bregethu ar gyrion y dref yn 1751. Dywedir i ran o'r dorf a ymgasglodd i wrando arno godi terfysg, ac o ganlyniad bu'n rhaid iddo ffoi i dŷ un o ffyddloniaid

---

[1] *Rebirth of a Nation* t. 50.
[2] *Cofiant*, TGJ, t. 28-32.

y Methodistiaid, sef Thomas Lloyd, a oedd yn byw yn stryd Henllan. Tua diwedd 1751, anfonodd Harris ddau o'i gynghorwyr i ymweld â Dinbych, er mwyn paratoi'r ffordd am gyfle arall i genhadu yn y dref. Ond yr un driniaeth a ddaeth i'w rhan hwythau. Llusgwyd un ohonynt, Edward Oliver, o gartref Thomas Lloyd a'i daflu i'r llyn ym Mhwll y Grawys. Erbyn hyn gwyddai Hywel Harris fod yna beryglon mawr i'w gefnogwyr yn y dref, ac fe ysgrifennodd yn ei ddyddlyfr:

> Some of our brethren being like to be killed in Denbigh and Anglesey now . . . None to be here but such as are willing to go . . . Denbigh where life is in danger. All answered in the affirmative.

Yn ei anterliwt *Bannau y Byd* dywed Twm o'r Nant, un arall o wŷr enwog Dinbych, wrth sôn am yr erledigaeth a ddioddefai'r Methodistiaid cynnar:

> Ond Dinbych a'r Bala oedd yn ateb hynotta,
> Yn fwy cignoeth eu cygne na thrigolion unlle.

Yna, ceir hanes am ddwy wraig o blwyf Llansannan, ryw naw milltir o dref Dinbych, sef Margaret Hughes a Barbara Parry a ddioddefodd erledigaeth hynod o boenus gan dorf yn y dref. Yr oedd y ddwy wedi ymuno â'r Methodistiaid ac yn dilyn y pregethwyr teithiol i'r gwasanaethau. Yn achos Margaret Hughes, fe'i tynnwyd oddi ar ei cheffyl a rhwygwyd ei dillad. Yn achos Barbara Parry, dywedir iddi hi gael ei tharo'n fileinig a'i thaflu i Bwll y Grawys ar ôl tynnu'r rhan fwyaf o'i dillad. Ar achlysur arall, rhwystrwyd Peter Williams rhag pregethu yn y dref, ac fe ladratawyd ymron bopeth oddi arno.

Dengys yr adroddiadau yma wroldeb y criw cymharol fychan o Fethodistiaid cynnar a fynnai addoli yng nghyffiniau Dinbych. Nid oes tystiolaeth bendant ar gael fod aelodau blaenllaw o'r eglwys wladol wrth wraidd yr helyntion, ond mae'n weddol amlwg fod yr erledigaeth yn cael cefnogaeth oddefol ganddynt. Wedi'r cwbl, nid oes yna fawr o amheuaeth fod rhai eglwyswyr yn elyniaethus iawn i ymdrechion Hywel Harris ac eraill i wneud marc yn Nyffryn Clwyd. Mae yna enghreifftiau penodol o erledigaeth gan aelodau eglwysig mewn rhannau eraill o sir Ddinbych. Bu'n rhaid i Edward Oliver adael ei ardal enedigol yng nghyffiniau Wrecsam ar ôl cael ei erlid gan Syr Watkin Williams Wynn yn 1748.

Ni ddaeth yr helyntion yn Ninbych i ben hyd nes dwyn achos llys yn erbyn y rhai a erlidiai'r Methodistiaid. Daethpwyd â'r achos cyntaf gerbron y Seisys yn Rhuthun, ond fe'i taflwyd allan. Yna dygwyd achos gerbron y *King's Bench* yn Llundain. Dyma enwau rhai o'r diffinyddion fel y bu iddynt ymddangos yn yr wŷs:

> *Samuel Croke, late of Henllan Street in the County of Denbigh, Corvisor; Robert Roberts otherwise Williams, late of Henllan Street, butcher; William Hughes, late of Henllan Street, Corvisor; Edward Lloyd, late of Denbigh, Corvisor; Emanuel Williams, late of the Parish of Henllan, Labourer; and John Williams, late of the Parish of Henllan, Labourer . . .*

Peidiodd yr erledigaeth pan gafwyd dyfarniad euog yn erbyn y diffinyddion yn yr achos yn Llundain. Er hynny nid oes fawr o amheuaeth nad oedd yr helyntion yn fyw iawn yng nghof y Methodistiaid a sefydlodd achos parhaol yn Ninbych yn negawd ola'r ddeunawfed ganrif. Codwyd y Capel Mawr cyntaf yn 1793, ac yn y cyswllt yma y daw enw Thomas Jones i sylw gyntaf mewn perthynas â'r dref. Er ei fod bryd hynny yn byw ar fferm Penucha, Caerwys, ceir ei enw flwyddyn ynghynt ar y weithred sy'n cofnodi prynu safle'r capel.

Chwaraeodd Thomas Jones ran mor allweddol yn nyfodiad Thomas Gee yr hynaf (h) i Ddyffryn Clwyd, ac yn hanes datblygiad enwad y Methodistiaid Calfinaidd y bu gan ei fab gymaint o ran yn ei hanes wedi hynny, fel bod yn rhaid rhoi tipyn o sylw iddo yn y fan hyn. Fe'i ganed yn 1756 ar fferm Plas Uchaf yn fab i Edward a Jane Jones. Yr oedd ei rieni yn weddol gyfoethog, a chan fod Thomas yn blentyn disglair, roeddent yn awyddus iddo gael addysg dda i'w baratoi ar gyfer derbyn urddau eglwysig. Treuliodd gyfnod yn ysgol ramadeg Caerwys, lle yr oedd Edward Williams Rotherham yn gyd-fyfyriwr ag ef. Ymunodd Thomas Jones â'r Methodistiaid yn ddwy ar bymtheg oed, ac o ganlyniad rhwystrodd ei dad ef rhag mynd i'r brifysgol. Er hynny yr oedd yn ddarllenwr brwd ac yn arddangos dawn fel llenor yn gynnar iawn. Cyfarfu â Thomas Charles yn 1785, a dechreuodd perthynas glòs rhwng y ddau. Yng nghyfnod y chwyldro yn Ffrainc, cyhoeddwyd deunydd hynod radical yn y Gymraeg am y tro cyntaf. Yr oedd to o Gymry yn Llundain yn aelodau o'r Gwyneddigion. Yn eu plith yr oedd John Jones (Jac Glan-y-gors), a gyhoeddodd ddau bamffledyn herfeiddiol sef *Seren Tan Gwmwl*

21

(1795) a *Toriad y Dydd* (1797). Drwyddynt, ceisiodd Jac gyflwyno syniadau Tom Paine i'r Cymry. Ymosododd ar y frenhiniaeth, y llywodraeth, yr esgobion a'r offeiriaid. Diddorol hefyd yw sylwi mai un arall o'r Gwyneddigion, Thomas Roberts, yn wreiddiol o Lwyn'rhudol ger Pwllheli, oedd awdur *Cwyn yn erbyn Gorthrymder* (1798) sy'n ymosodiad ar y sefydliad eglwysig a'r degwm, a hynny'n faes brwydrau Thomas Gee yn ddiweddarach.

Yn ystod gaeaf caled 1795, cafwyd enghreifftiau o derfysg gan ffermwyr ledled Cymru a brotestiai yn erbyn prisiau isel eu cynnyrch a'r rhenti uchel a dalent ar eu ffermydd. Cawn hanes un digwyddiad yn Ninbych eto. Gwelai rhai o'r eglwyswyr gysylltiad rhwng syniadau'r chwyldro ym mhamffledi Jac Glan-y-gors, y terfysg mewn sawl ardal, a dylanwad arweinwyr y Methodistiaid ar y werin. Credai John Lloyd Hafodunos a'r Wigfair, a weithredai fel ustus heddwch yn sir Ddinbych, fod y ffermwyr a'r llafurwyr a wrthwynebai'r awdurdodau yno o dan ddylanwad y Methodistiaid. Nid oedd rhithyn o dystiolaeth i gefnogi'r honiadau yma ac yr oeddent yn gwbl ddi-sail. Yr oedd rhai o arweinwyr y terfysgoedd yn arddel syniadau a ddaeth yn boblogaidd adeg y chwyldro, ac yn wir adeg rhyfel annibyniaeth America. Ond ni chawsant unrhyw gefnogaeth gan y Methodistiaid. Yn y cyfnod hwn, o leiaf, yr oedden nhw'n rhy geidwadol eu gwleidyddiaeth.

Dychrynwyd y Methodistiaid gymaint gan yr honiadau yn eu herbyn fel y symbylwyd Thomas Jones i ateb drwy gyfrwng ei bamffledyn *Gair yn ei Amser.* Mae yna wahaniaeth barn ynglŷn â'r flwyddyn y'i cyhoeddwyd. Yn ôl Jonathan Jones, a ysgrifennodd gofiant teilwng iawn i Thomas Jones, fe'i cyhoeddwyd yn 1797, ond yn ôl Frank Price Jones, 1798 yw'r flwyddyn gywir. Beth bynnag am hynny, mae cynnwys y pamffled yn profi'n ddiamheuol nad oedd y Methodistiaid yn arddel syniadau Jac Glan-y-gors a'i gyfeillion. Yn wir, mae Thomas Jones nid yn unig yn amddiffyn y Frenhiniaeth a'r Llywodraeth ond y system·gyfalafol hefyd. Gallai Mrs Thatcher, hyd yn oed, floeddio haleliwia wrth ei ddarllen. Yn sicr, Edmund Burke oedd arwr Thomas Jones, ac nid Tom Paine. Dyma ddyfyniad o'r *Gair*:

> *Ac yma meddylied cyffredin a thlodion y wlad, sy'n byw ar lafur eu dwylaw, pa fath welliant a allent gael ar eu byd, wrth fod ein Gweithiau Plwm, Coppr, Haiarn, Gwlan, Llin, Cotton, &c. &c. yn*

22

cael eu hattal, a'n Marsiandiaeth yn cael ei difetha. Diau, pe gadawai'r gelynion i'r rhai tlotaf yn y tir gan rhan helaeth o holl gyfoeth y Boneddigion, y Marsiandwyr, &c. ni wnai'r ysglyfaeth ond ychydig les; neu yn hytrach ond y mawr niweid. Buan y darfyddai'r wledd wyllt, gan adael y tlodi, yr anhrefn a'r newyn dygnaf o'i hol. O herwydd fe all pob dyn a arfero ei reswm wybod, 1. Nad oes dim modd i bawb fod yn gyfoethogion mewn un gwlad pa bynnag; 2 Mae trwy fod etifeddiaethau a moddion helaethach gan rai, y mae llafurwaith a chelfyddydau, ac yn ganlynol bywoliaeth i gyffredin, yn cael eu dal i fyny, Ac, 3 ped ysbeilid y cyfoethogion, y byddai i attaliad gorchwylion, ac afreolaeth y'nghyd a'i holl ganlyniadau blin, ruthro arnom yn eu grym mwyaf. Buan y teimlid colled y cyfoethogion yn golled i'r tlodion hefyd.

Dosbarthwyd dros 10,000 o gopïau o lyfryn Thomas Jones, mewn ymgais i wrthsefyll yr honiadau a wnaed yn erbyn y Methodistiaid. Dangosodd y cynnwys yn ddigon eglur nad oedd ganddynt fawr o ddiddordeb yng nghyflwr cymdeithasol truenus y mwyafrif llethol o bobl Cymru y cyfnod hwn. Yn wir, ni ddaeth consýrn felly'n amlwg hyd at gyfnod S.R., Lewis Edwards a Thomas Gee ei hun, a hynny wedi marwolaeth John Elias yn 1841. Er y diffyg consýrn am gyflwr cymdeithasol y genedl, efallai fod John Davies yn ei gyfrol *Hanes Cymru*[3] yn gorbwysleisio effaith cyhoeddi *Gair yn ei Amser* ar y Cymry. Meddai:

> *Bu lledaeniad y safbwynt anymyrgar hwn cyn bwysiced ag erledigaeth y llywodraeth wrth gyfyngu effaith y Chwyldro Ffrengig ar Gymru – wrth fygu gweledigaeth y Gwyneddigion a'u cyfeillion o genedl y Cymry yn cael ei haileni mewn rhyddid.*

O blith Cymry Llundain ac alltudion eraill megis Richard Price a David Williams y cafwyd syniadau'r chwyldro yn ei ffurf fwyaf cignoeth. Buan y mygwyd eu hasbri a'u dylanwad wrth i'r chwyldro yn Ffrainc droi'n Deyrnasiaeth Braw yn 1793-4, ac fe weithredodd y llywodraeth i ladd unrhyw arlliw o radicaliaeth. Prin iawn oedd Cymry brodorol fel Thomas Glyn Cothi yr Undodwr a garcharwyd yng ngharchar Caerfyrddin am iddo goleddu syniadau a ystyrid yn chwyldroadol, ac am iddo olygu'r

---

[3] *Hanes Cymru* gan John Davies (Llyfrau Penguin 1992) t. 327.

cylchgrawn radicalaidd *Y Drysorfa Gymysgedig*. Ac fel y mae John Davies ei hun yn cydnabod, oerodd sêl y Gwyneddigion hyd yn oed a Jac Glan-y-gors 'yn barod i ganu clodydd Nelson'.

Ni ellir gorbwysleisio'r modd y bu i'r llywodraeth ymateb i syniadau'r chwyldro yn Ffrainc a'u rhwystro rhag ymledu a chynhyrfu'r werin. Yn 1795, Aeth William Pitt â dwy ddeddf drwy'r senedd i'w gwneud hi'n drosedd o deyrnfradwriaeth i ymosod ar y brenin a'r llywodraeth, ac yn gwahardd cyfarfodydd cyhoeddus o fwy na 50 o bobl heb drwydded gan ynad heddwch. Yn 1796, cynyddwyd treth stamp ar bapurau newyddion, a chofrestrwyd offer argraffu. Yn 1799 a 1800 gwaharddwyd cymdeithasau'r gweithwyr (ffurf o undebau llafur cynnar) a gellid carcharu gweithwyr am dri mis pe baent yn ceisio codiad cyflog drwy gydfargeinio. O ganlyniad, yr oedd y mudiadau o blaid diwygio o dan gryn orthrwm yn ystod blynyddoedd y rhyfel â Ffrainc, a hyd yn oed yn 1815 yr oedd ofn unrhyw fath o chwyldro yn emosiwn arwyddocaol yng ngwleidyddiaeth Prydain.

Chwaraeodd Thomas Jones ran go sylweddol yn natblygiad y wasg yng Nghymru. Soniwyd eisoes mai yng Nghaer yr argraffwyd llawer o ddeunydd y Methodistiaid hyd at ddechrau'r bedwaredd ganrif ar bymtheg. Yna, fe sefydlwyd gwasg yn Y Bala yn 1803. Mae yna wahaniaeth barn ynglŷn â rhan Thomas Jones yn y fenter. Mae Jonathan Jones yn dyfynnu o lythyr at Sarah Charles, gwraig Thomas Charles, sydd yn ei dyb ef yn cadarnhau fod a wnelo Thomas Jones â'r peth. Â Frank Price Jones ymhellach drwy ddweud fod Thomas Jones yn bartner â Sarah Charles yn y wasg.[4] Yn sicr yr oedd ganddo'r modd. Yr oedd yn dod o deulu cefnog, ac fe etifeddodd eiddo ar ôl marwolaeth Elisabeth ei wraig gyntaf yn 1797. Yr hyn sy'n ddiamheuol yw mai Robert Saunderson, un a brentisiwyd gyda W. Collister Jones, a aeth i'r wasg yn Y Bala fel argraffydd ac fe'i gelwid yn Wasg Saunderson.

Yn Y Bala y cyhoeddwyd gwaith Thomas Jones yn y cyfnod hwn, sef *Y Drych Athrawiaethol* (1806), *Ymddiddanion Crefyddol* (1807) a *Sylwadau ar Lyfr Owen Davies* (1808). Yr oedd yn byw yn Rhuthun yn ystod y blynyddoedd yma, ac yn dra ymwybodol o'r bygythiad a ddaethai o du'r Wesleaid i dwf y Methodistiaid Calfinaidd. Hyd yma, bach iawn fu'r bygythiad gan nad oedd

---

[4] *Thomas Jones o Ddinbych* gan Frank Price Jones. Gwasg Gee, 1956, t. 30.

arweinwyr y Wesleaid yn medru'r Gymraeg a chyfyngwyd eu llwyddiant i siroedd Seisnigedig Cymru. Newidiodd pethau ar ôl i Edward Jones, Bathafarn, ddechrau cynnal gwasanaethau Cymraeg yn Rhuthun yn 1800.[5] Erbyn 1810, yr oedd yn agos i gant o gapeli Wesleaidd yng Nghymru.

Teimlai Thomas Jones, Thomas Charles ac eraill fod yn rhaid i'r Calfiniaid ymateb i'r her yma, a phwysleisio'r gwahaniaeth diwinyddol rhwng y ddwy sect, tebyg i'r gwahaniaeth a fu rhwng George Whitfield a John Wesley yn Lloegr. Ymosodiad ar Arminiaeth John Wesley a geir yn Y *Drych Athrawiaethol,* ac amddiffyniad o Galfiniaeth uniongred. Mae'n waith athrylithgar, ac yn un o brif gyhoeddiadau'r cyfnod. Yn ôl y Dr Owen Thomas, mae'n 'gyfansoddiad tra gorchestol'.[6] Yn y cyfnod hwn bu dadlau brwd rhwng yr Arminiaid a'r Calfiniaid, ac Owen Davies yn un o'r rhai a geisiai ateb dadleuon Thomas Jones. Mae hanes helynt cyhoeddi'r *Ymddiddanion Crefyddol* yn werth ei gofnodi, gan iddo arwain yn uniongyrchol at sefydlu Gwasg Gee.

Ganed Owen Davies yn Wrecsam yn 1752, ac fe ymunodd â'r Wesleaid tra oedd yn byw yn Llundain. Erbyn 1800, fe'i penodwyd i weithio yng Ngogledd Cymru, a bu'n byw ar adegau yn Rhuthun, Wrecsam a Dinbych. Gan ei fod wedi colli ei Gymraeg, yn Saesneg yr ysgrifennai ei lyfrau, ac fe'u cyfieithwyd gan gyfeillion iddo. Un o'i gyhoeddiadau oedd AMDDIFFYNIAD o'r *Methodistiaid Wesleyaidd,* mewn Llythyr at Mr. T. Jones: yn Atteb i'w lyfr, a elwir DRYCH ATHRAWIAETHOL; Yn dangos Arminiaeth a Chalfinistiaeth &c.

Y llyfr nesaf yn y gyfres oedd *Ymddiddanion Crefyddol* gan Thomas Jones, a gyhoeddwyd yn 1807. Ei fwriad oedd datblygu ei safbwynt diwinyddol, ac ymateb i sylwadau Owen Davies. Ond fe gafodd Owen Davies afael ar gopi o broflenni'r llyfr cyn ei gyhoeddi, a rhuthrodd i gyhoeddi ei lyfr ei hun mewn ateb i'r *Ymddiddanion.* Mae'n amlwg mai un o weision Saunderson a roddodd y copi i Owen Davies, ac yn ddigon naturiol fe wylltiwyd Thomas Jones. Yr oedd eisoes yn feirniadol o'r wasg yn Y Bala am fod yn araf, ac fe benderfynodd sefydlu ei wasg ei hun yn Rhuthun yn 1808. Yr oedd y drafodaeth ddiwinyddol rhyngddo ef ac Owen

[5] *Cofiant John Jones Talsarn* gan Dr. Owen Thomas. 1874, t. 278.
[6] ibid. t. 305.

Davies wedi gostwng i lefel go chwerw erbyn hyn. Y cyhoeddiad olaf o'i eiddo a argraffwyd yn y Bala oedd *Sylwadau ar lyfr Mr. Owen Davies.* Dyma flas o'r cynnwys :

Onid yw'n rhyfedd dros ben bod wyneb mor galed, a chorun mor feddal, dichell mor gref a phwyll mor wan, cyfrwystra mor fawr, a synnwyr mor fychan, ymddangosiad mor fwynaidd, ac ymadroddion mor fustlaidd, gwefusau mor lan, a thafod mor fudr, rhith mor eirwir, ac iaith mor anwir, oll wedi ymgyfarfod, fel y maent, ym mhen un dyn.

Fe drodd Thomas Jones at W. Collister Jones i ofyn am gyngor ynglŷn â phenodi argraffydd i'w wasg yn Rhuthun. Fe'i cynghorwyd i fynd ar ôl Thomas Gee (h) a fu'n brentis iddo, ond a oedd ar yr adeg honno'n gweithio yn Llundain. Derbyniodd Thomas Gee (h) ei wahoddiad. Bu'r wasg yn Rhuthun am gyfnod byr, efallai lai na blwyddyn, cyn symud i Ddinbych, ac yno y mae hi hyd heddiw. Mae'n debyg mai'r unig waith a gyflawnwyd yn Rhuthun oedd cyhoeddi'r bedwaredd ran o waith Gurnal.

O 1810 ymlaen, bu Thomas Jones yn dadlau'n frwd o blaid Calfiniaeth gymedrol ac yn erbyn y syniadau uchel Galfinaidd a goleddid gan John Elias ac eraill. Caed ei fod yn fwy rhyddfrydol ei safbwynt na llawer o'r arweinwyr eraill. Bu ymosodiadau hallt arno am wrthod arwyddo deiseb yn dadlau yn erbyn rhyddfreinio'r Pabyddion yn 1812. Cerddodd allan o oedfa yn Ninbych yn 1814 yn ystod pregeth gan John Elias a fynegai safbwynt cul ar yr Iawn. Dadleuodd yn erbyn mabwysiadu Cyffes Ffydd, gan ddadlau bod Cyffes Ffydd Eglwys Loegr yn ddigonol. At hynny, credai mai safbwynt yr Uchel Galfiniaid a gâi'r lle blaenaf. Gwireddwyd ei ofnau, oherwydd pan fabwysiadwyd Cyffes Ffydd yn 1823 ar ôl ei farwolaeth, yr oedd safbwynt John Elias yn elfen gref ynddi.

Chwaraeodd Thomas Jones ran allweddol yn y frwydr i ordeinio gweinidogion, ac i osod y Cyfundeb ar sail gadarn. Ychydig iawn o offeiriaid wedi'u hurddo a feddai'r Methodistiaid yng Ngogledd Cymru ar ddechrau'r bedwaredd ganrif ar bymtheg. O ganlyniad, ni allai llawer o'r pregethwyr teithiol weinyddu'r sacramentau. Dadleuodd Thomas Charles yn frwd yn erbyn ordeinio, ond fe wthiodd Thomas Jones y cwch i'r dŵr drwy ddechrau bedyddio babanod yn 1810. Erbyn mis Mehefin y flwyddyn honno, penderfynodd Cymdeithasfa'r Gogledd y dylid ordeinio gweinidogion. Yr oedd Thomas Jones ei hun ymhlith y rhai cyntaf i gael eu hordeinio ym Mehefin 1811. Mewn gwirionedd, sefydlu'r Cyfundeb fel canlyniad i'r penderfyniad i ordeinio a sicrhaodd lwyddiant y Methodistiaid Calfinaidd, ac nid y dadlau diwinyddol brwd rai blynyddoedd ynghynt.

Gorchestwaith llenyddol Thomas Jones oedd cyhoeddi *Hanes y Merthyron* yn 1813, llyfr o 1,165 o dudalennau. Meddai Owen Thomas amdano:

> Y *mae yn ei gylch ei hunan yn ddiddadl y prif lyfr a gyhoeddwyd yn ein hiaith; ac y mae yn amheus gennym a oes mewn un iaith un llyfr llawer cyflawnach, os mor gyflawn, ar yr amrywiol destunau y traethir arnynt ynddo.*

Wedi cyhoeddi'r llyfr hwn y gwerthodd Thomas Jones ei wasg i Thomas Gee (h). Yr oedd Thomas Jones yn byw mewn tŷ helaeth o'r enw Bryndisgwylfa ar Allt y Bigwn yn Ninbych. Ar wahân i'r cyfnod rhwng 1816 a 1818, yno y treuliodd weddill ei oes. Er 1806, yr oedd yn briod am y trydydd tro efo Mary Lloyd Tan y Pendist, Llanrwst. Mae'n amlwg fod Thomas Gee (h) yn treulio tipyn o amser ar aelwyd Bryndisgwylfa, a bod gan Thomas a Mary Jones ran yn ei garwriaeth efo'i ddarpar wraig, Mary Ffoulkes. Yr oedd Thomas Jones yn adnabod ei theulu, ac yn gyfaill o ddyddiau ysgol i'w hewythr, Edward Williams. Cymerodd Mary Jones gryn ddiddordeb yn Thomas Gee y mab, ac fe ysgrifennodd ato'n gyson tra bu yn Llundain yn ystod 1837. Ceir dyfyniadau o'r llythyrau mewn pennod ddiweddarach.

Gwelodd tref Dinbych ddigwyddiadau cyffrous yn y maes gwleidyddol yn ogystal â'r crefyddol. Bu terfysgoedd mewn sawl ardal yng Nghymru rhwng 1795 a 1796, yn bennaf o ganlyniad i newidiadau mewn amgylchiadau amaethwyr a symudiadau cyflym ym mhris bwyd. Fel yr eglura John Davies yn *Hanes Cymru*, bu cynnydd ym mhoblogaeth Cymru yn ail hanner y ddeunawfed ganrif, a'r cynnydd mewn rhai ardaloedd yn fwy na'r cynnydd mewn adnoddau. Roedd y cyflenwad bwyd yn greulon o annigonol yn fynych yn y 90au, fel y tystia'r terfysg a nodweddai'r cyfnod.

Ar y 1af o Ebrill 1795, ymgasglodd rhwng pedwar a phum cant o bobl yn cario pastynau yn nhref Dinbych i ddisgwyl am yr ynadon a gyfarfyddai yno ar gyfer eu cyfarfod misol. Achos yr anghydfod yno oedd y codiad sydyn ym mhris ŷd, trethi uchel a'r angen i sir Ddinbych godi 75 o ddynion i'r Llynges o ganlyniad i'r Ddeddf Llynges 1795. Mae'n debyg mai John Lloyd o Hafodunos a'r Wigfair oedd lladmerydd yr ustusiaid, ac fe ymddangosodd o flaen y dorf gan geisio'u darbwyllo. Ceisiodd egluro cynnwys y Ddeddf Llynges, ond er mawr syndod iddo, yn ôl yr hanes, ni roddwyd gwrandawiad iddo. Arweinydd y dorf oedd John Jones, tyddynnwr o'r Aeddren, ac atebodd Lloyd ar fater y trethi uchel gan ddyfynnu araith yr Arglwydd Camden yn Nhŷ'r Arglwyddi yn 1775 neu 1776:

that no Briton could be taxed without the consent of the people.[7]

Trefnodd yr ustusiaid gyfarfod i drefnu balot er mwyn llenwi bylchau yn y *militia,* ond fe'u daliwyd yng ngwesty'r Crown, a'u gorfodi i gyflwyno addewid ysgrifenedig y gwnaent bopeth o fewn eu gallu i rwystro unrhyw falotio ymhellach. Cyfieithwyd y ddogfen i'r Gymraeg a'i darllen i'r dorf. Cariwyd gwelliant ar gais John Jones y dylid gofyn am newidiadau i'r Ddeddf Llynges. Gorfodwyd yr ustusiaid i roi arian i'r dorf i brynu bwyd, ac fel iawndal am yr amser a gollwyd ganddynt y diwrnod hwnnw! Aeth rhai ohonynt i Ruddlan i geisio rhwystro allforion o ŷd rhag cyrraedd y lan. Roedd John Jones yr Aeddren yn berson hynod o ddiddorol. Ychydig iawn o drefn oedd i'r terfysgoedd fel arfer yn y cyfnod hwn. Rhywbeth a ddigwyddai y funud olaf fel petai oedd y mwyafrif llethol ohonynt, yn enwedig yn yr ardaloedd gwledig ac amaethyddol. Ond mae yna dystiolaeth bendant fod trefn ymhlith y dorf yn Ninbych. Cawn fod y dorf wedi'i rhannu'n ddeuddeg neu bedwar ar ddeg o grwpiau, a phob grŵp â'i ladmerydd ei hun. Daeth John Jones o dan ddylanwad y syniadau gwleidyddol a gysylltir â John Locke a rhyfel annibyniaeth America, ac mae'n siŵr y gwyddai am waith Jac Glan-y-gors gan fod y ddau'n cydoesi ac yn hanu o'r un ardal. Roedd yn ddadleuwr effeithiol, ac mae sôn iddo fod yng nghanol helyntion eraill yn sir Ddinbych. Cymaint oedd ofn yr awdurdodau o'i allu trefniadol fel y ceisiwyd ei arestio sawl tro. Cawn ddogfennau swyddogol yn crybwyll ei fod heb ei ddwyn gerbron llys hyd yn oed yn 1801.

[7] *Before Rebecca – Popular Protests in Wales, 1793-1835,* gan David Jones (Allen Lane 1973).

Un ffaith arall ynglŷn â'r helynt yn Ninbych sy'n arwyddocaol, sef i John Lloyd ohebu â'r Swyddfa Gartref i ofyn am osod milwyr yn Rhuthun i gadw'r heddwch. Mae'n debyg fod rhai o'r dorf wedi'u harestio ac fe'u daliwyd yng ngharchar y dref. Gwnaed ymgais gan rai o'u cyfeillion i'w rhyddhau, ac ofnai Lloyd y gallasent lwyddo. Meddai Lloyd yn ei lythyr, ar 19 Mai 1795:

> . . . the detachment of the Cardigan militia now at Chester and of whose dealings [gair aneglur] we have had ample testimony would be fully sufficient to guard the gaol at Ruthin, till the trial of the delinquents now confined there, be over.[8]

Cafwyd ateb ffafriol gan y Dug Portland o'r Swyddfa Gartref mewn llythyr wedi'i ddyddio 21 Mai 1795:

> I have lost no time in forwarding to the Secretary at War that part of your letter of the 19th inst. which represents the necessity of quartering at present some troops at Ruthin, and at the same time stated it to be my opinion that for the present some forces should remain at that place for the protection of the county Gaol, where some of the rioters are now confined.[9]

Yr un math o ysbryd a welwyd ymhlith amaethwyr Uwchaled, Llannefydd, Llanarmon a Mochdre bron ganrif yn ddiweddarach yn ystod Rhyfel y Degwm. Erbyn hynny, Thomas Gee oedd eu prif ladmerydd, ac yntau'n defnyddio colofnau'r *Faner* i ddatgan hawliau'r werin.

---

[8] Papurau'r Swyddfa Gartref 42/34 43/6 & 50/23. Swyddfa'r Gofrestrfa Gyhoeddus.
[9] ibid.

29

O Gaer i Gymru

Ganed Thomas Gee yn Ninbych ar y 24ain o Ionawr 1815. Ef oedd ail fab Thomas a Mary Gee a oedd yn byw bryd hynny mewn tŷ yn y Stryd Fawr, lle bu siop *Stead and Simpson* yn y dref am flynyddoedd maith. Roedd y tad, sef Thomas Gee (h), yn hanu o Sir Gaer. Fe'i ganed yn 1780 i deulu gweddol gefnog. Thomas Gee oedd enw ei dad yntau, ac yn ôl yr hanes yr oedd yn berchen ar dŷ yn Broughton, lle trigai gyda'i wraig a phedwar o blant. Yn un ar bymtheg oed aeth Thomas Gee (h) yn brentis i argraffydd o'r enw William Collister Jones yng Nghaer. Yn argraffdy'r gŵr hwn y printiwyd nifer mawr o lyfrau'r Methodistiaid Calfinaidd Cymraeg yn y ddeunawfed ganrif a dechrau'r bedwaredd ganrif ar bymtheg. Yma y daeth Thomas Gee (h) i gyffyrddiad â'r iaith Gymraeg gyntaf, a chan ei fod yn weithiwr dygn a destlus does ryfedd i'w feistr gynnig ei enw i Thomas Jones pan sefydlodd hwnnw ei wasg yn Rhuthun yn 1808.

Mam Thomas Gee oedd Mary Ffoulkes ac fe hanai hi o un o deuluoedd amaethyddol Dyffryn Clwyd. Roedd yn ferch i Robert ac Anne Ffoulkes, Llawog, ac wedyn o'r Hendrerwydd. Yr oedd Dr Edward Williams, Rotherham, yn ewythr i Mary Ffoulkes ar ochr ei mam, ac fe'i cyfrifid yn un o ddiwinyddion pennaf ei ddydd. Bu'n weinidog gyda'r Annibynwyr ac yn bennaeth coleg yr enwad yn Rotherham. Hen-daid Ann Ffoulkes oedd Samuel Williams a oedd yn Fedyddiwr selog er bod gweddill ei deulu'n Eglwyswyr. Priodwyd Thomas Gee (h) a Mary Ffoulkes ar y 17 o Ionawr 1812, a ganed iddynt saith o blant, sef Robert, Thomas, Sarah, Robert, Edward Williams, Mary Anne a William. Gan mai Eglwyswyr oedd y rhieni bryd hynny, bedyddiwyd y plant yn yr eglwys wladol. Y curad lleol, sef y Parchedig Thomas Hugh Clough, a fedyddiodd Thomas Gee ar y 24ain o Chwefror 1815.

Ganed Thomas Gee i deulu a'u hamgylchiadau yn fwy cysurus

na'r cyffredin. Ni ellir dweud eu bod yn gyfoethog iawn, ond yn ddigon cyfforddus i alluogi eu mab i fanteisio ar gyfleusterau addysg a weddai i'w dosbarth. Yn gynnar, aeth i ysgol a gedwid gan un Mrs Williams yn Castle Hill, ac yna i ysgol Mr Simon ynghyd â'i ddau frawd, Robert ac Edward Williams. Mae yna sôn fod Thomas Gee yn hoff o'i wersi, a chan fod Mr Simon yn athro lled dda, ac yn ddisgyblwr cryf, yr oedd hynny o gryn fantais iddo. Gwnaeth gyfaill mynwesol ag un o'i gyd-ddisgyblion, sef bachgen o'r enw Edward Williams o Blas Bennett. Treuliodd y ddau amser difyr adeg gwyliau yng nghartref Edward, a'r bechgyn yn cael hwyl ryfeddol yn ôl pob sôn.

Aeth Thomas Gee i ysgol Grove Park, Wrecsam, yn un ar ddeg oed. Bu yno am ddwy flynedd a hanner. Cedwid yr ysgol gan Mr W. Jackson. Yn naturiol ddigon, hiraethai'r plentyn am ei gartref, fel sawl bachgen arall ar hyd yr oesau. Ar ôl torri allan i wylo un diwrnod yn weddol fuan ar ôl cyrraedd, fe'i hatgoffwyd nad oedd ei fam yno i redeg ati. O gofio cymeriad Thomas Gee yn ddiweddarach, ni fu'n hir cyn bwrw'i swildod. Bu'n ddygn iawn wrth ei wersi, gan ddysgu Lladin a Groeg. Ar ôl dod adref o'i gyfnod yn Wrecsam, bu'n ddisgybl yn ysgol ramadeg Dinbych, lle roedd y Parch John Roberts yn brifathro. Yn ôl T. Gwynn Jones:[1]

> *Rhagorodd yn fawr gyda'i wersi yno. Un tro, adroddodd y llyfr Gramadeg Lladin a ddysgid yn yr ysgol i gyd o ben i ben oddiar ei gof, ac i anrhydeddu ei orchest, rhoddes yr athro ddydd gwyl i holl fechgyn yr ysgol.*

Bu Thomas Gee yn dipyn o arwr yn gynnar yn ei fywyd!

Yn y cyfnod y bu ef yn yr ysgol, gwahaniaethai addysg plant yn aruthrol yn ôl eu dosbarth. Nid oedd sefydliadau gan y wladwriaeth, ond fe sefydlwyd nifer o ysgolion elusennol yn hanner cyntaf y bedwaredd ganrif ar bymtheg. Dangosodd arolwg yn 1818 fod tua 30,000 o blant yng Nghymru yn cael eu haddysgu mewn tua 800 o ysgolion (gwaddoledig a heb eu gwaddoli). Er hynny, yr oedd anllythrennedd yn eang ac fe rwystrwyd y posibilrwydd o gymorth gan y wladwriaeth am gyfnod go faith o ganlyniad i ffrae rhwng yr Anglicaniaid a'r Ymneilltuwyr ynglŷn â'r dull o gyflwyno addysg grefyddol yn yr ysgolion.

[1] *Cofiant*, TGJ, t. 26.

Yr oedd anghydlynedd wrth gyflwyno addysg eilradd hefyd. Cymerai'r ysgolion gramadeg gwaddoledig rai disgyblion a dalai ffïoedd, ond yr oedd cynnwys y cwricwlwm a chyflog yr athrawon yn perthyn i oes a fu.

Yn ystod ail hanner y bedwaredd ganrif ar bymtheg, chwaraeodd addysg breifat ran allweddol wrth droi meibion *nouveau riches* y cyfnod yn fonheddwyr, ac felly i fod yn sylfaen ymraniadau cymdeithasol mawr. Ni ddigwyddai hyn ar ddechrau'r ganrif. Yr oedd y rhan fwyaf o'r lleoedd yn rhad ac fe anfonai llawer o'r masnachwyr lleol eu plant iddynt. Dyma'r dosbarth y perthynai teulu Thomas Gee iddo. Er nad oes tystiolaeth uniongyrchol o hynny, y tebygrwydd yw fod y teulu'n talu rhywfaint am yr addysg yn Wrecsam, ac mai dyna paham mai dim ond dwy flynedd a hanner a dreuliodd eu mab yno. Ar y cyfan, addysg o safon isel a geid yn ysgolion Cymru a Lloegr yn ystod y cyfnod yma.

Yn blentyn, fe dreuliai Thomas Gee amser gyda'i daid a'i nain yn Hendrerwydd, a chyda'i ewythr a'i fodryb Thomas Roberts a'i wraig yng Nghefn y Gwrdy, Llangynhafal. Roedd Thomas Roberts wedi cael addysg go dda, ac fe welir hynny oddi wrth y llythyrau a anfonodd at ei nai yn ystod ei gyfnod yn Llundain. Ceir dyfyniadau ohonynt yn y bennod nesaf. Arferai Thomas Roberts fynnu bod y bechgyn yn rhoi sylw i'w gwersi tra byddent yno, yn ogystal â'r cyfle i chwarae yng nghanol gogoniant Dyffryn Clwyd. Saif Llangynhafal ar ochr ogleddol y dyffryn, ac mewn un o'r llecynnau harddaf.

Yr oedd Thomas Gee wedi penderfynu'n gynnar iawn mai fel argraffydd y treuliai ei oes waith. Meddai yn 1896:

> Sefydlwyd y swyddfa hon, fel y mae'n hysbys, gan y Parchedig Thomas Jones o'r dref hon, i argraffu llyfrau crefyddol a buddiol i'r genedl; fel y gwnaeth y Parchedig Thomas Charles yn y Bala. Yna, hi a syrthiodd i ddwylaw fy nhad; a chadwodd yntau ei chymeriad yn uchel a phur tra bu fyw. Trwy ei esiampl ef, a rhyw ddylanwadau neu gilydd, na raid i mi eu henwi, teimlais innau yn gyffelyb; a dyna, mewn gwirionedd, a benderfynodd fy meddwl i fod yn argraffydd . . .

Aeth ymlaen i ddweud fod rhai wedi'i annog i ddilyn un a fynnai o dair galwedigaeth arall, sef fel offeiriad, neu feddyg neu gyfreithiwr. Ni ellir dweud ei fod wedi dilyn llwybrau Thomas

Jones yn union; yn sicr, ni fyddai perchennog cyntaf y wasg wedi rhannu daliadau gwleidyddol ei olynydd, ac mae'n annhebyg y byddai'r wasg wedi parhau mewn bodolaeth yn hir iawn oni bai iddi gael ei throsglwyddo i ddwylo Thomas Gee (h) yn 1813. Mae lle cryf i gredu nad oedd Thomas Jones yn ŵr busnes o fath yn y byd. Yng nghofiant Jonathan Jones,[2] mae yna sôn fod sawl copi o'i lyfrau yn ei gartref heb eu gwerthu. Ar un cyfnod yr oedd Henry Rees, Llansannan, yn was iddo, ac wedi'i anfon ar deithiau ar gefn ceffyl i gasglu dyledion ar werthiant llyfrau ei feistr. Ymddengys mai tipyn o freuddwydiwr oedd Henry yn ifanc, ac mae'n annhebyg iddo fod yn gasglwr dyledion llwyddiannus.

Sonia'r Dr Owen Thomas amdano fel rhwymwr llyfrau yn Amwythig yn 1821, a dywed yn garedig iawn na fu fawr o lewyrch ar ei ymdrechion yn y maes hwnnw ychwaith. Meddai:

Ond fe ddeallodd y cyfeillion yn yr Amwythig nad oedd ganddo nemawr flas ar na thuedd at ddim heblaw pregethu . . .[3]

Yn ei llythyrau at Thomas Gee yn Llundain yn 1837, mae gweddw Thomas Jones yn holi ynglŷn â gwerthiant y *Merthyriaeth,* sef y llyfr olaf a argraffwyd gan ei gŵr tra oedd yn berchen ar y wasg. Mae'n amlwg fod gan y weddw druan nifer o gopïau ar ei dwylo bron chwarter canrif ar ôl cyhoeddi'r llyfr.

Dechreuodd Thomas Gee fel prentis o argraffydd yn swyddfa ei dad yn bedair ar ddeg oed. Cyfnod o saith mlynedd oedd tymor prentis bryd hynny, ac fe gwblhaodd ei dymor yn llwyddiannus ar y 24ain o Ionawr 1836, ac yntau'n dathlu ei ben-blwydd yn 21 oed. Dangosodd ddawn at y gwaith yn fuan, a'i brofi ei hun yn weithiwr caled a diarbed. Bu felly ar hyd ei oes, gan ddisgwyl yr un ymroddiad gan y rhai a fu'n gweithio iddo. Parhaodd i fynychu'r ysgol ramadeg yn Ninbych am ran o ddiwrnod yr wythnos yn ystod cyfnod cynnar ei brentisiaeth. Ni chollodd gyfle i ehangu ei addysg, ac fe ddysgodd ychydig o Hebraeg. Mae T. Gwynn Jones yn sôn iddo gadw cyfarfod i ddysgu gramadeg Cymraeg i rai o wŷr ieuainc y cylch.[4] Gweithiai oriau meithion, ac mae'n amlwg y gallai losgi'r gannwyll ar y ddeupen yn lled lwyddiannus.

---

[2] *Cofiant Thomas Jones* gan Jonathan Jones (Gee a'i Fab), 1897.
[3] *Cofiant John Jones Talsarn,* t. 924.
[4] *Cofiant,* TGJ, t. 26.

Eglwyswyr oedd rhieni Thomas Gee. Yn amlwg, ni fu Thomas Jones yn fodd i ddwyn Thomas Gee (h) i'r achos Methodistaidd. Fel y soniwyd eisoes, bedyddiwyd eu plant yn yr eglwys sefydledig, ac yn ddiweddarach cafodd Thomas Gee y mab fedydd esgob gan esgob Llanelwy. Er hynny, ymunodd eu mab â'r Methodistiaid yn bymtheg oed. Mae Griffith Ellis yn sôn am hynny yn ei ddrafft o'i gofiant anorffenedig. Meddai:

> Gwnaeth gais am aelodaeth un nos Sul gan eistedd ar fainc ger y set fawr. Gofynnwyd beth oedd wedi peri hyn. Adroddodd adnod, 'Gwna yn llawen, ŵr ieuanc yn dy ieuenctid, a llawenyched dy galon.' Torrodd i wylo cyn darfod. Gofynnodd John Roberts y cantor, 'A ydych yn meddwl aros gyda ni?' 'Ydwyf tra byddaf byw, a'm dymuniad ydyw cael gwneud rhywbeth gydag achos Iesu Grist, tra byddwyf ar y ddaear.' Cynhaliodd addoliad teuluaidd y noson honno drwy ganiatad ei rieni, ac o fewn dim ymunodd y teulu cyfan a'r achos yn y Capel Mawr.[5]

Er nad oes tystiolaeth uniongyrchol o hynny, mae lle i gredu mai gweddw Thomas Jones oedd y dylanwad mwyaf ar Thomas Gee yn ei benderfyniad. Fe geir digon o dystiolaeth ei fod yn treulio llawer o'i amser ar ei haelwyd ym Mryndisgwylfa, lle roedd cylch diddorol tu hwnt yn cyfarfod. Gwelir hynny yng nghynnwys y llythyrau a anfonwyd ato i Lundain. Yr oedd Mary Jones yn wraig alluog, ac yn amlwg wedi cael addysg dda. Ni wyddys fawr amdani, ond ei bod yn hanu o ardal Llanrwst. Yn ôl T. Gwynn Jones, yr oedd Bryndisgwylfa 'yn dŷ agored i gylch eang o bobl â chanddynt ddiddordeb mewn llenyddiaeth a symudiadau crefyddol'. Fel ymron popeth arall y bu'n gysylltiedig ag ef, ymaflodd Thomas Gee i waith gyda'r achos yn y Capel Mawr. Cynhelid cyfarfod gweddi am chwech y bore bob Sul. Gwaith Thomas Gee oedd gwneud yr ystafell yn barod. Yn y gaeaf golygai hynny godi'n annaearol o gynnar i gynnau tân a pharatoi'r lampau i oleuo'r ystafell.

Dangosodd ei ddawn fel trefnydd yn ifanc, drwy chwarae rhan flaenllaw yn y mudiad dirwestol. Am ryw reswm, penderfynodd lwyr ymwrthod â'r ddiod gadarn hyd yn oed cyn sefydlu'r Gymdeithas Ddirwestol. Hyd yn hyn, cymedroldeb oedd arwyddair y Methodistiaid. Doedd hynny ddim yn ddigon da i'r

[5] LLGC 8317C.

Gee ifanc, ac aeth ati i ledaenu ei neges. Ef oedd un o ysgrifenyddion y Gymanfa Ddirwestol gyntaf i'w chynnal yng Ngogledd Cymru, a hynny yn Ninbych ar yr ail a'r trydydd o Fawrth 1837. O ganlyniad i'w waith, roedd llawer wedi dod yno gan gynnwys gweinidogion o bob enwad. Bu'n hynod o frwd wrth geisio siaradwyr, gan gynnwys anfon gwahoddiad at un Robert G. White o Ddulyn. Er i hwnnw fethu dod, mae ei lythyr o ymddiheuriad ar gael. Bu ei wraig yn wael *and her health is yet so delicate.*[6] Canmolai ymdrechion y rhai a weithiai i hyrwyddo achos dirwest yng Ngogledd Cymru. Soniodd am ymweliadau gan weinidogion o Gymru i Ddulyn i hel arian i godi capeli. Â ati yn huawdl iawn i sôn am hoffter y Gwyddelod o *that dreadful poison whiskey,* y gost a olygai hynny i'r wlad a'i obeithion am a *kind providence . . . to establish Teetotalism in it.*

Y brif drafodaeth yn y Gymanfa Ddirwestol oedd ar eiriad yr ardystiad y disgwylid i'r aelodau ymrwymo iddo. Bu'r ffraeo ynghylch geiriad yr ardystiad yn ddigon i chwalu rhai cymdeithasau, ond fe gafwyd cytundeb yn y cyfarfod yn Ninbych ar yr hyn a elwid yn 'ardystiad hir'. Fe'i cymeradwywyd i bob cymdeithas arall ar y ffurf ganlynol:

> *Yr ydwyf yn ymrwyno yn wirfoddol i lwyr ymwrthod oddiwrth yfed pob math o wlybyroedd meddwol fel diod; i beidio eu rhoddi na'u cynnig felly i neb arall; ac ym mhob modd i wrthsefyll pob unrhyw achosion ac achlysuron o anghydraddoldeb.*

Cyhoeddwyd misolyn dirwestol a enwyd Y *Cymedrolwr* o wasg ei dad, ac fe gyhoeddwyd wyth rhifyn gan ddechrau ym mis Rhagfyr 1835.

Tua'r adeg pan gynhaliwyd y Gymanfa Ddirwestol yn Ninbych y daeth hi'n amlwg fod Thomas Gee yn awyddus i ddechrau pregethu. Ni soniodd am ei fwriad wrth ei rieni nes iddo fynd i Lundain yn ddiweddarach y flwyddyn honno, ond yr oedd wedi codi'r mater efo Lewis Edwards. Mae llythyr o'i eiddo at Thomas Gee ar y 15fed o Fawrth 1837 yn cadarnhau hynny. Gan nad yw llythyrau Thomas Gee at Lewis Edwards ar gael (ceir arwyddion fod mwy nag un ohonynt), nid oes sicrwydd pryd y cododd y mater gyntaf. Er hynny, ceir fod Thomas Gee wedi bod yn ystyried

---

6 LLGC 8311D.

y mater am o leiaf rai wythnosau, os nad misoedd, cyn llythyr Lewis Edwards. Dyma ddyfynnu ohono yn ei iaith wreiddiol:

> It gives me great pleasure to understand that the subject of our last conversation continues to occupy your mind. I hope that you will not be able to shake it off when you go to London. If you are perplexed by doubts as to the sincerity of your motives, one criterion is the relation which you desire the Ministry bears to your personal piety. Does the strength of the former depend on the latter. Does your inclination to preach the word of God unto others keep pace with the sanctifying influence of that word on your own soul. If this be the case, it is a conclusive proof that your motives are good, and if your motives accord with the glory of God we have no reason to believe that He will long permit you to deceive yourself. It is possible that many good men may have been led by the best of intentions to think of entering the ministry, whom at the same time the Lord never intended for the work. Under these circumstances, will he permit them to accomplish their intentions? Most assuredly not. Does he then blame their intentions. Far from it. On the contrary he approves of them; and as in the case of David when he was building the Temple, he takes the intention for the deed.[7]

Mae'n werth dyfynnu o'r llythyr hwn yn weddol lawn gan ei fod yn esiampl o ddawn yr athro yn Lewis Edwards. Mewn pennod arall, fodd bynnag, cawn na fu'r berthynas rhyngddo a Thomas Gee yn fêl i gyd. Cyn gadael y llythyr yma o eiddo Lewis Edwards, ceir cyfeiriad ynddo at y drafodaeth ynglŷn â sefydlu Athrofa i'r Methodistiaid Calfinaidd. Er ei fod yn crybwyll nad oedd ganddo lawer o ddiddordeb yn ei leoliad, mae'n anodd credu rywsut na ddymunai weld ei sefydlu yn y Gogledd. Cawn fod athrofa wedi'i sefydlu yn y Bala yn ddiweddarach yn yr un flwyddyn.[8] Yr oedd Sarah, chwaer Thomas Gee, yn poeni ynglŷn ag ymateb pobl De Cymru i'r penderfyniad.

Cymerai Thomas Gee (h) ddiddordeb mewn materion gwleidyddol, a chymerai hefyd safbwynt go wahanol i'w hen feistr Thomas Jones o'r hyn y gellir ei gasglu. Gwyddom fod rhai o arweinwyr y Methodistiaid yn elyniaethus i'r newidiadau a gyflwynwyd gan y Ddeddf Diwygio yn 1832. Mewn cyfarfod yn

---

[7] LLGC 8310D.
[8] *Hanes Cymru yn y Bedwaredd Ganrif ar Bymtheg*, R. T. Jenkins, t. 111.

Y Bala galwodd John Elias y diwygwyr yn 'wrthryfelwyr' a'i safbwynt ef a dderbyniai y mwyafrif o'r Methodistiaid yng Nghymru yr adeg honno, er bod rhai fel Richard Jones o'r Wern, Llanfrothen, yn codi'r faner o blaid newid. Un o ddisgyblion Richard Jones oedd Roger Edwards, a ddaeth yn ddiweddarach yn gyd-olygydd cyntaf Y *Traethodydd*. Fe ddaw i'r darlun yn hanes Thomas Gee yn nes ymlaen, a digon yw dweud yma ei fod ymhlith y to cyntaf o Fethodistiaid i ymhel â gwleidyddiaeth. Ef hefyd, tra oedd yn weinidog yn Yr Wyddgrug, a berswadiodd Daniel Owen i ddechrau llenydda.[9]

Ni cheir tystiolaeth uniongyrchol o safbwynt Thomas Gee (h) ar Ddeddf 1832, ond y mae yna awgrym cryf mewn llythyr a ysgrifennodd at ei fab yn 1837 nid yn unig ei fod o blaid newid ond yn credu nad aethai'r mesur yn ddigon pell. Y cyfan a wnaeth Deddf 1832 mewn gwirionedd oedd aildrefnu'r etholaethau i gyd-fynd â'r cynnydd yn y boblogaeth drwy gael gwared o'r bwrdeistrefi pwdr *(rotten)*, ac i ryddfreinio rhan o'r dosbarth diwydiannol newydd. Yng Nghymru cynyddodd nifer yr etholwyr o 22,000 i 37,000. Yn y siroedd rhoddwyd y bleidlais i gopiddeiliaid, perchenogion prydlesi hir gwerth £10 a phrydlesi byr gwerth £50, ac i denantiaid ffermydd a dalai o leiaf £50 y flwyddyn o rent. Yn y bwrdeistrefi, rhoddwyd y bleidlais i rai a oedd yn breswylwyr eiddo â'i werth trethiannol yn £10 neu fwy y flwyddyn.

O dan Ddeddf 1832, cafodd Cymru bum aelod seneddol yn ychwanegol, gan gynnwys un aelod ychwanegol i sir Ddinbych. Er y newidiadau, prin y gellid dweud bod y bleidlais ym meddiant y rhan fwyaf o'r oedolion gwrywaidd. Cyn 1832, yr oedd y bleidlais ym meddiant 1 o bob 8, ac ar ei hôl ym meddiant 1 o bob 5, ac felly roedd 80% o ddynion yn dal heb yr hawl i bleidleisio. Ni ellir dadlau ar unrhyw gyfrif fod hyn wedi dod â ni yn agos at ddemocratiaeth. O ganlyniad, ni newidiodd cymeriad Tŷ'r Cyffredin ryw lawer, yn wir yn llawer llai nag a ofnid gan y rhai a wrthwynebai'r Ddeddf. Daliodd perchenogion y stadau mawr eu gafael ar y mwyafrif o'r seddi tan 1867, a dim ond yn 1885 y gwelwyd mwyafrif gan y dosbarth masnachol.

Un mater a ystyriwyd yn ystod y drafodaeth ar y mesur diwygio

[9] *Cofiant Daniel Owen*, John Owen, Hughes a'i Fab, 1899, t. 88.

oedd y balot, ond fe'i gollyngwyd yn fuan yn y trafodaethau, gan yr ystyrid defnydd o'r bleidlais agored yn rhan o gyfrifoldeb yr etholwr. Meddai'r Arglwydd William Russell yn 1838, wrth amddiffyn y bleidlais agored:

> What pitiful figures we should cut, sneaking up to the ballot box, looking with fear to the right and the left and dropping in our paper, the contents of which we are afraid or ashamed to acknowledge.[10]

Ychydig a wyddai'r Arglwydd hwn am rym y landlordiaid dros eu tenantiaid, a'r ffordd y pwyswyd arnynt i ddefnyddio'u pleidlais 'y ffordd iawn'. At hyn y cyfeiriai Thomas Gee y tad mewn llythyr at ei fab yn 1837. Bu etholiad ym mis Gorffennaf 1837, ac fe safodd Lloyd Mostyn o blaid y Chwigiaid yn Sir y Fflint. Fe'i trechwyd gan y Toriaid ac meddai Thomas Gee (h):

> I and most of the people in the town regret much that the Hon Lloyd Mostyn has been unseated for Flintshire by the Tories – all kind of all kind of intimidation and bribery have been resorted[?] to, to effect this event – _the Ballot_ would cure this, and nothing but this measure, will, in my opinion, ever again unseat the Tories in these parts.

Cymerodd Thomas Gee ei hun ddiddordeb yn etholiad 1835[11] drwy gadw casgliad llawn o'r hanes fel yr ymddangosodd yn y papurau newydd. Ond yn ystod etholiad 1852 y cymerodd ran yn y gweithgareddau am y tro cyntaf.

---

[10] *Politics in the Age of Peel.* N. Gash. Longman, 1953
[11] Nid yn 1834 fel sydd gan T. Gwynn Jones yn ei *Gofiant* ar dudalen 33. Mae'r flwyddyn yn iawn ganddo ar dudalen 98.

PENNOD 3

Newid Byd

Fel y cyfeiriwyd eisoes, yr oedd Thomas Gee (h) yn Llundain pan ofynnwyd iddo fynd at Thomas Jones i sefydlu'r wasg yn Rhuthun yn 1808. Nid oes ryfedd felly i'w fab ddilyn ei lwybr drwy fynd yno i berffeithio'i grefft ychydig dros flwyddyn ar ôl cwblhau ei brentisiaeth. Bu yno o thua chanol Mai 1837 tan ddechrau Ionawr 1838, prin wyth mis, ond mae yna ystôr o lythyrau ar gael o'r cyfnod hwn sy'n taflu goleuni ar gymeriad Thomas Gee, ac ar amgylchiadau crefyddol, cymdeithasol a gwleidyddol y cyfnod. Mae yna oddeutu 70 o lythyrau i gyd, er mai ychydig ohonynt sydd oddi wrth Thomas Gee ei hun. Gan ei chwaer Sarah y mae rhai o'r llythyrau mwyaf diddorol, ac fe ddywed ei frawd Edward Williams nad oedd am ailadrodd newyddion, *because you'll have one from Sarah which I may call a newspaper full of news.*[1] Yn ogystal â sôn am ddigwyddiadau'r cyfnod, cawn ddisgrifiad o arferion teuluoedd masnachwyr a'u ffordd o deithio.

Aeth Thomas Gee i Lundain ar hyd ffordd ryfedd iawn. Y flwyddyn honno, agorwyd rheilffordd o Fanceinion, drwy Birmingham i Lundain. I deithwyr o Ogledd Cymru, mae'n debyg mai mynd i Birmingham i ddal trên fyddai hwylusaf, ac yn achos Thomas Gee byddai hynny wedi gwneud mwy o synnwyr gan fod ganddo berthnasau yno. Ond nid felly y teithiodd. Gwnaeth ei ffordd i Lerpwl, efallai ar fwrdd pagad o'r Rhyl. Oddi yno aeth i Hull, ac yna ar fwrdd llong i Lundain. Yn fwy o ryfeddod, efallai, ni wyddai ei rieni am y siwrnai yma nes iddo gysylltu â nhw ar ôl cyrraedd. Ar y 25ain o Fai, fe dderbyniodd lythyr gan ei dad yn dweud ei bod yn flin ganddo i'w fab gymryd ffordd mor *circuitous* a'i gystwyo am i hynny olygu iddo deithio ar y Sul. Meddai:

> *I wish you had set off for Birmingham, you would have avoided the breaking of the Commandment . . . However I hope it will be a*

[1] LLGC 8310D.

39

lesson to you, and, having made one bad step, you will, above all things, take especial care to observe this blessed day very circumspectly and reverently . . .[2]

Dyna un cyngor y gellid tybio nad oedd ei angen ar ei fab, ac mae ei gynnwys yn gwneud y daith a gymerodd yn fwy o ddirgelwch. Bu gan Thomas Gee ei hun ran yn y fenter o agor rheilffordd rhwng Dinbych a'r Rhyl, ond yr oedd hynny ugain mlynedd yn ddiweddarach; yn 1837, nid oedd yr un filltir wedi'i gosod yng Nghymru. O ganlyniad teithiai'r rhan fwyaf ar gefn ceffyl, a theuluoedd mewn cerbydau. Mewn un llythyr a ysgrifennodd ei dad ato ar y 9ed o Fehefin 1837 rhydd hanes un o'r tethiau y bu arnynt gyda chyfeillion (rhyw Mr a Mrs Owen) i sir Gaernarfon:

At 3 oclock on Thursday (31 Mai), we set off for Rhyl – drank tea at Mr Walker's – and spent the night at Llanddulas – set off at 7 next morning for Conway – Robert Gee [un o'r meibion] came with us there and returned by Queen of Trumps – Breakfasted and remained 2 hours, arrived at Bangor about one – dined at the Albion and took an open Phaeton[?] to the Menai Bridge, and from thence to Carnarvon, where we remained about 2 hours, and returned to Bangor – next morning Mr & Mrs Owen set off by the Queen and reached Chester Saturday night – on their way home – they very kindly enquired after you at Carnarvon – your uncle and aunt of the Talbot went with us and so we had a very pleasant jaunt. Your Mother is better after it.[3]

Ychydig iawn o deuluoedd a allai ymgymryd â theithiau fel hyn yn hanner cyntaf y bedwaredd ganrif ar bymtheg, er ei gyfyngu i Ogledd Cymru. Bregus oedd iechyd ei fam, fel yr awgryma'r llythyr y dyfynnwyd ohono. Treuliai hi beth amser gyda'i chwaer a'i brawd-yng-nghyfraith yn Llanddulas, ac fe gyfeirir at ei hymweliadau hi â nhw yn aml yn y llythyrau. Bu ei chwaer Sarah yn teithio i Lerpwl, ac mae sôn amdani yn mynd i'r Rhyl i gael y *packet* oddi yno.

Nid oedd trefniant ymlaen llaw i Thomas Gee fynd at gwmni neilltuol yn Llundain. Cafodd lythyr ar y 9fed o Fai 1837 gan ŵr o'r enw Mr Boull yn awgrymu y gallai sicrhau lle yng nghwmni Longman, ac y gallai grybwyll ei enw ef fel cyflwyniad. Fodd

[2] ibid.
[3] LLGC 8310D.

bynnag, gyda chwmni Eyre and Spottiswoode y bu gyntaf ac fe'i profodd ei hun yn un o'r cysodwyr cyflymaf yno. Ni chafodd ei fodloni yno, fodd bynnag, ac fe ysgrifennodd ei dad ato ar yr 8fed o Fehefin 1837 yn ei gynghori i edrych am le arall. Mae'n amlwg nad oedd Thomas wedi rhoi adroddiad ffafriol am y lle i'w dad ac wedi sôn amdano fel *rat house*. Dyma gyngor ei dad, wrth ei annog i edrych am swydd lle y gallai wella'r rhannau hynny o'i grefft yr oedd angen sylw :

> Now to the Rat House; if it should be so termed by the hands – I certainly would advise you to move to some other. – I imagine if you are employed on Parliamentary work, you will not see much fine printing – This should be your principal care – Be sure to make every enquiry about press work – this is what you are most deficient in – should think you would have lighter composition in other houses, parliamentary work is very heavy.

Â ymlaen i sôn am gwmnïau argraffu a fyddai'n defnyddio'r Gymraeg wrth brintio deunydd yn gysylltiedig â Deddf y Tlodion, ac y byddent yn talu mwy am yr ystyrid y Gymraeg yn iaith dramor. Sonia am gwmni yr oedd ef yn gyfarwydd ag ef, sef Nicholls. Ond at gwmni Gilbert & Co. yr aeth Thomas Gee am weddill ei gyfnod yn Llundain ac nid oes fawr o sôn am y cwmni hwnnw fel y cyfryw yn y llythyrau a ysgrifennwyd wedi hyn.

Yn naturiol ddigon, mae'r llythyrau rhwng y tad a'r mab yn crybwyll yr elfennau hynny o waith yr argraffydd a oedd o ddiddordeb iddynt bryd hynny, ac yn trafod rhai o'r datblygiadau diweddaraf yn y grefft. Meddai'r tad:

> Have you been able to ascertain how the pressmen keep their rollers soft. I have turned roller maker myself – and I believe have improved, by soaking the old ones in water before re-melting, by which process it amalgamates better in the boiling. Now the next thing we want is a Plane, used by the Printers' Joiners to make[?] and [?] – they will only cut to such a thickness – and I believe that they are regulated by a screw, or some other means, which you will try to find out; and if you can, endeavour to procure one and bring it with you.

Ac eto

> I want you to find out very much what process they make use of in the cutting of Boarded Books – they are of course printed – or

lettered at once by some instrument of the Bookbinders. Can't you find out who letters them so from Tegg or Marshall, or some of them – Perhaps your companion at Spottiswoode's who you speak of, could inform you – however try to find out this and let me know as soon as you can . . .

Try to find out how the lettering on the backs of clothbound books is done – I wish we could manage this properly. Make every enquiry as to marking rollers and keeping them soft and in proper order. Call at Penny & Sons for a sample sheet[?] or two of very fine Demy tub [sized?] if they have any, about 23lbs to 25lbs weight and what[?]. I want this for Captn. Mostyn's work.

Yn naturiol yr oedd y tad yn dymuno gwella'r cyfleusterau a oedd ganddo yn Ninbych i ddenu gwaith newydd ac i wella'r ddarpariaeth i'w gwsmeriaid presennol. Fel pob dyn busnes llwyddiannus, rhaid oedd bod ar y blaen i'r cystadleuwyr yn yr un maes.

Fel y gellid disgwyl, cymerodd Thomas Gee ddiddordeb mawr yn y maes crefyddol yn Llundain, yn arbennig felly yng nghapel y Methodistiaid Calfinaidd yn Stryd Jewin. Rhyw wyth mlynedd cyn iddo fynd i Lundain bu anghydfod mawr rhwng rhai o'r aelodau a John Elias a oedd, wedi marwolaeth Thomas Jones, yn arweinydd y Methodistiaid yng Nghymru. Yr oedd dau aelod yng nghapel Jewin wedi deisebu o blaid rhyddfreinio'r Pabyddion, ac yn 1829 fe'u torrwyd allan o'r eglwys am wneud hynny. Arweiniwyd y ddadl yn eu herbyn gan John Elias ei hun yn Sasiwn Y Bala, ac fe gadarnhawyd y penderfyniad gan Sasiwn y De yn Llanbedr. Gwyddom nad oedd gan Thomas Gee ei hun fawr o gydymdeimlad ag achos y Pabyddion fel y cawn weld eto. Felly, er bod ei wleidyddiaeth yn fwy rhyddfrydol nag eiddo rhai o'i ragflaenwyr Methodistaidd, doedd rhyddid crefyddol i eraill ddim yn rhan naturiol o'i raglen. Gallai fod yn rhyfeddol o gul a dogmatig mewn rhai pethau. Yr oedd Hugh Owen, Caernarfon, yn gyd-aelod ag ef yn Jewin ac fe'u penodwyd yn gyd-athrawon yn yr ysgol Sul gan ddod yn gyfeillion mawr. Bu'r ddau yn cydweithio llawer wedi hynny yn y frwydr i sicrhau cyfundrefn addysg i Gymru.

Gwelwyd bod Thomas Gee â'i fryd ar ddechrau pregethu cyn iddo fynd i Lundain. Rhannodd ei gyfrinach â'i rieni mewn llythyr a ysgrifennwyd ganddo atynt ar y 24ain o fis Awst 1837. Dyfynnwyd y llythyr yn ei grynswth gan T. Gwynn Jones (tt. 53-

5), ac nid oes angen ailadrodd y cyfan yma. Ond mae'n werth nodi'r hyn sydd ynddo am gyflwr meddwl gŵr ieuanc oedd â'i fryd ar fynd yn weinidog. Ni olygai'r weinidogaeth amser llawn gan na chredai yn hynny, ac fe ddadleuodd o'r safbwynt hwnnw yn y ffrae ar y Fugeiliaeth cyn diwedd y ganrif.

Yn ei lythyr maith at ei rieni, sydd yn Saesneg (er bod y dyfyniadau ysgrythurol yn Gymraeg), dywed:

> *Sometimes when considering the important office of a minister, the awful responsibility which lays at his hands, the perils and dangers he is constantly in the midst of, his own inadequacy to support himself in the face of them, – I say 'Ni lefaraf fi ddim byth'. Again, when I for a moment view the divine command, 'Dos, gweithia heddyw yn fy ngwinllan, a pha beth bynnag a fyddo cyfiawn ti a'i cei,' 'Ewch i'r holl fyd a phregethwch yr efengyl i bob creadur,' I cannot but consider my duty. I have often asked the question, 'Pwy sydd ddigonol i'r pethau hyn?' and have endeavoured to make a resolution to shift all thought of ever entering the ministry off entirely. But as often as that, I have been attacked on all sides by verses from the Bible such as these, when considering my own inability, and the sacred office and its great consequences, 'Yr hwn mae ei ddigonedd ohonot ti;' 'Digon i ti fy ngras i, fy nerth i a berffeithir mewn gwendid'. When I enjoy most of the Divine presence (if I don't deceive myself) this duty is strongest before me. I must either resolve to proceed or to remain silent and be content with looking at my dear fellow-creatures, who have souls such as we have, playing with sin, heedless of its consequences.[4]*

Er ei fod wedi mynd drwy gryn boen meddwl wrth ystyried y mater, mae hi'n amlwg ei fod wedi dod i'w benderfyniad cyn anfon y llythyr. Dim ond felly y gellir dehongli'r geiriau olaf a ddyfynnir. Yn naturiol ddigon, mae'n gofyn barn ei rieni, ac yn gofyn iddyn nhw godi'r mater efo Mary Jones, Bryndisgwylfa. Cyn ysgrifennu'r llythyr, yr oedd wedi codi'r mater efo Lewis Edwards, William Morris Carmel, a Moses Parry a oedd eisoes yn weinidog yn Ninbych, ac yn dipyn o dad yn y ffydd i'r Gee ifanc. Yn amlwg yr oedd Moses Parry yn cymeradwyo'r syniad, gan i'r ddau fod cyn hyn yn trafod lle y dylai bregethu gyntaf. Yr oedd Moses Parry ei hun o'r farn y dylai draddodi ei bregeth gyntaf yn Ninbych, tra barnai Thomas Gee mai yn Llundain y dylai

---

[4] LLGC 8310D.

43

ddechrau. Yr oedd yn ymwybodol o'r effaith a gâi ei benderfyniad ar rai o gwsmeriaid ei dad:

The noise and talk in the country would be less and more unlikely to affect your business with the clergy, &c.

Cytunodd aelodau'r Capel Mawr i roi cennad iddo bregethu, a chyflwynwyd y genadwri hon i aelodau Jewin ym mis Hydref. Ar y 6ed o Dachwedd, cynhaliwyd cyfarfod arbennig, yn ôl yr arfer, i holi Thomas Gee ac i gael barn yr eglwys. Trafodwyd ei gymhellion a'i farn ar y prif bynciau 'athrawiaethol', cyn symud ymlaen yn unfrydol i gefnogi'r cais, ac fe draddodwyd y bregeth gyntaf ganddo ar y 12fed o Dachwedd. Cymerodd destun o'r 6ed bennod o'r Epistol at y Rhufeiniaid, 'Canys cyflog pechod yw marwolaeth; eithr dawn Duw yw bywyd tragwyddol, trwy Iesu Grist ein Harglwydd'. Pregethodd unwaith neu ddwy yn rhagor yn Llundain cyn dychwelyd i Ddinbych.

Fel y gellid disgwyl, materion crefyddol yw cynnwys llawer iawn o'r llythyrau a anfonwyd at Thomas Gee yn ystod ei gyfnod yn Llundain. Mae llythyrau Mary Jones yn llawn o gynghorion ar sut i osgoi'r temtasiynau a fyddai'n dod i'w ran yn y brifddinas, ac yn wahanol i aelodau ei deulu sy'n ysgrifennu ato yn Saesneg, mae hi'n ysgrifennu ato yn Gymraeg ar brydiau. Mae ei llythyrau'n weddol faith, ac yn cwyno mai rhai byrion a gaiff yn ôl, cŵyn a gyfyd gan eraill o'r gohebwyr. Rhydd lawer o benillion yng nghorff ei llythyrau, o'i gwaith ei hun. Dyma enghraifft:

Heddiw derbyniais eich llythyr,
Dywenydd oedd gennyf ei gael;
Ond byrdra yr amser yw atteb,
Sy'n fyr i un trwstan a gwael,
Hyderaf ar naws ac amynedd,
Fy nghyfaill caredig a gwiw!
Yr edrych ef heibio i'm gwaeledd,
Pan addawaf ei annerch os byw. [5]

Ceir mwy o flas cylch Bryndisgwylfa, a'r llawenydd amlwg a gâi'r aelodau yng nghwmni ei gilydd, yn llythyrau Margaret Evans. Mae yna dinc o hiwmor braf a diniwed ynddynt, nas gwelir mewn un o'r llythyrau eraill. Meddai ar ddechrau un llythyr:

[5] LLGC 8311D.

44

Wedi hir hir ddisgwyl derbyniais eich llythyr cynhesol o'r diwedd,
ac yr oeddwn yn ei weled o cyhyd yn dyfod a phe buasai wedi
cychwyn o'r Cape of Good Hope neu o ben bella'r byd lle bynnag
y mae y fan honno.[6]

Yn nes ymlaen dywed am ei hiraeth amdano:

Bum innau yn dymuno lawer diwrnod pe buasai bosibl i balloon
neu parachute neu gwpwl o adenydd eich trosglwyddo yn ddiogel
yma, am un chwarter awr i ni gael cip olwg arnoch.

Mae'n wir nad oes yma ddim o'r siopau hardd y soniwch amdanynt
na cherbydau gorwych yn llenwi ein hystryd ni; dim ond ambell i
fochyn a berfa olwyn yn hwylio a carriage Mr Rowl sy'n tramwy
heibio amlaf.

Weithiau mae yna gyfeiriad y gallai fod perthynas agosach na
chyfeillion rhwng y ddau, neu o leiaf fod Margaret Evans yn
chwennych hynny. Yr oedd yna ugain mlynedd o wahaniaeth
rhyngddynt mewn oedran, ond cawn gyffyrddiadau chwareus,
ysgafn ac awgrymog mewn rhai o'r llythyrau. Ond wedi'r cwbl,
efallai mai cellwair direidus yw'r cyfan. Meddai mewn un llythyr
at *My Dear Iolo Bach*:

we expect that you will have your 'darlun' drawn by some eminent
artist to bring with you home and then we shall look at that now
and then when the fit of hiraeth comes on, be sure to let that dark
blue eye of yours to play and take great care not to make (golwg
dig), it will do us a great deal of good when we are in the low way
to have a glance at our Tommy . . .

. . . and another thing I can boast of I do really think that there are
very few old maids in Denbigh turned of 40 that are so highly
honoured as to receive a letter from a young gentleman of your
high talent and respectability.

Yr oedd E (Mr Jones Dispensary) yma gyda ni nos Sabboth
diwethaf yn ymgomio yn bur gysurus am y Bregeth ynghyd a
phethau eraill taflwn innau fy llygaid tuag ato – now and then gan
dybied mai chwi oedd yn y gadair freichiau fel cynt ond er fy
siomedigaeth dychymyg oedd.

⁶ LLGC 8310D.

45

Mae cynnwys llythyrau un arall o gylch Bryndisgwylfa ar gael, sef eiddo Henry Williams, Treffynnon, oedd yn ŵyr i Twm o'r Nant. Yn hwn ceir tinc o ddireidi Twm ei hun wrth sôn am ei gyfnod yn Llundain yn gweithio i ryw feddyg: *he was an Irishman and an infidel[7]* yn hel dyledion ac yn y blaen. Y diwedd fu *a tremendous quarrel and a scuffle (this a secret) and I left him there and then.* Doedd ganddo fawr o feddwl o aelodau Jewin, ac ar ôl canmol Thomas Gee am sefydlu cymdeithas ddirwest, dywed iddo wneud hynny *in spite of those rascals – I hate the whole set – make haste home my good fellow from amongst such a set.* Sonia am orchest Thomas yn ei waith yn Llundain a bod Margaret Evans wedi dweud, *Well done Tommy bach wel yn wir mae'n dda gen i glywed fod o'n curo yr hen Saeson yna.*

Un mater a barodd gryn loes i'w deulu a'i gyfeillion tra bu yn Llundain yw'r awgrym rhyfedd y dylai fynd i Lydaw fel cenhadwr. Cyfyd y pwnc mewn llythyr a anfonwyd gan Moses Parry at Thomas Gee ar y 18fed o Fedi, gan ddweud bod y mater wedi codi mewn cyfarfod ym Mhwllheli yn ystod trafodaeth ar anfon cenhadon o Gymru i Ffrainc a bod ei enw wedi codi fel un o'r rhai y gellid eu hanfon. Cododd hyn nyth cacwn, a chawn fod mam Thomas Gee mewn tipyn o wewyr. Sonia ei chwaer Sarah yn un o'i llythyrau[8] am ymweliad Moses Parry â'r cartref yn Ninbych i adrodd hanes y cyfarfod ym Mhwllheli. *My mother looked low when she came from the parlour and said, 'I don't like what Moses Parry said at all.'* A doedd neb arall yn hoff o'r syniad ychwaith. Ymddengys i Moses Parry grybwyll enw Thomas Gee mewn cyfarfod arall yn Yr Wyddgrug, ac fe ysgrifennodd ei fam ato yn crefu arno i beidio â mynd i Lydaw gan ddatgan: *I don't think MP* (Moses Parry) *a great friend of yours.* Awgrymodd ei dad y gallai fod yn beryglus iddo fynd i ganol 'paganiaid' yn Llydaw. Meddai Margaret Evans, a oedd wedi'i brawychu gan y fath syniad, 'Na, Na, mi a obeithiaf na wnewch mo'n gadael – heblaw hynny on'd oes yma ddigon o waith i chwi? Mae yma rai mor baganllyd â thrigolion Llydaw.' Soniodd bod ei fam yn wylo wrth feddwl am y syniad ac meddai, 'Fy meddwl i amdanoch ydyw nad ydych chwi ddim hanner digon garw i fynd at rai mor erwin a didrefn'.

[7] LLGC 8311D.
[8] LLGC 8310D.

Pryderai Mary Jones am effaith yr holl beth ar iechyd ei fam a chyhuddai Moses Parry o *ignorance and want of breeding.*

Yn y man, fe ddaw llythyr gan Thomas Gee i'w rieni yn dweud nad oedd am dderbyn gwahoddiad i fynd yn genhadwr, ac fe ddaeth ei benderfyniad â chryn ryddhad i'r teulu a'r cylch cydnabod. Amhosibl yw dirnad paham fod Moses Parry wedi parhau â'r syniad cyhyd, gan ei fod mor wrthun i'r teulu. Un awgrym yw i'r ddau fod yn trafod y mater efo'i gilydd cyn i Thomas Gee fynd i Lundain. Bu Mary Jones ei hun yn amau hynny, a phwy a allai weld bai arni? Onid oedd wedi cadw'r gyfrinach ynglŷn â'i fwriad i fynd yn weinidog oddi wrthynt, ac wedi sôn wrth Moses Parry?

Bu'n weithgar iawn efo'r gymdeithas ddirwestol tra bu yn Llundain. Er hynny, mae'n amlwg nad oedd pawb o'r teulu'n rhannu ei ddaliadau ar y pwnc hwn. Mewn llythyr diddorol ato gan Thomas Roberts, Cefn y Gwrdy,[9] mae ei ewythr yn tynnu ei goes drwy ddweud fod Susannah Hughes (a ddaeth yn wraig i Thomas Gee maes o law) wedi galw yn y Cefn ac wedi erfyn yn daer arno i arwyddo'r ardystiad. Meddai yn y llythyr, 'Y mae hi yn un o'r *teetotlars* cryfaf yn ein gwlad, ac yn edrych cystal â'r un ferch ieuanc yn Llundain. . .' Gwrthod arwyddo wnaeth Thomas Roberts am ei fod yn parhau 'yn un o soldiwrs yr odyn calch'. Mewn llythyr arall, cyfeiria R. Davies o Ddinbych at ei deithiau yn pledio achos dirwest. Sonia am deithiau yn sir Feirionnydd (lle taflwyd blaenor allan o'r gymdeithas ddirwestol am yfed yn ystod y cynhaeaf), sir Aberteifi a sir Drefaldwyn.

* * * * * * * * * * *

Er mai crefydd yw pwnc amlycaf y llythyrau, rhoddir cryn sylw i faterion gwleidyddol. Soniwyd eisoes am safbwynt Thomas Gee (h) ar ddiwygio'r drefn bleidleisio. Yr oedd yn gefnogol i'r Chwigiaid, a hynny'n groes i farn arweinwyr y Methodistiaid. Ond wedi'r cwbl, dyn o'r tu allan oedd ef, a heb fod yn amlwg yn y dadleuon a reolai Gyfarfod Misol a Sasiwn. Mae'n debyg iawn ei fod wedi dylanwadu llawer ar ddaliadau gwleidyddol ei fab, a oedd yn llawer agosach at Roger Edwards, David Rees ac S.R. nag

9 LLGC 8311D.

47

at yr hen dadau crefyddol. Cred llawer o haneswyr mai yn y cyfnod ar ôl cyhoeddi Brad y Llyfrau Gleision y radicaleiddiwyd y genhedlaeth yma o Gymry. Ni all hynny fod yn wir, yn sicr yn hanes Thomas Gee. Mae'r llythyrau yn 1837 yn dangos hynny yn glir.

Yn 1835, pasiwyd Deddf Corfforaethau Trefol. Ymgais oedd hon i ddemocrateiddio rhai o'r cynghorau bwrdeistrefol, ac yr oedd Dinbych yn un o'r rhain. Cawn Thomas Gee (h) yn sôn am etholiad i'r 'common council':

> Today (dim dyddiad) *our election for common councilmen took place – The candidates were as under:*
> *T. Hughes, Mayor, 184 – Thos Evans, Grocer, 186 – T. Lloyd, 161 – Robt. Roberts, surgeon, 154 – Richd. Roberts, Coppy, 146 – John Twiston, 144 – Rice Price, 122 – S. Edwards, 115. So you will see the 4 Whigs are returned It was a severe contest – and every nerve was strained by the Tories, but to no purpose.*[10]

Fel dyn busnes a ddibynnai i raddau ar aelodau o'r eglwys wladol am waith, ni allai Thomas Gee (h) ddangos ei ochr yn ormodol yn gyhoeddus. Ceir llythyr ganddo i'w fab yn dweud bod yr etholiad ym mwrdeistrefi Dinbych yn 1837 rhwng Captain Biddulph y Chwig a Wilson Jones y Tori. Hoffai Thomas Gee pe gallai ddod allan o blaid Biddulph, ond ni allai fforddio gwneud. Pan alwodd Colonel Salisbury arno ar ran Wilson Jones, gwrthododd addo ei bleidlais, gan ddweud fod hwnnw'n *much displeased.* Cyfaddef-odd mai atal ei bleidlais a wnâi ar ddydd yr etholiad. Fel y gwelwyd eisoes, yr oedd Thomas y mab yn sensitif iawn i'r effaith a gâi ei benderfyniad i ddechrau pregethu gyda'r Methodistiaid ar y busnes.

Ni welai'r teulu fod rhagolygon Biddulph yn ddisglair iawn. Cyfaddefodd y tad nad oedd ganddo lawer o obaith. Aeth Sarah ymhellach drwy ei feirniadu am beidio dechrau gweithio'n ddigon buan. Meddai: *He should have come to the field sooner as the other party had canvassed every body before it was known that he* (Biddulph) *intended coming forward.* Saif y cyngor hwn yn ddilys i unrhyw ymgeisydd heddiw mewn unrhyw sedd ymylol! Roedd eu diddordeb yn yr etholiad yn amlwg hyd yn oed tu hwnt i ffiniau eu hetholaeth eu hunain. Meddai Sarah am obeithion y Chwigiaid

[10] LLGC 8310D.

48

yn y Fflint: *Mr Lloyd Mostyn and Captain Dindas*(?) *are safe . . .
in spite of every effort of the Tories.* Ond colli fu hanes Mostyn, fel
y dywed chwaer arall, Mary Anne: *I am very sorry to inform you
that Mr Mostyn has lost the election in Flintshire. Sir Stephen
Glynne had a majority of 30* [neu 36] *and now we have nothing to
do but to look forward to better times.* Syr Stephen Glynne oedd
etifedd stad Penarlâg, ac fe briododd William Gladstone ei chwaer
Catherine yn 1839. Yn y cyfnod yma, eisteddai Gladstone fel Tori
yn Nhŷ'r Cyffredin, ac wrth ddod i aros efo'i gyd-aelod ym
Mhenarlâg y daeth i adnabod ei ddarpar wraig. Gan iddo dreulio
cymaint o'i amser ar yr ystâd ar ôl priodi, ac yn arbennig felly ar
ôl dod yn Brif Weinidog, gwyddai'n burion am ddylanwad *Baner*
Thomas Gee ar etholwyr Gogledd Cymru. Cymerai sylw o farn
Gee ar faterion pwysig yn ymwneud â Chymru, fel y cawn weld.

Gwyddai'r Toriaid am ddylanwad y wasg Gymraeg yn etholiad
1837 hyd yn oed. Yn un o'i lythyrau cawn Thomas Gee (h) yn
dweud fod y Toriaid yn sir y Fflint yn awyddus i gyhoeddi papur
er mwyn gwrthsefyll dylanwad 'Cronicl yr Oes'. Y papur hwn
oedd un o ragflaenwyr pwysicaf *Y Faner*. Yr oedd gŵr o'r enw
John Lloyd wedi dechrau cyhoeddi papur newydd misol yn Yr
Wyddgrug a phenodi Owen Jones (Meudwy Môn) yn olygydd.
Daeth Roger Edwards i'w helpu yn 1835, ac o dan ei ddwylo ef y
daeth y papur newydd yn ddylanwadol. Troes Roger Edwards y
misolyn yn arf cryf o blaid diwygio'r drefn etholiadol ac arddelai
wleidyddiaeth radical; cymaint felly nes i John Elias ei feirniadu'n
hallt. Yr oedd Roger Edwards ei hun yn weinidog gyda'r
Methodistiaid. Bu'n golygu'r *Cronicl* am dair blynedd, a'r rheini
yn rhai cyffrous iawn. Erbyn 1843, yr oedd Gwilym Hiraethog
wedi dechrau golygu'r *Amserau,* ac yn Ne Cymru yr oedd David
Rees wedi bod yn golygu'r *Diwygiwr* er 1835. Dyma'r cefndir a
arweiniodd i sefydlu'r *Faner* maes o law. Cyhoeddwyd nifer o
bapurau a chylchgronau eraill yn yr un cyfnod, ond mae'n ddigon
clir mai'r tri yma yw'r pwysicaf a'r mwyaf eu dylanwad y tu allan
i'r papurau enwadol cyn y daw'r *Faner* i'r maes. Yn wir, dim ond
wrth gyhoeddi papurau newydd a chylchgronau y gallai'r rhai a
gymerai safbwynt radical roi llais i'w dyheadau. Wedi'r cwbl, nid
oedd modd lleisio'r safbwyntiau yma yn y Senedd tan 1868.

Yn ei gofiant, mae T. Gwynn Jones yn dyfynnu'n helaeth o un
o lythyrau Sarah sy'n disgrifio terfysg yn nhref Dinbych yn ystod

mis Mehefin 1837, wrth i'r Ynadon geisio gweithredu'r mesurau
ŷd newydd.[11] Mae'r adroddiad yn un hynod o ddiddorol a byw
iawn, a Sarah yn mynd i hwyl wrth ddisgrifio'r helynt. Ceir adlais
yma o'r helynt a fu yn 1795 wrth i John Jones yr Aeddren arwain
y dorf yn erbyn yr ynadon, a'r brwydrau a oedd i ddod adeg
Rhyfel y Degwm. Hefyd, mae amryw o lythyrau cyfnod Llundain
yn sôn am bethau teuluol. Cawn fod perthynas glòs rhwng
Thomas a'i frawd, Robert Foulkes. Mewn un llythyr sonia Robert
ei fod bellach yn gweithio yn Ninbych fel cynorthwy-ydd i Robert
Roberts ar gyflog o £35 y flwyddyn (tua £1,750 yn arian heddiw),
ac na fyddai'n ffurfio cyfeillgarwch â neb arall nes y deuai ei frawd
adref.

Yn ystod dyddiau cyntaf Ionawr 1838 y cyrhaeddodd Thomas
Gee adref o'i gyfnod yn Llundain. Y tro hwn fe deithiodd drwy
Birmingham, ac aros gydag aelodau'r teulu yno i dorri'r daith. Bu
disgwyl mawr am ei weld yn Ninbych, a gorfoledd ymhlith ei
deulu a'i gydnabod. Mae'n siŵr mai ei fam oedd falchaf, o gofio
ei gwewyr yn ystod yr ansicrwydd a âi yn genhadwr i Lydaw a'r
ffaith mai bregus oedd ei hiechyd ar y gorau. Bu hi farw ar y 29ain
o Hydref y flwyddyn honno, yn 56 oed. Sonia Thomas Gee am
hynny mewn llythyr a anfonodd at ei fodryb, lle mae'n dweud fod
ei fam wedi'i pharatoi ei hun i fynd *to a better country to enjoy
the happiness prepared for her before the begining of the world.*
Meddai ymhellach: *The tie was very close − our mother, our
mother, of everybody! − but her happiness is greater − it is the order
of nature, and we must endeavour to be content.*

Beth am ddylanwad y cyfnod a dreuliodd yn Llundain ar ei
gymeriad a'i ddaliadau gwleidyddol, os bu hynny o gwbl? Mae
rhai yn dadlau mai yno y tyfodd yn radical gwleidyddol, ac iddo
ddod i gysylltiad â'r syniadau a roes dân yn ei enaid i ymladd dros
hawliau'r tenantiaid amaethyddol, o blaid hawliau'r Anghydffurf-
wyr, ac i ddod yn genedlaetholwr o fath cyn diwedd ei oes.
Dichon fod peth gwir yn hynny, er bod yr un dyheadau'n perthyn
i rai megis Roger Edwards na threuliodd, hyd y gwyddys, fawr
ddim o'i amser y tu allan i Gymru. Rhaid cydnabod bod tridegau'r
ganrif ddiwethaf yn ddegawd arloesol yn hanes gwleidyddol y
cyfnod. Yn sicr byddai Thomas Gee wedi dod i gysylltiad â

[11] *Cofiant*, TGJ, t. 46-47.

syniadau a aethai â bri'r Siartwyr yn ystod ei gyfnod yn Llundain. Wedi'r cwbl, siomwyd nifer yn Lloegr gan fethiant Deddf Diwygio 1832 i roi llais i'r difreintiedig, yn union fel y siomwyd tad Thomas Gee yn Ninbych am yr un rheswm. Yn 1834, dedfrydwyd George Loveless a phump o weision ffermydd a elwid yn 'ferthyron Tolpuddle' i alltudiaeth am saith mlynedd wedi iddynt dyngu llwon anghyfreithlon. Cawsant bardwn yn 1836. Yn Ne Lloegr arweiniodd William Lovett, Methodist o Gernyw, ymgyrch i geisio sicrhau cynrychiolaeth i'r dosbarth gweithiol yn y Senedd, a bu'n gyfrifol am sefydlu Cymdeithas Gweithwyr Llundain yn 1836. Cyhoeddwyd dogfen gan y Gymdeithas hon yn 1838 a arweiniodd at y terfysg a fu yn y degawd canlynol. Fe'i gelwid yn 'Siartr y Bobl', ac ynddi galwyd am ryddfreinio pob gwryw, etholiad seneddol bob blwyddyn, balot gudd, etholaethau cyfartal, cyflog i aelodau seneddol, a diddymu cymhwyster eiddo ar gyfer aelodau seneddol. Cyflwynwyd deisebau i'r Senedd yn seiliedig ar yr amcanion hyn yn 1839, 1842 a 1848.

Bu'n gryn frwydr ymhlith arweinwyr y Siartwyr ynglŷn â'u dulliau gweithredu. Credai Lovett y dylid dibynnu ar rym moesol, tra dadleuai eraill fel George Julius Harney a'r Protestant o Wyddel, Feargus O'Connor, bod angen defnyddio grym corfforol o dan rai amgylchiadau. Yr oedd rhaniadau eraill tu fewn i'r mudiad a'i gwnaeth hi'n amhosibl i'w hymgyrch lwyddo yn y tymor byr, er gwireddu'r rhan fwyaf o'u hamcanion ymhen blynyddoedd.

Mae'n sicr y byddai Thomas Gee yn ymwybodol o waith Lovett, ac yn gwybod am syniadau Harney ac O'Connor. Yn ei bennod ar Thomas Gee yng nghyfrol Vyrnwy Morgan,[12] dadleua'r Parch Richard Roberts fod digwyddiadau'r cyfnod, megis mudiad cydweithredol Robert Owen, ac ymgyrchoedd Feargus O'Connor ac eraill, wedi dylanwadu'n drwm arno. Meddai, braidd yn rhamantus:

. . . *if one looks out broadly over this record of his after years, and sees his intense popular sympathies, his passion for political liberty, his strenuous faith in political action, one cannot help the feeling that he learnt his political philosophy in the best of all political schools, London in the later 'thirties'.*

---

[12] *Welsh Political and Educational Leaders in the Victorian Era* (James Nisbett & Co. Llundain, 1908).

Gellid dweud yn weddol sicr fod cyfnod Llundain wedi dylanwadu ar wleidyddiaeth Thomas Gee, ond fe ddylid pwysleisio mai dwysáu a dyfnhau ei athroniaeth wleidyddol a wnaed yn hytrach na'i chreu. Heb unrhyw amheuaeth byddai'n ymwybodol iawn o ymgyrch y Siartwyr yng Nghymru cyn diwedd y tridegau a helyntion 'Beca' ar ddechrau'r pedwardegau. Er na fu gwrthdaro rhwng y Siartwyr a'r awdurdodau yn siroedd Dinbych a Fflint, gwyddai am yr helyntion yn Llanidloes, y Drenewydd ac yn fwyaf arbennig yng Nghasnewydd lle bu John Frost yng nghanol y frwydr. Taranodd Y *Diwygiwr* a David Rees yn y Gymraeg o blaid amcanion y Siartr.

Ardaloedd de-orllewin Cymru a brofodd yr hyn a elwid yn derfysg Rebeca. Nid oedd rhaglen wleidyddol fel y cyfryw gan 'ferched Beca', ond rhestr o gwynion yn erbyn amgylchiadau anodd y cyfnod. Er i'r digwyddiad cyntaf ddigwydd yn erbyn tollborth yr Efail Wen yn 1839, yn y cyfnod rhwng 1842 a 1844 y gwelwyd y terfysg ar ei anterth. Fel cefndir i'r helyntion, gellir nodi bod cyflwr y diwydiant amaethyddol yn ddigon truenus yn nechrau'r pedwardegau yn dilyn cynaeafau sâl. Yn ychwanegol at dalu'r doll ar y ffyrdd (ac yr oedd tollbyrth yn fwy cyffredin mewn rhannau o Orllewin Cymru na gweddill y wlad) cwynai'r trigolion yn erbyn treth y tlodion, rhenti uchel, y degwm a'r dreth sirol. Gwraidd y cyfan oedd cyni economaidd yn y blynyddoedd hyn, a byddai'r taliadau allan o gyflog neu elw pitw yn draul na ellid yn hawdd ei fforddio. Bu cynnydd yn y boblogaeth yn yr ardaloedd gwledig, ac o ganlyniad nid oedd digon o adnoddau i'w cynnal. Dylid nodi'r gŵyn yn erbyn y degwm, o gofio'r helynt yn siroedd gogledd-ddwyrain Cymru yn wythdegau'r ganrif a rhan Thomas Gee a'r *Faner* yn hwnnw. Diddymwyd y drefn o roi degfed ran o gynnyrch yr amaethwr yn 1836, ac o hynny ymlaen taliad ariannol a gesglid. Ar yr wyneb yr oedd hynny'n fwy cyfiawn, ac o leiaf byddai'r amaethwr yn gwybod maint ei daliad blynyddol. Ond ym mlynyddoedd cynnar y drefn newydd, cafwyd cynaeafau drwg a'r tâl yn fwy na degfed rhan y cynnyrch.

Aeth y protestio allan o reolaeth erbyn diwedd haf 1843, gan golli cefnogaeth eu hedmygwyr mwyaf brwd. Yn wir, yr oedd rhai o arweinwyr y farn radicalaidd fel David Rees wedi ei chael hi'n anodd i gefnogi'r ymosodiadau ar y tollbyrth, ac wrth gwrs aeth pethau o ddrwg i waeth ar ôl i geidwades tollborth yr Hendy ger

Pontarddulais golli ei bywyd ym mis Medi 1843. Llwyddodd byddin y Cyrnol Love i ennill rheolaeth ar yr ardal, a gwelwyd y digwyddiad olaf yn ardal Buellt ym Medi 1844. Er nad oedd a wnelo Thomas Gee ddim â helyntion y Siartwyr na therfysg Rebeca fel y cyfryw, anodd gweld nad oeddynt wedi dylanwadu arno. Yn ei hanfod, yr un oedd y frwydr yn ystod Rhyfel y Degwm. Cyni'r amaethwyr a'r dirwasgiad economaidd oedd wrth wraidd yr helyntion yn yr ardaloedd gwledig drwy gydol y ganrif, mewn gwirionedd.

Rhwymau Cariad a Dechrau Gwaith

Fel yr awgrymwyd yn llythyr Thomas Roberts, Cefn y Gwrdy, a anfonwyd ato i Lundain yn 1837, yr oedd eisoes gysylltiad rhwng Thomas Gee a merch o'r enw Susannah. Cyfeirir ati hefyd mewn llythyr a anfonwyd at Thomas Gee gan Sarah, ei chwaer, yn yr un flwyddyn. Yr oedd Susannah yn ferch i deulu amaethwyr gweddol gyfforddus eu byd, sef teulu Hughes Plas Coch, Llangynhafal. Gellir dweud ei bod yn weddol dda arnynt, yn ôl safonau'r cyfnod, gan i'r rhieni roi addysg dda i'w merched, yn cynnwys cyfnodau mewn ysgolion yn Rhuthun a Dinbych, ac yn Maryland Street, Lerpwl.[1] Yr unig hanes o'r garwriaeth sydd ar gael yw hwnnw y cyfeirir ato yng nghofiant T. Gwynn Jones. Âi Thomas Gee adref o bobman, meddid, heibio i gartref Susannah ym Mhlas Coch er mwyn cael cip arni yn bwydo'r ieir yn y coed ger y ffordd. Cawsai ei herian gan ei chwiorydd ynglŷn â'r ffaith nad oedd ond un ffordd adref yn y cyfnod hwnnw! Priodwyd y ddau yn Eglwys Llangynhafal ar yr 11eg o Hydref 1842. Yn ôl yr hanes, cerddodd y ddau. i'r eglwys 'am eu bod wedi penderfynu dechrau heb unrhyw rwysg mwy nag y dymunent ei gadw ar hyd eu hoes'.[2] Bwriwyd eu mis mêl efo perthnasau Thomas Gee yn Birmingham, ac fe'u croesawyd yn ôl i'w cartref cyntaf yn Fron Cottage, Lôn Goch 'gan lu o gyfeillion'. Yno y ganed Mary, y ferch hynaf, ac yna symudodd y teulu i Fronallt, Stryd y Dyffryn, sef y tŷ a gysylltir ag enw Thomas Gee yn Ninbych hyd heddiw. Yno y ganed y gweddill o'u plant, sef Sarah, Thomas, Annie, Emily, John Howel (olynydd ei dad fel perchennog y wasg), Robert Foulkes a Claudia. Bu farw un ferch arall yn fuan ar ôl ei geni.

Dywed T. Gwynn Jones ymhellach am Thomas Gee a Susannah, 'y mae yn ddiamau na charodd y naill ond y llall

[1] *Cofiant*, TGJ, t. 92.
[2] ibid. t. 94.

erioed'. Gan ei fod yn ysgrifennu o dan lygad barcud – os nad o dan gyfarwyddyd – Mary Gee, ac nad oedd hi'n brin o gwyno am unrhyw beth a allai daflu golwg anffafriol ar ei thad, mae'n debyg na allai cofiannydd bryd hynny ddweud fawr ddim yn wahanol. Ond hyd yn oed heddiw, a oes yna dystiolaeth i'r gwrthwyneb? Soniwyd eisoes am gynnwys llythyrau Margaret Evans, a oedd yn hen ferch llawer hŷn na Thomas Gee yn ystod cyfnod Llundain. Er na ellir mynd cyn belled â dweud bod yna unrhyw berthynas agosach rhyngddynt na chyfeillion, awgrymant o leiaf fod y Thomas Gee ifanc yn berson nwydus yn ei golwg hi ac, fe ellir tybio, i ferched eraill. Gwyddom hefyd fod Thomas Gee yn berson a weithiai'n galed, yn codi'n hynod o gynnar yn y bore, ac a fyddai ar ei draed yn hwyr yn y nos, a'i fod yn deithiwr mawr; byddai'n aml oddi cartref un ai ar deithiau pregethu neu ar waith gwleidyddol. Ni allai hynny fod wedi arwain at fywyd hawdd i'w wraig, a gododd wyth o blant, er iddi gael cymorth morynion bid siŵr. Cawn stori ei fod yn dipyn o deyrn yn y cartref, yn hynod o feddiannol o'i ferched yn arbennig, ac fe ddywedir gan un ffynhonnell: *he had bars put on their bedroom windows at the farmhouse outside Denbigh.*[3] Y *farmhouse* y cyfeirir ato yw'r Eglwys Wen, fferm y bu Thomas Gee yn denant arni am rai blynyddoedd. Yn ogystal, yr oedd Thomas Gee yn berson cyhoeddus, ac wedi chwarae rhan flaenllaw yn hanes gwleidyddol Cymru yn ystod ail hanner y ganrif. Does bosib nad oedd hynny hefyd wedi cael rhyw gymaint o effaith ar ei fywyd teuluol.,

Wedi dychwelyd o Lundain ac ar ôl marwolaeth ei fam, fe gymerodd Thomas Gee fwy o ran yng ngwaith y wasg. Bu farw ei dad ar y 13eg o Dachwedd 1845, ac o hynny ymlaen ef oedd yn berchen arni. O dan y telerau a wnaed pan ddaeth yn bartner, bu'n rhaid iddo dalu £1,050 i deulu ei dad yn 1845.[4] Yn naturiol ddigon, bu marwolaeth ei dad yn dipyn o ergyd iddo, ac meddai Roger Edwards mewn llythyr at Lewis Edwards ar y 15fed o Dachwedd 1845, *I have no doubt but that his family will be inconsolable after him.*

Mae yna le cadarn i gredu bod dylanwad y tad yn gryf ar ddatblygiad cymeriad a syniadau'r mab. Pan ysgrifennai ato i

³ S. I. Wicklen, *Trafodion Cymdeithas Hanes Sir Ddinbych* (1994, Cyf. 43).
⁴ ibid. t. 96.

Lundain yn 1837, dywed sut y dylai ymddwyn yn y swyddfa argraffu yno:

Be sure to avoid all lightness of conversation, and observe rather a reserved disposition than otherwise with the men in the office you may be placed in – they will respect you more than if you make too free with them.

Yma, mae'n ysgrifennu at un a baratowyd i fod yn feistr, ac yn amlwg dyna oedd y tu ôl i fwriad y tad wrth anfon Thomas Gee i Lundain. Mae cynnwys ei lythyrau yn llawn o gynghorion ar sut y dylai fynd ati i berffeithio'i grefft, ac fe roddodd y cyfan a ddysgodd ar waith ar ôl mynd adref. Mae'n amlwg hefyd fod y tad yn llawer gwell dyn busnes na'i ragflaenydd Thomas Jones, a bod y mab wedi etifeddu'r ddawn honno i'r eithaf. Fel y soniwyd eisoes, dyn o'r tu allan oedd Thomas Gee (h), na fu unwaith yn rhan o'r sefydliad Methodistaidd. Eglwyswr oedd ef tan 1830, ac fe drodd at y Methodistiaid i ddilyn ei fab. Pan soniodd Thomas Roberts wrth Thomas Gee na fyddai'n gallu arwyddo'r ardystiad dirwestol, awgrymodd yn gryf na allai ei dad ychwaith. Sais uniaith ydoedd Thomas Gee (h) cyn dod i Ruthun yn 1808, er y byddai wedi dod ar draws y Gymraeg pan oedd yn brentis efo W. Collister Jones yng Nghaer. Ond fe ddaeth yn weddol hyddysg yn yr iaith ar ôl setlo yn Nyffryn Clwyd, ac fe wnaeth ymdrech 'egnïol' i'w dysgu. Sonnir amdano fel person llawn ynni a gweithgarwch, yn ddyn na 'allai oddef y diog a'r afradlon' (nodweddion a etifeddodd ei fab) a'i fod yn gerddor dawnus.

Er nad oedd y tad yn ddyn cyhoeddus, doedd ganddo mo'r doniau angenrheidiol i'r gwaith hwnnw, ond yr oedd ganddo argyhoeddiadau gwleidyddol dwfn. Gallai rhywun yn hawdd, a braidd yn arwynebol, awgrymu mai'r cyfan a wnâi wrth gefnogi'r Chwigiaid a'u rhaglen o ddiwygio'r drefn oedd hyrwyddo buddiannau ei ddosbarth ei hun. Fel dyn busnes 'newydd' byddai newid y drefn o fantais uniongyrchol iddo, o gofio bod y llywodraeth a'r senedd yn awenau'r tirfeddianwyr megis Syr Watkin Williams Wynn a'i debyg. A chymryd y gallasai hyn oll fod yn wir, y mae ochr arall i'w gymeriad fel y dengys cynnwys ei lythyrau. Doedd yna fawr o bobl amlwg hyd yn oed o blith y Chwigiaid yn gefnogol i'r balot yn fuan ar ôl 1832, ond fe'i cawn ef yn dod allan yn gryf o'i blaid yn 1837. Gwyddai am y modd y gallai'r tirfeddianwyr ddylanwadu ar eu tenantiaid, hyd yn oed ar ôl ehangu'r hawl i bleidleisio. Mabwysiadodd rai o ragfarnau'r oes, yn enwedig yn ei gyfeiriadau at bobl y cyfandir. Yn y cyfnod hwn, yr oedd Prydain yn ymestyn ei gorwelion fel grym ymerodrol, a daethai rhyw syniadau braidd yn drahaus am le Prydain yn y byd a rhagoriaeth ei threfn lywodraethol yn lled gyffredin. Meddai yn 1837, wrth gynghori ei fab yn erbyn mynd yn genhadwr:

> . . . *at present, from what I can learn of the Bretons, there does not appear a way open for one so young as yourself to travel with safety – I read they are little better than pagans, and probably more superstitious.*

Yn amlwg, ni wyddai fod pobl Llydaw yr un mor wareiddiedig â'r Cymry yn yr oes honno, ac wedi dewis peidio cofio mae'n debyg am y cysylltiad Celtaidd. Amlygodd ei fab yr un math o ddaliadau Prydeinllyd wrth annerch pobl Cymru yn rhifyn cynta'r *Faner* yn 1857, er bod cryn newid yn ei syniadau erbyn wythdegau'r ganrif. A chymryd y cyfan at ei gilydd, gellir gweld dylanwad y tad yn eithaf cryf ar y mab yn ei ddyddiau cynnar. Ef, o'r pum mab, oedd wedi'i ddewis i etifeddu'r busnes, a gwnaeth yn fawr o'i gyfle. Yr oedd y tad wedi adnabod galluoedd y mab yn burion.

Erbyn 1845, yr oedd y wasg yng Nghymru wedi dechrau dod yn ffactor weddol bwysig ym mywyd y genedl. Wedi'r cwbl, nid oedd ffynhonnell arall i'r Cymry Cymraeg dderbyn eu newyddion, na ffordd arall o leisio'u dyheadau gwleidyddol. Eisoes fe soniwyd am waith David Rees gyda'r *Diwygiwr* yn y De, ac am waith Roger Edwards efo *Cronicl yr Oes* yn Yr Wyddgrug. Ni ddylid gorbwysleisio agwedd radical y wasg yn y cyfnod hwn, fodd bynnag. Prin bedair blynedd oedd er marw John Elias, a bu ei gysgod yn drwm ar ei ddilynwyr am gyfnod wedi hynny. Ond yr oedd eisoes do yn codi na fyddai'n arddel gwleidyddiaeth yr hen batriarch a'r teyrn o Fôn. Yr oeddent hwy â'u bryd ar sicrhau gwell addysg i'r rhelyw ac am weld newidiadau gwleidyddol a alluogai'r werin i gymryd rhan yn y broses. Yn 1843, sefydlwyd *Yr Amserau*, papur newydd pythefnosol o dan olygyddiaeth William Rees (Gwilym Hiraethog). Yr oedd ychydig yn haws iddo ef goleddu a lleisio syniadau radical gan mai Annibynnwr ydoedd, ac yr oedd ymhél â gwleidyddiaeth yn rhan o draddodiad yr hen ymneilltuwyr. Erbyn 1837, yr oedd yn weinidog yn eglwys Lôn Swan yn Ninbych, ac yn y cyfnod hwn fe ddaeth Thomas Gee ac yntau'n gyfeillion. Wedi symud i Lerpwl yn 1843, daeth i gysylltiad â John Jones a gadwai fusnes argraffu a siop lyfrau yn Castle Street yn y ddinas. Cytunodd John Jones i fod yn gyfrifol am gost y fenter a Hiraethog yn olygydd di-dâl. Cyhoeddwyd y rhifyn cyntaf ar y 23ain o Awst 1843, a bu Hiraethog yn olygydd am naw mlynedd. Fe'i olynwyd gan Ieuan Gwyllt a chredir mai ef oedd y golygydd amser llawn cyntaf i weithio drwy gyfrwng y Gymraeg. Yn anffodus, aeth y papur i drafferthion ar ôl gwrthwynebu rhan Prydain yn rhyfel y Crimea, ac fe'i unwyd â'r *Faner* yn 1859 fel y cawn weld.

Am y tair blynedd cyntaf, ni bu llawer o lewyrch ar y papur o safbwynt gwerthiant a dechreuodd y perchennog ddigalonni. Yna fe ddechreuodd Hiraethog ysgrifennu cyfres o erthyglau yn dwyn y teitl 'Llythyrau'r Hen Ffarmwr' a'u hysgrifennu yn nhafodiaith ardal ei febyd yng nghylch Llansannan. Bu'r gyfres yn llwyddiant mawr, ac yn ddigon i achub dyfodol y papur. Yn ei golofn byddai Hiraethog yn trin helyntion y dydd ac yn ymosod ar y 'landlordiaid a'r byddigions', a thrwy hynny geisio creu ymwybyddiaeth ymhlith y ffermwyr o'r angen i frwydro dros eu hawliau ac i sicrhau tegwch ar fater rhenti a thalu'r degwm.

Mater arall y bu Hiraethog yn ymhél ag ef oedd y frwydr i sicrhau rhyddid mewn nifer o wledydd bach Ewrop yn y cyfnod hwn, y 'cenhedloedd anhanesiol' fel y'u gelwir gan John Davies.[5] Ysgrifennodd o blaid mudiadau cenedlaethol y tu fewn i ymerodraeth Awstria a bu'n trafod problemau'r Eidal gyda Mazzini. Awgrymodd y Parch. Richard Roberts mewn rhan arall o'r erthygl a ddyfynnwyd eisoes fod Thomas Gee ei hun wedi dod o dan ddylanwad Mazzini yn ystod ei gyfnod yn Llundain, ond does yna ddim tystiolaeth o hynny. Yn wir mae'n anodd credu y gallai hynny fod yn wir o gofio'r 'maniffesto' a gyhoeddwyd ganddo yn rhifyn cyntaf *Y Faner*. Mae John Davies yn trafod methiant unrhyw ymgyrch genedlaethol yng Nghymru yn y cyfnod hwn a'i briodoli i afael Anghydffurfiaeth ar ddulliau mynegiant a diwylliant y Cymry ac na ellid cyhoeddi unrhyw beth

---

[5] Mae dwy erthygl werthfawr yn croniclo hanes cynnar *Y Traethodydd*, y naill yn rhifyn Ionawr 1995 gan J. E. Caerwyn Williams a'r llall gan Philip Henry Jones yn rhifyn Gorffennaf yr un flwyddyn.

nad oedd yn dderbyniol i'r enwadau. Er bod gan yr arweinwyr newydd fel Lewis Edwards syniadau cymharol ryddfrydol yn wleidyddol, doedd ganddyn nhw fawr o ffydd yn nyfodol y Gymraeg fel iaith dorfol. Ond ni ellir priodoli'r meddylfryd hwn i Thomas Gee. Rhoddodd lwyfan i Emrys ap Iwan feirniadu'r symudiad i sefydlu'r achosion Saesneg yn ddiweddarach yn y ganrif, a'i gyflogi fel gohebydd ar ôl i'r Cyfundeb wrthod ei gais am y weinidogaeth.

Un o fentrau pwysicaf Thomas Gee ỳn ddyn cymharol ifanc oedd cyhoeddi'r *Traethodydd.*[6] Daeth y rhifyn cyntaf o'r wasg ym mis Ionawr 1845, ac ef a fu'n gyfrifol am ei gyhoeddi a'i argraffu am ddeng mlynedd. Gan i ddyddiau cynnar *Y Traethodydd* fod yn destun ffrae chwerw rhwng Thomas Gee ar y naill law, a Roger Edwards a Lewis Edwards ar y llall, ac i'r stori roi darlun o gymeriad a gallu busnes Thomas Gee, rhaid treulio ychydig o amser ar y cyfnod hwn. Yr oedd dwy ran i'r anghydfod; yn gyntaf, pwy yn union oedd awdur y syniad i gyhoeddi'r *Traethodydd,* ac yn ail (sy'n llawer mwy perthnasol i'r llyfr hwn), beth a achosodd y ffrae chwerw ynglŷn ag argraffu'r cylchgrawn, ac a arweiniodd at y pwynt i Roger Edwards fynnu fod y gwaith argraffu yn dod o ddwylo Thomas Gee. Penderfynodd T. Gwynn Jones gyfeirio at y rhan gyntaf o'r anghydfod, ond nid oes sôn am yr ail yn ei gofiant ef.

Mae un ffaith sydd y tu hwnt i bob amheuaeth, sef fod gan Lewis Edwards ran allweddol yn nechreuad y cylchgrawn, er nad yn y fenter ariannol a olygai hynny. Fel y sylwyd eisoes, yr oedd gan Thomas Gee dipyn o feddwl o Lewis Edwards, gan ymddiried ynddo ei fwriad i ddechrau pregethu hyd yn oed cyn codi'r mater efo'i deulu. Ac yn wir, gellid yn hawdd weld paham y byddai wedi gwneud hynny. Wedi'r cwbl, yr oedd Lewis Edwards yn ŵr o athrylith, yn llenor a diwinydd o'r radd flaenaf, ac yn eilun gan y bechgyn ifainc â'u bryd ar fynd i'r weinidogaeth. Erbyn y cyfnod hwn, yr oedd Lewis Edwards yn Rhyddfrydwr, ac yn feirniadol iawn o geidwadaeth John Elias a'i ddilynwyr. Ysgrifennodd yn 1847:

> the old Methodists were good men, but they could not do less than they did in the way of lasting benefit to their native country . . .

---

[6] John Davies, *Hanes Cymru*, t. 401 *et al.*

they laboured as if the world was to be blotted out of existence at the end of that age.[7]

Gwyddom hefyd fod Lewis Edwards wedi'i argyhoeddi o'r angen am gylchgrawn tebyg i'r *Traethodydd* yng Nghymru. Yn 1827 yr oedd wedi agor ysgol yn Aberystwyth, a thra bu yno fe ddaeth ar draws 'pentwr' o *Blackwood's Magazine*, gan ddod i gysylltiad â llenyddiaeth Lloegr am y tro cyntaf, ac fe roddodd hynny gryn wefr iddo. Yn ddiweddarach, fel myfyriwr yng Nghaeredin, daeth i sylweddoli pwysigrwydd cylchgronau eraill megis yr *Edinburgh Review, and Critical Quarterly* a *The Quarterly Review*. Yr oedd Lewis Edwards hefyd wedi llawn sylweddoli pwysigrwydd addysg a'r angen i drafod llenyddiaeth yn y Gymraeg. Yr oedd ef a Roger Edwards – a oedd erbyn cyhoeddi'r *Traethodydd* yn weinidog yn yr Wyddgrug – yn hen gyfeillion, a hynny ers tua 1831 o leiaf. Mae'n debygol iawn fod y ddau wedi trafod cynnwys y cylchgronau Saesneg a'r ffaith nad oedd dim cyffelyb i hynny yn y Gymraeg. Wedi'r cwbl, perthynai'r ddau i ysgol newydd o Anghydffurfwyr a gredai y gallai gwybodaeth o lenyddiaeth fod o fantais yn hytrach na rhwystr iddynt. Cynrychiolid y farn honno gan Bob, brawd Rhys Lewis, tra oedd ei fam Mari yn perthyn i'r hen ysgol, na wyddai ddim am Shakespeare ac eraill, ac a oedd yn drwgdybio'r awydd am fwy o addysg o blith y to newydd o bregethwyr, ac o'r herwydd yn credu na allent efengylu mor effeithiol â'r diwygwyr cynnar.

Erbyn 1842, yr oedd hi'n amlwg fod y syniad o ddechrau chwarterolyn yn y Gymraeg wedi bod yn cyniwair ers tro. Yn y flwyddyn honno cawn Lewis Edwards a Roger Edwards yn gohebu â'i gilydd yn bwrpasol. Er hynny, mae'n amlwg mai Lewis Edwards o'r ddau a welai'r angen gliriaf ac a wthiodd y mater yn ei flaen. Meddai mewn llythyr at ei gyfaill: *When is the far-famed Magazine to make its appearance? Let us come to some agreement.*[8] Gwelai Roger Edwards ei rôl fel cefnogwr brwd yn hytrach nag fel symbylydd. Meddai mewn ateb i gwestiwn ei gyfaill: *As for the Traethodydd, or whatever will its name be, I am ready to give myself in your hand, to be guided by your leadership*

[7] R.T. Jenkins, *Hanes Cymru yn y Bedwaredd Ganrif ar Bymtheg*, Caerdydd, 1933.
[8] T. C. Edwards, Isaac Foulkes, Lerpwl, *Bywyd a Llythyrau y diweddar Barch. Lewis Edwards*, 1901 t. 218.

as you think most proper.[9] Nid oedd Roger Edwards mor ffyddiog â'i gyfaill yn llwyddiant y fenter, ond braidd yn haerllug fe nododd: *certainly a work under our names will have the best chance.*[10] Cawn Roger Edwards yn codi amheuon ynglŷn â natur yr hyn oedd i'w gyhoeddi, ac yn argymell y gellid ystyried cyfres o draethodau yn null Charles Knight, . . . *as every book would be perfect in itself, we might more easily drop the concern if it appears profitless.* Mae'n anodd deall paham fod Lewis Edwards wedi parhau i drafod y mater efo Roger Edwards ac yntau'n ymddangos yn ddigon llugoer ynglŷn â'r holl beth, oni bai ei fod yn ystyried ei gyfaill fel golygydd i'r cylchgrawn. Ac yr oedd gan Roger Edwards gymwysterau i'r swydd, gan ei fod eisoes wedi bod yn anfon erthyglau i rai o brif gyhoeddiadau'r cyfnod, ac wedi golygu *Cronicl yr Oes* yn bur lwyddiannus am gyfnod o dair blynedd. At hynny, mae'n debyg fod yn haws ganddo ymddiried yn rhywun yr oedd yn ei adnabod yn dda.

Gwrthod ymgymryd â'r dyletswyddau a wnaeth Roger Edwards ar y dechrau, a bu'n rhaid i Lewis Edwards droi at eraill a'u cymell i ystyried golygu'r cylchgrawn. Fe'i cawn yn holi Henry Rees a'r Parch. John Hughes Lerpwl fel cyd-olygyddion, ond gwrthod fu eu hanes hwythau hefyd. Yn ychwanegol at hyn oll, wrth gwrs, yr oedd yr angen i ariannu'r fenter, ac ychydig o ddiddordeb oedd gan Lewis Edwards yn yr ochr yna i bethau. Edrychai arni fel antur ddiwylliannol, ac yn gynyddol yr oedd Roger Edwards yn gweld yr holl beth braidd yn ddu, gan ystyried syniadau ei gyfaill yn rhai rhy uchelgeisiol.

Dyna'r hanes hyd at 1844. Bu'r syniad yn cyniwair am ddeng mlynedd o leiaf ym meddwl Lewis Edwards, ond methiant fu pob ymdrech ar ei ran i gael y maen i'r wal. Yna cawn Thomas Gee yn mynd i'w weld yn ystod ymweliad â'r Bala ym mis Mawrth y flwyddyn honno. Yn ôl Lewis Edwards, yr oedd Thomas Gee wedi bod yn meddwl ar hyd yr un llinellau a'u bod wedi cytuno ar delerau i gychwyn y cylchgrawn. Meddai:

> I ought to say that Mr Gee takes the whole responsibility. If it should not pay, it will be his loss. But should there be any profit it will be divided between the contributors, after deducting a small sum which is to remunerate the Editors.[11]

9 LLGC Llythyrau T. C. Edwards.
10 ibid.
11 ibid.

61

Yn yr un llythyr y mae'n adnewyddu'r cais am i Roger Edwards dderbyn swydd, ond y tro hwn fel cyd-olygydd gydag ef ei hun. Braidd yn anfoddog oedd Roger Edwards i ymgymryd â'r dyletswyddau ond derbyniodd oherwydd taerineb ei gyfaill. Hyd yn oed ar dderbyn y newydd fod y cylchgrawn i fynd yn ei flaen, bwriai amheuaeth ar ei lwyddiant masnachol gan awgrymu bod swllt y copi yn rhy isel, ac na fyddai pedwar swllt yn ormod.

Yn y *Gwyddoniadur,* dywedir bod Y *Traethodydd* wedi cychwyn 'drwy gynnyg a wnaeth Thomas Gee i Dr Lewis Edwards, Bala, a'r Parch. Roger Edwards'. Efallai y gellid disgwyl i'r *Gwyddoniadur* roi'r clod i Thomas Gee, ond ymhellach cawn T. M. Jones yn *Llenyddiaeth Fy Ngwlad,* a gyhoeddwyd yn 1893, wrth drafod y syniad cyffredin mai Lewis Edwards oedd yn gyfrifol am awgrymu'r fenter, yn dweud hyn:

> . . . *dywedwyd wrthym yn bendant gan Mr T. Gee, y cyhoeddwr, mai efe ei hunan a awgrymodd y peth cyntaf i sylw Dr Edwards – mai efe (Mr Gee) mewn gwirionedd a feddyliodd gyntaf am gylchgrawn o'r fath, ac, o ran dim sicrwydd sydd gennym yn amgen, gall hynny fod yn ddigon naturiol; ac yna, ar ol i Mr Gee awgrymu y peth i sylw Dr Edwards, a gofyn iddo ei gydsyniad, fod y ddau wedi cyd-deimlo yr anghen, ac wedi penderfynnu cyd-wneyd eu gorau i gario allan y syniad.*

Erbyn iddo fynd ati i ysgrifennu cofiant Roger Edwards yn 1908, newidiodd T. M. Jones ei stori, gan fod yn barod i dderbyn adroddiad Lewis Edwards a Roger Edwards o'r cychwyniad, fel yr adroddwyd ganddynt wrth Richard Owen, Bethesda a gyhoeddodd *Hanes y Traethodydd* yn 1879. Ni allai fynd mor bell â gadael Thomas Gee allan o'r darlun, ond erbyn hyn rhan yn unig sydd ganddo. Yn ôl Roger Edwards, ef oedd wedi plannu'r syniad ym mhen Thomas Gee yn y lle cyntaf, gan led awgrymu mai ef oedd yn gyfrifol fod Thomas Gee wedi codi'r mater efo Lewis Edwards ym mis Mawrth 1844.

O edrych ar y dystiolaeth a welir yn y llythyrau a anfonwyd ar y pryd, ni ellir ond dod i'r casgliad mai Lewis Edwards oedd yn bennaf cyfrifol fod Y *Traethodydd* wedi gweld golau dydd, ond na fuasai wedi dod o'r wasg oni bai i Thomas Gee fod yn barod i ysgwyddo'r fenter ariannol. Yr awgrym cyson yw mai prysurdeb Roger Edwards oedd yn egluro'i safbwynt llugoer ar yr holl fater, ond onid oedd Thomas Gee yn ddyn llawn mor brysur, ac yn ddigon hyderus i gymryd at y fenter ac mai'r cyfan a welai Roger Edwards oedd problemau? Rhaid cymryd sylwadau'r partïon ymhen blynyddoedd wedyn efo pinsiad go lew o halen. Erbyn hynny, fel y cawn weld, yr oedd y berthynas rhyngddynt wedi suro. Mae T. Gwynn Jones yn hynod o garedig wrth Thomas Gee pan ddywed fod 'Mr Gee a Dr Edwards wedi meddwl am y peth heb yn wybod i'r naill a'r llall'.[12] Dyna'i roi ar yr olwg orau bosibl o ochr Thomas Gee.

Beth oedd cynnwys y cylchgrawn i fod? Disgwylid iddo ymdrin â llenyddiaeth a phynciau cyffredinol yn ogystal â bod yn fodd i ddwyn budd ysbrydol i'r darllenwyr. Gwelai Lewis Edwards fod yna le i roi llwyfan i waith rhai o feirdd gorau'r cyfnod, neu yn hytrach y goreuon yn ôl ei farn ef. Ni chawsai drafferth i gael cyfranwyr ar bynciau diwinyddol ac ysgrythurol, un maes yr oedd Cymru'n rhagori ynddo, ond fe gâi gryn drafferth i gael rhai a allai ymdrin â phynciau llenyddol yn y Gymraeg, ac yma y gwelwn ddiffyg cyfleusterau prifysgol yng Nghymru ar ei fwyaf cignoeth.

Aed ati yn ystod 1844 i lunio prospectws (a'i gyhoeddi yn Y Drysorfa), i geisio tanysgrifwyr a hysbysebion gyda'r bwriad o gyhoeddi'r gyfrol gyntaf ym mis Ionawr 1845. Ymddengys mai Lewis Edwards a gymerodd y baich trymaf o geisio cyfranwyr i'r rhifyn cyntaf, a dirprwywyd y gwaith o ddelio â'r wasg ac â Thomas Gee i Roger Edwards. Gan nad oedd Lewis Edwards yn ymorol am yr ochr ariannol, oddi eithr i ysgrifennu at ei gyfeillion am gefnogaeth i brynu, ychydig a feddyliai am ystyr y telerau a roddwyd iddo gan Thomas Gee ym mis Mawrth 1844. Ar yr wyneb, edrychent yn delerau ffafriol iawn, sef na fyddai i neb ond Thomas Gee ysgwyddo unrhyw golled, ac fe eglurodd ef ei delerau yn fwy manwl mewn llythyr at Lewis Edwards ar y 15fed o Dachwedd. Cadarnhâi mai arno ef y byddai unrhyw golled, a phe byddai'n talu yr oedd i godi am argraffu a chyhoeddi a thalu'r balans i ddwylo Edwards, *And upon hearing your advice as to the number to be printed and the type used, I will give you in my terms. All this, of course, will be on the understanding that the work will never be thrown out of my hand as printer and publisher.*[13]

[12] *Cofiant*, TGJ, t. 106.
[13] LLGC Llythyrau Thomas Charles Edwards.

Gellid gweld fod y telerau yma'n fanteisiol iawn i Thomas Gee, ond ddim o angenrheidrwydd i neb arall. Gan nad oedd gan Lewis Edwards fawr o ddiddordeb yn yr ochr fusnes, a bod baich unrhyw golled wedi'i godi oddiar ei ysgwyddau (sef yr hyn a rwystrodd y fenter rhag dechrau ynghynt), ni chymerodd ormod o sylw o sylwadau craff y Parch. John Hughes ym mis Tachwedd 1844, mai ffolineb fyddai caniatáu i'r argraffydd gael ei dalu yn gyntaf ac yna rannu'r gweddill. Ac fe gawn Roger Edwards ym mis Rhagfyr y flwyddyn honno yn cwyno nad oedd Thomas Gee wedi rhoi pris am y gwaith o argraffu a chyhoeddi. Yn y fan hon y mae gwraidd yr anghydfod a ddaeth rhwng y ddwy ochr yn nes ymlaen, sef nad oedd cytundeb clir ynglŷn â faint y dylai Thomas Gee godi am ei wasanaeth. Yn ychwanegol at hyn, yr oedd y cymal nad oedd y gwaith o argraffu a chyhoeddi i fynd o'i ddwylo yn groes i reolau cyffredin cytundebau ac yn sicr yn llyffethair ar fasnach. Ond fe ddengys hyn mai Thomas Gee oedd yr unig un efo synnwyr busnes, a'i fod yn fodlon ceisio sicrhau'r manteision ariannol gorau iddo'i hun. Gwelwn yn ddigon clir yn yr enghraifft hon paham y bu i'w fusnes lwyddo cystal. Gwnâi yn sicr fod ganddo seiliau ariannol cadarn i bob menter yr ymgymerai â hi. Hyd yn hyn, dynion yn chwarae efo busnes a welsai'r wasg yng Nghymru gan amlaf, a dyna paham y bu i gymaint o bapurau a chylchgronau fynd i'r wal. Thomas Gee oedd un o'r ychydig unigolion a wnaeth i wasg dalu ei ffordd hyd yn oed yng nghyfnod oes aur cyhoeddi yng Nghymru.

Mae lle i amau a oedd Roger Edwards yn gwbl hapus efo penodiad Thomas Gee fel cyhoeddwr ac argraffydd yn y lle cyntaf. Wedi'r cwbl, ni chafodd unrhyw lais yn y mater. Yr oedd yr holl beth wedi'i gytuno rhwng Thomas Gee a Lewis Edwards yn dilyn eu cyfarfyddiad yn y Bala, a'r cyfan a wnaed efo Roger Edwards oedd ei hysbysu o'r cytundeb hwnnw. Gan fod Roger Edwards yn byw yn Yr Wyddgrug, byddai wedi bod yn llawer mwy cyfleus iddo ped ymddiriedid y gwaith i'w gyfaill P. M. Evans a oedd yn berchen gwasg yn Nhreffynnon, ac ef a fu'n gyfrifol gyda John Lloyd am gyhoeddi ac argraffu *Cronicl Yr Oes* yn Yr Wyddgrug. Daeth y rhifyn cyntaf o'r *Traethodydd* o'r wasg yn hwyr, a hynny gyda pheth brys. Y mae'n amlwg fod Thomas Gee dan gryn bwysau i'w gael allan yn fuan, ac wrth ei amddiffyn ei hun yn erbyn cwynion gan Roger Edwards fod gwallau ynddo dywed mewn llythyr 10 Ionawr 1845:

64

(i) Gwilym Hiraethog, golygydd cyntaf *Yr Amserau* a chyfrannwr cyson i'r *Faner.*

(ii) Syr Hugh Owen, a wnaeth gyfraniad mawr ym myd addysg, ac un o gyfeillion Thomas Gee.

(iii) Henry Richard, A.S. Merthyr, un o'r to newydd wedi etholiad cyffredinol 1868.

(iv) John Griffiths 'Y Gohebydd', sef gohebydd *Y Faner*, yn Llundain.

Y milwyr yn nhref Dinbych adeg helynt rhyfel y Degwm ym mis Mai 1888

(i) Bronallt, yn Stryd y Dyffryn, Dinbych, cartref Thomas Gee am y rhan fwyaf o'i oes. Mae'r tŷ ar y chwith eithaf – tynnwyd y llun ar ddechrau'r ganrif hon.

(ii) Thomas Gee a'i geffyl, Degwm

(ii) Thomas a Susannah Gee ar achlysur dathlu eu Priodas Aur

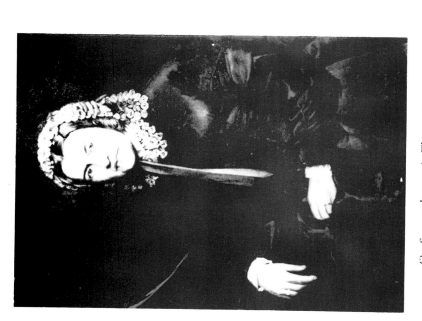

(i) Susannah, gwraig Thomas Gee

Llun o staff Gwasg Gee. Mae T. Gwynn Jones yn y darlun, i'r chwith y tu ôl i Thomas Gee.

Pwyllgor Gwaith Eisteddfod Genedlaethol Dinbych 1882. Mae Thomas Gee a'i fab Howel yn y llun.

Swyddogion Y Capel Mawr, Dinbych tua 1898. Thomas Gee sydd yn y canol, er bod y gweinidog, y Parch. Evan Jones, hefyd yn y llun.

Angladd Thomas Gee, 3 Hydref 1898

*And to avoid any appearance of sluggishness we made an effort to
get it out to the day – Jny 1. – in spite of which we failed – yet we
were at it, one section until 11,12, and 1 in the morning many
nights – invariably with the last half sheets – the other section
generally commencing at 3, 4 and 5. How could it be expected that
proofs read & corrected sometimes at 11 & 12 & 1 could be
correct – when the pen frequently dropped from my hand from
sleep. It is miracle that it is so well . . .*[14]

Ychwanega bod angen iddo gael y copi yn ddigon buan o hynny
ymlaen, er mwyn sicrhau y câi y cyd-olygyddion a'r awduron olwg
ar y proflenni, ac i sicrhau y byddai'r cylchgrawn yn nwylo'r
dosbarthwyr erbyn y cyntaf o'r mis. Er gwaethaf y cwynion,
gwerthwyd y cyfan bron o'r rhifyn cyntaf, a chynyddwyd y nifer a
argreffid o bob rhifyn o hynny ymlaen. Fodd bynnag, cawn y
golygyddion yn cwyno ymhellach yn 1849, pan ysgrifenna Lewis
Edwards at Roger Edwards yn dweud bod cymaint o oedi gan
Thomas Gee fel na fyddai'r cylchgrawn yn nwylo'r dosbarthwyr
mewn pryd. Yn ddiweddarch yn yr un flwyddyn daeth cwynion
pellach am arafwch a chamgymeriadau Gwasg Gee. Ac eto, o
ystyried cynnwys uchel-ael y cylchgrawn, yr oedd y gwerthiant yn
rhyfeddol o uchel. Yn 1845, gwerthwyd 1,376, ac yn y
blynyddoedd cyntaf fe gododd i uchafswm o 1,780 yn 1847, a
setlo ar ffigur o rhwng 1,400 a 1,595 ar ôl hynny.

Er y cwyno am arafwch a blerwch Thomas Gee, y mater a
droes y ffrae rhyngddo a'r golygyddion yn un chwerw dost oedd
yr ochr ariannol. Codai £60 am argraffu pob rhifyn, a chodi
rhagor am gost papur pe bai galw am chwarter neu hanner dalen
ychwanegol. Yn ôl cyfrifon y cylchgrawn am 1848 a 1849 fe
wnaed colled, a throsglwyddwyd y golled honno i'r balansau eraill
a oedd yn ddyledus i Thomas Gee. Gellid yn hawdd fod wedi
osgoi'r golled pe byddai'r golygyddion wedi lleihau'r symiau a
delid i'r awduron ac iddyn nhw eu hunain. Ambell i flwyddyn
gwnaed elw clir, fel yn 1851, ond erbyn 1853 yr oedd maint y
ddyled wedi codi i £163-9s-3c. Mae'n ddigon posibl nad oedd
Thomas Gee wedi ei gwneud hi'n ddigon clir i'r ddau olygydd fod
y ddyled yn codi fel hyn.

Yn 1854, yr oedd Lewis Edwards wedi cael llond bol ar geisio
dwyn perswâd ar awduron i gyfrannu erthyglau o'r safon

[14] LLGC Casgliad Mrs Yale.

angenrheidiol, ac eraill ar ôl cytuno yn ei adael i lawr ar y funud olaf. Pa sawl golygydd yng Nghymru a aeth drwy'r un profiad? At hyn, pwysai marwolaeth dwy o'i ferched yn yr un flwyddyn yn drwm arno. Awgrymodd Roger Edwards fod yr helynt efo Thomas Gee yn rheswm ychwanegol dros ddiflastod Lewis Edwards, ond nid oes tystiolaeth uniongyrchol o hynny, yn 1854 o leiaf. Gwerthodd ei siâr i Roger Edwards a'r swm i'w dalu dros dair blynedd. Rhoddodd hyn gyfle i Roger Edwards newid cyhoeddwr ac argraffydd i'r *Traethodydd,* yr hyn a oedd yn fwriad ganddo ers tro, os nad er 1845. Credai y câi well telerau gan gwmni arall, gan ostwng pris pob rhifyn rhwng £5 a £7 a chodi'r cylchrediad i 2,000 yn ddidrafferth. Yr eironi mawr yw ei fod yn awr yn ystyried y gallai wneud i'r cylchgrawn lwyddo'n well ar ôl bod mor besimistaidd yn 1842.

O newid cwmni cyhoeddi ac argraffu (ni fynnodd Thomas Gee, yn ddigon doeth, gadw at lythyren y cytundeb gwreiddiol) rhaid oedd dod i gytundeb ynglŷn â'r swm a oedd yn ddyledus i Thomas Gee. Yr oedd hwnnw rhwng £131 a £182, ni ellir bod yn fwy sicr na hynny, ond fe ddaeth yn gryn sioc i Roger Edwards. Eisoes bu John Lloyd, cyhoeddwr *Yr Amserau* yn Lerpwl ac un a weithredai ar ran Roger Edwards, yn swyddfa Thomas Gee yn Ninbych i archwilio'r llyfrau ond ni chafodd yr hyn y byddid yn ystyried yn gydweithrediad llawn gan y perchennog. Fe'i gwnaed i aros rhai oriau cyn i Thomas Gee ei weld. Yr oedd cyfrifon *Y Traethodydd* yn gymysg â chyfrifon eraill swyddfa Thomas Gee ac ni fodlonai i John Lloyd edrych ar y rheini: *I will not however go and show the state of my Customer a/cs or give a stranger an insight into my business.* Nid *stranger* yn yr ystyr gyfyng, wrth gwrs, oedd Lloyd yn y cyswllt hwn, ond cystadleuydd yn y byd cyhoeddi.

Wedi derbyn y cyfrif terfynol gan Thomas Gee ddiwedd Mai 1855, oedodd Roger Edwards cyn talu, ac yn hytrach na thrafod ei anfodlonrwydd efo Thomas Gee yn uniongyrchol, cwynodd wrth gyfeillion. Roedd hyn yn fwy nag y gallai Thomas Gee ei oddef, gan mai person siarad plaen oedd ef ei hun. Ysgrifennodd at Thomas Jones (Glan Alun), yn mynnu cael eglurhad ar y mater, ac yr un modd at Roger Edwards. Yn naturiol ddigon, mynegai bryder na fyddai perchenogion *Y Traethodydd* yn trafod unrhyw gŵyn yn uniongyrchol ag ef. Erbyn mis Awst anfonwyd cwynion Roger Edwards ato. Roedd pedair ohonynt: fod gormod o gopïau wedi'u hargraffu a mynnu tâl amdanynt, nad oedd digon o gopïau o ôl-rifynnau mewn llaw, bod codi gormod am ddyledion drwg ac na ddylid fod wedi hawlio llog ar y taliadau i gyfranwyr. Amddiffynnodd Thomas Gee ei gyfrif mewn llythyr mewn ychydig ddyddiau wedyn at Roger Edwards, a'i atgoffa ei fod wedi anfon cyfrif manwl at y perchenogion (y ddau Edwards) bob blwyddyn yn gosod allan y taliadau a'r derbyniadau a'r cyfrif o'r balans yn ddyledus iddo ef fel cyhoeddwr ac argraffydd. Gan ei fod wedi talu'r cyfranwyr yn ôl cyfarwyddiadau'r perchenogion, a hynny heb arian mewn llaw ganddo, mynnai fod perffaith hawl ganddo i godi llog ar swm y ddyled. Dywedodd ymhellach ei fod wedi rhoi llawer o'i lafur am ddim. Yr oedd wedi mynnu taliadau prydlon gan y dosbarthwyr, ac yr oedd hynny wedi cadw'r ddyled i lawr. Wrth edrych ar y ffeithiau, ni ellir ond cydnabod bod Thomas Gee wedi gweithredu fel y dylai dyn busnes ei wneud, ac mai ef oedd yn gyfrifol nad aethai'r cylchgrawn i'r wal. Hyd y gellir gweld, cododd yr anghydfod yn rhannol am nad oedd wedi trafod ei delerau yn ddigon manwl efo'r ddau olygydd, o gofio nad oedd ganddynt fawr o brofiad o redeg busnes eu hunain, ac na fyddent o angenrheidrwydd wedi llawn sylweddoli natur yr ôl-ddyled wrth edrych ar y cyfrifon. Mae'n bosibl, wrth gwrs, eu bod wedi dewis peidio ag ymholi gormod ar ôl hynny, gan mai eu prif nod hwy fyddai llwyddiant diwylliannol y cylchgrawn a chynnal y safon lenyddol.

Erbyn hyn, yr oedd y berthynas rhwng Thomas Gee a Roger Edwards, na bu erioed yn un gynnes iawn o du'r cyd-olygydd, wedi dirywio'n fawr ac yr oedd Lewis Edwards wedi dod i lawr ar ochr ei gyfaill Roger yn go solet. Ac yr oedd y ddau wedi bod yn lledaenu'r hanes am 'ymddygiad' Gee yn eithaf eang. Pan gytunwyd ar gyflafareddiad yn Lerpwl cyn diwedd 1855 i geisio setlo'r anghydfod, ofnai Thomas Gee *that the influence of Mr Edwards of Bala and Mr Roger Edwards will be far greater than mine – branded as I am through the North and the South as a dishonest man in connexion with this a/c.*[15]

Ond fel arall y gwelid hi gan y rhai a gynghorodd ei wrth-wynebwyr, David Davies, Mount Street, Lerpwl, a chyfaill i Lewis Edwards a gynghorai'r ddau olygydd, ac yr oedd ef yn ei gweld

---

[15] LLGC Llythyrau Thomas Charles Edwards.

hi'n edrych yn bur dywyll ar ei gleientau. A chyfrif Thomas Gee a ddyfarnwyd yn gywir yn y gwrandawiad ym mis Chwefror 1856. Ceisiai Gee gymodi drwy ddweud na fynnai log ar y ddyled, ac wrth gwrs byddai hynny wedi'i gwneud hi'n haws iddo gael prynu'r hen stoc. Ond mae'n amlwg fod Lewis Edwards wedi pwdu ac yn amharod i dderbyn y dyfarniad. Y diwedd fu perswadio'r cyhoeddwr newydd, P. M. Evans, i geisio gwerthu'r hen stoc (yr oedd hwnnw eisoes yn ei feddiant er Awst 1856) ac i Thomas Gee gael ei dalu yn ôl £10 y mis nes byddid wedi setlo'r cyfrif. Er na bu perthynas Roger Edwards a Thomas Gee byth yr un fath wedi'r profiad yma, buont yn rhannu llwyfan â'i gilydd fel Rhyddfrydwyr mewn etholiadau ar ôl hyn.

* * * * * *

Codid treth eglwys ym mhob plwyf yng Nghymru i dalu am fara a gwin y Cymun, atgyweirio'r eglwys a materion cyffelyb. Cwynai'r ymneilltuwyr o'i herwydd, am y byddai'n rhaid iddynt hwythau gyfrannu tuag at wasanaethau'r Eglwys Wladol nad ystyrient eu hunain yn perthyn iddi. Ni rannai'r Methodistiaid cynnar yr un gwrthwynebiad, ond ar ôl 1811 dechreuodd rhai ohonynt godi llais. Fel yn achos llawer anghydfod arall yn y ganrif ddiwethaf, ar adeg o gyni economaidd yn yr ardaloedd gwledig y codid llais gryfaf, ac felly y bu yn hanes y dreth eglwys. Cyflwynwyd mesur gan y llywodraeth i ddiddymu'r dreth hon yn Iwerddon yn 1833, ac fe ddechreuodd pethau boethi o ddifrif yng Nghymru yn y flwyddyn honno. Cynhaliwyd nifer o gyfarfodydd cyhoeddus yn galw ar y llywodraeth i'w dileu. Yn amser 'Beca', rhestrwyd y dreth eglwys fel un o'r cwynion yn ystod yr anghydfod hwnnw. Mewn nifer o blwyfi yng Nghymru, peidiodd y dreth eglwys â bod yn fater llosg wrth i'r ymneilltuwyr ymdrefnu, a'u presenoli eu hunain yn y festri lle penodid y dreth. Yr oedd peth amwysedd cyfreithiol ynglŷn â hawl i beidio â phenodi'r dreth fel y cyfryw, ac fe'u cynghorwyd i bleidleisio o blaid gohirio codi treth. A dyna a wnaed mewn sawl lle yng Nghymru. Yn Lloegr gwyswyd nifer o blwyfolion o Braintree yn swydd Essex gan y wardeiniaid am fethu pennu treth, ond fe ddyfarnwyd o'u plaid gan y llys gan ddatgan mai dim ond y festri a allai wneud hynny.

Yn 1852 daeth y dreth eglwys yn bwnc llosg yn Ninbych. Bu Thomas Gee yng nghanol y frwydr i geisio'i dileu flynyddoedd cyn hynny. Daw hyn yn amlwg yng nghynnwys llythyr a ysgrifennwyd ato ar y 7fed o Fehefin 1841 gan Thomas Evans a oedd yn gyfreithiwr yn y dref. Meddai:

> You may remember that a few years ago I joined a party in opposition to the granting of a church rate and we successfully resisted it.[16]

Ymddengys felly fod plwyfolion Dinbych wedi cael mwyafrif yn y festri yn erbyn y dreth yn niwedd y tridegau. Yn ei lythyr, â Thomas Evans yn ei flaen i esbonio sut y bu i Thomas Gee ofyn ei gyngor ynglŷn â chodi deiseb yn erbyn y dreth a bod nifer wedi'i harwyddo. Yr oedd y curad lleol, a oedd wedi ymatal ei bleidlais mewn un etholiad, wedi'i gythruddo gymaint yn erbyn y ddeiseb fel y mynnai bleidleisio yn erbyn y Capten Myddleton Biddulph yn etholiad 1841. Teimlai fod y ddeiseb wedi niweidio achos y Blaid Ryddfrydol o fewn yr Eglwys Wladol, a bod yn rhaid perswadio gweinidogion ac aelodau blaenllaw yr enwadau ymneilltuol i gefnogi Myddleton.

Erbyn 1852, a chyn hynny o bosibl, yr oedd mwyafrif yn y festri wedi pleidleisio i bennu treth. Offeiriad y plwyf oedd R. J. Roberts, a'r wardeniaid oedd Charles Burchall ac Edward Roberts. Penderfynodd Mr Burchall y byddai'n rhaid codi'r dreth a gwrthododd nifer ei thalu. Ceir hanes achos y rhai a wrthododd dalu yn *Yr Amserau*, 19 Mai 1852. Ar ôl dwy awr o ddadlau gerbron y llys, penderfynodd yr ustusiaid fod y dreth wedi'i chodi'n gyfreithlon, a rhaid oedd ufuddhau. Talodd pawb ond un, sef David Price, gweinidog yr Annibynwyr yn Ninbych, ac fe dynnodd sylw at y ffaith fod y dreth yn ei dyb ef yn 'ormes anysgrythurol ac anghyfiawn'. Trefnwyd i werthu ei eiddo, ond ymddengys i ryw eglwyswr dalu'r dreth a'r costau drosto. Bu cyfarfod o'r festri ym mis Mai 1852, pryd y cyhuddwyd yr offeiriad o 'esgymuno'r iaith Gymraeg, er fod mwy na naw allan o bob deg o'r rhai oedd yno yn deall yr iaith honno yn llawer gwell na'r un iaith arall'. (Adroddiad *Yr Amserau* 2 Mehefin 1852). Yn ystod y cyfarfod, fe ddywedodd Thomas Gee fod yr

[16] LLGC 8305D.

eglwyswyr yn gwneud niwed i'w hachos yn y ffordd y buont yn hel y dreth, ac na ddylent fynd ati i werthu eiddo'r ymneilltuwyr.

Y wardeiniaid yn 1853 oedd T. Gold Edwards (y cyfreithiwr a fu'n amddiffyn y rhai a wrthododd dalu'r flwyddyn flaenorol) a R. Roberts. Yn y festri y flwyddyn honno yr oedd mwyafrif yn erbyn codi'r dreth, ac i osgoi helbul awgrymodd Thomas Gee y gwnâi'r ymneilltuwyr eu gorau i gyfrannu'n wirfoddol. Yr oedd yr offeiriad yn erbyn cytuno i hynny, ond dyna a wnaed. Yn wir, cyfeiria R. T. Jenkins[17] at y dull o wneud taliadau gwirfoddol mewn plwyfi eraill a bod yr offeiriaid a'r wardeniaid yn derbyn hynny gan amlaf. Gwrthododd nifer o'r eglwyswyr gyfrannu dim, ond casglodd Thomas Gee a chyfaill dros £23 gan ymneilltuwyr ac eglwyswyr eraill. Yn 1854, cynhaliwyd cyfarfod festri i godi treth. Cynigiodd Thomas Gee ar ran yr ymneilltuwyr i dalu cost popeth ond y draul ar Eglwys y Castell yn y dref ac awgrymu y dylai'r eglwyswyr ysgwyddo honno. Gwrthodwyd derbyn ei gynnig a mynnwyd pleidlais. Yr oedd mwyafrif clir yn erbyn y dreth, a hyd yn oed pan fynnodd yr eglwyswyr gael pleidlais yr holl blwyfolion, cafwyd bod pedwar ugain o fwyafrif yn erbyn y dreth.

Yr un flwyddyn, cyflwynwyd mesur gerbron Tŷ'r Cyffredin yn galw am ddiddymu'r dreth eglwys. Er bod Gladstone yn cydnabod natur ormesol y dreth, ni chefnogai ei diddymu ac awgrymodd y dylid ystyried ffyrdd eraill o ymdopi â'r broblem. Eglwyswr oedd Gladstone ei hun, a byddai wedi bod yn anodd iddo ddadlau o blaid diddymu'r dreth yn 1854 gan ei fod yn Ganghellor y Trysorlys yng ngweinyddiaeth yr Arglwydd Aberdeen. Dyma ei gyfnod cyntaf fel Canghellor, ac er ei fod yn symud tuag at y Blaid Ryddfrydol, nid aeth i'r gorlan honno yn llwyr tan chwedegau'r ganrif. Aelod Seneddol a siaradodd yn gryf o blaid y mesur oedd y radical digyfaddawd John Bright, Crynwr a gynrychiolai Rochdale yn Nhŷ'r Cyffredin. Yr oedd ef yn un o arweinwyr y mudiad i ddiddymu'r deddfau ŷd, ac yn llais gweddol unig pan lefarodd yn y Senedd yn erbyn rhan Prydain yn rhyfel y Crimea. Yr oedd yn un o gymeriadau mwyaf diddorol a lliwgar y cyfnod, a hawdd deall yr ymneilltuwyr yng Nghymru yn ei ystyried yn gyfaill go solet. Ond methiant fu ymdrechion Bright y tro hwn, ac

[17] R.T. Jenkins, *Hanes Cymru yn y Bedwaredd Ganrif ar Bymtheg.*

fe drechwyd y mesur o 209 i 182. Ôl-nodiad diddorol i hanes y frwydr ar y mesur hwn yw fod Bright yn un o'r rhai a berswadiodd Gladstone, yn llwyddiannus, ymhen ychydig flynyddoedd wedyn i ymuno â'r Rhyddfrydwyr.

Codwyd calonnau'r eglwyswyr yn Ninbych o ganlyniad i fethiant yr ymdrechion seneddol i ddiddymu'r dreth. Ymhen ychydig wythnosau, ym mis Awst 1854, cynhaliwyd cyfarfod o'r festri, pryd y cynigiwyd codi'r dreth i dalu am waith ar yr Eglwys Wen yn unig, a'r wardeniaid i fod yn gyfrifol eu hunain am unrhyw gost yn ymwneud ag Eglwys y Castell. Ceisiodd Thomas Gee gyfaddawd, drwy gynnig y buasai'r ymneilltuwyr yn cyfrannu rhan o'r swm oedd ei angen drwy'r dreth, ar yr amod y caent gynrychiolaeth ar y pwyllgor a arolygai'r gwaith yn ôl cyfartaledd eu cyfraniad. Gwrthodwyd cyflwyno'r cynnig gan Mr Burchall, a oedd erbyn hyn yn warden unwaith yn rhagor, a gofynnwyd i'r ymneilltuwyr fod yn gyfrifol am y cyfan. Ystyriai'r ymneilltuwyr fod hynny'n annheg, gan ddatgan mai'r dreth oedd yn bwysig i'r warden ac nid y draul. Aethant allan o'r cyfarfod, fel yr oeddent wedi cytuno cyn mynd, gan adael i'r eglwyswyr osod y dreth.

Roedd hi'n hollol glir mai Thomas Gee oedd yn arwain yr ymgyrch yn Ninbych yn erbyn y dreth ac mai ef oedd lladmerydd yr ymneilltuwyr yng nghyfarfodydd y festri. Gellir gweld ei fod, hyd yma, wedi ceisio cyfaddawd ar bob achlysur, ac wedi llwyddo gan amlaf i osgoi achosion llys a fyddai'n sicr o arwain at werthu eiddo y rhai a wrthodai dalu. Yn 1853, ac ym mis Mai 1854, yr oedd yr ymneilltuwyr wedi cael eu ffordd eu hunain ar fater y dreth drwy ddod i'r festri a phleidleisio yn ei herbyn. Beth oedd yn gyfrifol am y newid tactegau erbyn mis Awst 1854? Paham na fuasent wedi aros a phleidleisio yn erbyn y dreth ar yr achlysur yma? Ni ellir bod yn hollol sicr, ac nid awgrymodd T. Gwynn Jones unrhyw reswm yn ei gofiant ef. Ond o edrych ar yrfa Thomas Gee yn ei chyfanrwydd, gellir awgrymu bod a wnelo penderfyniad y Senedd i beidio â rhoi ail ddarlleniad i'r mesur i ddiddymu'r dreth lawer ag ef. Gwyddai'n burion mai'r unig ffordd i gael gwared â'r dreth yn derfynol oedd cael mwyafrif seneddol o blaid hynny, ac ni welai bleidlais arall yn Nhŷ'r Cyffredin yn dod am beth amser. Sylweddolai fod angen gwneud rhywbeth i ddangos cymaint o wrthwynebiad a oedd mewn difrif i'r dreth, a'r unig ffordd o wneud hynny'n awr oedd ei herio'n agored. Mae ôl stamp Thomas Gee yn hollol amlwg ar y penderfyniad i gerdded allan o'r festri ym mis Awst 1854. Gwyddai hefyd mai nid ychydig o gyhoeddusrwydd a geid i'r digwyddiadau a ddilynodd!

Ceisiodd y wardeniaid chwarae'n gyfrwys, drwy anfon at ychydig o blwyfolion yn unig, a llawer ohonynt yn ymneilltuwyr amlwg. Credent, drwy hyn, y byddent yn dychryn y rhain i dalu ac y byddai'r gweddill yn siŵr o ddilyn. Ond nid felly y bu. Anfonwyd rhybuddion i chwech yn benodol, gan gynnwys Thomas Gee. Gan na fu iddynt dalu, bu'n rhaid cyflogi beilïaid. Nid oedd yr un beili o Ddinbych yn fodlon ymgymryd â'r gwaith, ac fe gafwyd tri o Lanelwy i ddod i'r dref. Yn naturiol ddigon, efallai, aethant i dŷ Thomas Gee yn gyntaf a chymryd soffa a chadair gwerth chwe phunt am dreth o 3s 9c a chostau. Mewn un lle anfonwyd y beilïaid oddi yno'n waglaw, ac mewn lle arall, ar ôl i'r perchennog roi rhybudd fod y cloc yr oedd am ei gymryd wedi'i hoelio i'r pared, gwylltiodd y beili ac fe'i trowyd allan gan y dorf. Mae llawer o'r hanes wedi'i groniclo yn *Yr Amserau*, a chawn ragflas yma o helyntion y degwm a groniclwyd mor fanwl yn *Y Faner* ymhen deng mlynedd ar hugain. Aed â chwech o bobl gerbron yr ustusiaid am (fe honnwyd) ymosod ar yr beilïaid. Dedfrydwyd rhai i garchar, eraill i lafur caled, a dirwyo'r gweddill. Siaradodd Thomas Gee o blaid y diffinyddion, gan ddatgan eu bod yn 'benderfynol o ddioddef yr erledigaeth yn llawen, a'u bod yn ei chyfrif hi yn fraint ddioddef dros iawnderau cydwybod a chrefydd'. Fe dalodd cyfeillion rhai o'r diffinyddion y dirwyon drostynt, ond gwrthododd eraill eu talu o gwbl ac fe aed â nhw i garchar Rhuthun am bedwar diwrnod. Cawsant groeso tywysog-aidd pan hebryngwyd hwy oddi yno i Ddinbych mewn cerbyd â phedwar ceffyl ac yn ôl y sôn roedd miloedd yn disgwyl amdanynt, a 'band o fiwsig'. Casglwyd £25 tuag at gostau'r carcharorion.

Yr oedd yr eiddo a gymerwyd gan y beilïaid oddi ar Thomas Gee ac eraill heb ei werthu. Ceisiwyd gwneud hynny ar y 16eg o Dachwedd 1845 ym muarth carchar y dref yn Love Lane, ond ni chafwyd neb a oedd yn fodlon cario'r nwyddau allan i'r arwerthwr. Yna ceisiwyd gwerthu ar ôl i'r wardeniaid ddeall bod Thomas Gee wedi mynd i aros efo perthnasau yn y Gors Wen ger Conwy y nos Sadwrn ganlynol, yn barod ar gyfer cyhoeddiad yn y Ro-wen ddydd Sul. Y bwriad, mae'n debyg, fyddai gwerthu ben bore Llun, ac fe aeth y crïwr o amgylch i gyhoeddi'r ffaith. Disgrifia ei ferch Mary y braw yng nghalonnau'r teulu ar ôl deall bwriad y wardeniaid, ac fe anfonwyd y gwas gan Susannah i'r Ro-wen ddydd Sul a hwnnw'n cyrraedd fel yr oedd Thomas Gee ar fin dechrau'r oedfa yng ngwasanaeth yr hwyr. Cafodd Thomas Gee fraw o weld y gwas ac wedi rhoi'r emyn cyntaf, aeth ato i gael sgwrs. Wedi deall natur y neges, ac ar ôl pregethu, aeth y ddau adref ar y nos Sul, ac er syndod i'r gwerthwyr yr oedd Thomas Gee yno fore Llun yn disgwyl amdanynt. Cynhaliwyd yr arwerthiant yn y farchnad, ac fe brynwyd y nwyddau gan Mr Burchall y warden am lai na hanner eu gwerth, ond fe gafwyd digon i dalu'r dreth. Gyda'r nos daeth y wardeniaid â'r nwyddau yn ôl at Thomas Gee gan 'grefu ar fy nhad eu cymryd', meddai Mary, ond gwrthododd wneud dim â nhw. Yr oedd dyfodol y dreth eglwys yn go simsan yn Ninbych wedi'r cythrwfl yma, fel y gwyddai Thomas Gee o'r gorau. Cafwyd cryn sylw i'r helyntion yn Ninbych yng ngweddill Cymru, ac mae'n weddol sicr mai hwn oedd yr achlysur cyntaf i bobl y tu allan i Ddyffryn Clwyd a sir Ddinbych ddod i wybod am Thomas Gee fel ffigur o bwys. Yn ystod yr ugain mlynedd a mwy a ddilynodd, byddent yn dod i wybod llawer mwy amdano. Diddymwyd y dreth eglwys gan ddeddf seneddol yn 1868.

* * * * * *

Cyn y pedwardegau, prin iawn oedd adnoddau addysg ar gyfer y rhan fwyaf o bobl Cymru. A hyd yn oed i'r rhai â'r modd ganddynt nid oedd safon yr addysg yn y cyfnod hwn yn uchel iawn. Âi bechgyn y byddigions go iawn i'r ysgolion preifat yn Lloegr megis Eton, Harrow, Winchester a Rugby, lle roedd yr amodau byw yn hynod o galed. Nid oedd yn beth anghyffredin i'r bechgyn wrthryfela yn erbyn y drefn, a bu'n rhaid galw milwyr i ysgol Winchester yn 1818 pan aeth pethau dros ben llestri. Yr oedd yna ysgolion preifat eraill, llai costus o ran ffïoedd ond i ddosbarth arall o blant lle roedd yr amgylchiadau yn ddigon digalon. Ceir disgrifiad byw ohonynt mewn nofelau Saesneg gan awduron megis Charles Dickens, W. M. Thackeray a Charlotte Brontë. I blant y mân-fasnachwyr newydd y bwriedid ysgolion tebyg i'r rhai y bu Thomas Gee ynddyn nhw. Ond i'r mwyafrif llethol o blant, prin iawn oedd y cyfleusterau, a'r cyfleusterau a oedd ar gael yn drychinebus. Cawn syniad o'r ddarpariaeth yn *Rhys Lewis* gan Daniel Owen, pan â Rhys i 'ysgol' Robin y Soldiwr. Ac mi roedd Robin yn gymeriad y byddai llawer o'r oedolion a fyddai'n darllen *Rhys Lewis* yn gyfarwydd ag ef. Yr oedd diffygion yn y byd addysgol yn gyffredinol yn y cyfnod hwn drwy Gymru a Lloegr. Dim ond yn yr Alban – a gadwodd ei chyfundrefn addysg ei hun ar ôl yr uno yn 1707 – yr oedd safon yr addysg yn dderbyniol.

Dadleua rhai haneswyr Cymreig mai o ganlyniad i gyhoeddi *Adroddiad y Comisiynwyr ar Addysg yng Nghymru* yn 1847, yr un y daethpwyd i'w adnabod fel 'Brad y Llyfrau Gleision', y gwelwn gymryd camrau pendant i wella'r gyfundrefn addysg yng Nghymru. Mae'n wir fod hwnnw wedi cythruddo llawer a'u symbylu i weithredu, a bu gwelliant sylweddol yn y blynyddoedd a'i dilynodd. Ond yr oedd y rhai mwyaf blaengar eisoes wedi gweld yr angen, ac wedi dechrau gweithredu o ddifrif. Un o'r rhain oedd Thomas Gee. Yr oedd ef wedi cael gwell addysg na'r cyffredin ond nid oedd safon honno, hyd yn oed, yn uchel iawn, a'r cwricwlwm yn hynod gyfyng ac amherthnasol i anghenion yr oes.

Yn 1844, yr oedd tair ysgol yn Ninbych, gan gynnwys yr ysgol ramadeg y bu Thomas Gee yn ddisgybl ynddi. Ynghyd â gŵr o'r enw Dr Williams aeth ati i godi arian i adeiladu ysgol Frutanaidd yn y dref a hynny ar ôl sicrhau lle addas i'w hadeiladu yn 'Love Lane'. Codwyd pwyllgor ac yn sgil eu hymdrechion casglwyd tua £1,100. Cariodd ffermwyr lleol goed a cherrig at y gwaith adeiladu. Yr oedd aelodau'r pedwar enwad yn y dref wedi cyfrannu, gan gynnwys rhai eglwyswyr. Er bod Thomas Gee wedi gobeithio codi'r holl arian yr oedd ei angen ar gyfer yr adeiladu heb gymorth y llywodraeth, mae'n debyg y bu'n rhaid gwneud cais am gymorth cyn y diwedd. Gosodwyd y garreg sylfaen gan faer y dref ar 21ain o Dachwedd 1845, ac yn fuan yr oedd plant y dref yn cyfranogi o'r ddarpariaeth yno.

Yr oedd nifer o bwyllgorau lleol wedi'u sefydlu yn y cyfnod hwn i agor ysgolion Brutanaidd, o dan fantell Cymdeithas yr Ysgolion Brutanaidd yng Ngogledd Cymru. Cawn fod ysgol wedi agor yn yr Wyddgrug, tref tua phymtheng milltir o Ddinbych, yn 1845.[18] Tybed ai rhesymau allgarol yn unig a oedd y tu ôl i'r

[18] Y Parch John Owen, *Cofiant Daniel Owen*, Hughes a'i Fab, 1899 t. 12.

74

symudiadau yma, ynteu a oedd cymhellion eraill yn ogystal? Cawn awgrym o hyn pan ddywed T. Gwynn Jones[19] nad oedd yr ysgolion yn Ninbych yn cynnig fawr mwy o addysg 'na nemor siawns i blant tlodion gael cychwyn yn y byd, tros ben eu dysgu i ofyn i Dduw fendithio'r ysgwier a'i berthnasau, a'u cadw hwythau yn eu priod le'. Gallai fod wedi ychwanegu bod cyfran helaeth o'r tlodion yn ymneilltuwyr, ac mai addysg a naws eglwysig a gâi'r plant. Yr oedd y symudiad i sefydlu ysgolion newydd yn falch o dderbyn cefnogaeth frwd yr arweinwyr ymneilltuol, a hefyd gymorth y llywodraeth er mwyn torri'n rhydd gymaint ag yr oedd yn bosibl oddi wrth hualau'r eglwys.

Cyn i'r llywodraeth ddechrau rhoi cymorth i sefydlu ysgolion yn 1833, yr oedd y Gymdeithas Genedlaethol a sefydlai ysgolion Anglicanaidd yn llawer mwy llwyddiannus, gan y gellid dibynnu ar y drefn esgobaethol a haelioni tirfeddianwyr i'w sefydlu.[20] Gallai'r ddwy gymdeithas alw am arian y llywodraeth i'w cynorthwyo i adeiladu ysgolion, a'r Gymdeithas Genedlaethol a fu fwyaf brwd yn y blynyddoedd ar ôl 1833. Yn y cyfnod o 1833 i 1847, sefydlwyd 231 o ysgolion cenedlaethol newydd, gan wneud cyfanrif o 377. Yn 1843, cyflwynwyd mesur gan y llywodraeth i ddarparu ysgolion i'r tlodion, gan sicrhau mwyafrif o eglwyswyr ar y byrddau a'u gweinyddai. Bu ymateb yr anghydffurfwyr a'r Catholigion yn ffyrnig i ymgais Robert Peel i roi rôl mor flaenllaw i Anglicaniaid yn y mudiad i hybu ysgolion ac, yn wyneb y gwrthwynebiad, fe dynnwyd y mesur yn ôl. Ond fe wnaed niwed mawr i'r cynllun i gael rhwydwaith o ysgolion ledled y wlad. Yn wir, y bygythiad a gynhwyswyd ym mesur Peel a sbardunodd yr ymneilltuwyr i fynd ati o ddifrif, a bu John Phillips, ysgrifennydd a threfnydd y Gymdeithas Frutanaidd yng Ngogledd Cymru, yn gaffaeliad i'r achos. Rhwng 1843 ac 1847, sefydlwyd 78 o ysgolion, y mwyafrif yn y gogledd a'r gorllewin. Fodd bynnag, yr oedd twf yr ysgolion Brutanaidd yn llawer llai na'r ysgolion cenedlaethol. Am bob un ysgol Frutanaidd yr oedd mwy na thair o rai cenedlaethol. Er bod Thomas Gee wedi gobeithio sefydlu ysgol heb gymorth y llywodraeth, buan y sylweddolodd nad oedd hynny'n bosibl, a dim ond y pwyllgorau lleol hynny a fanteisiai ar y cymorth hwnnw a oedd yn llwyddiannus. Ychydig iawn o

---

[19] *Cofiant*, TGJ, t. 95.
[20] *Hanes Cymru*, John Davies, t. 348.

ysgolion a sefydlwyd drwy ymdrechion gwirfoddol yn unig. Rhaid cydnabod bod yr anghydfod ac yn wir yr atgasedd rhwng yr anghydffurfwyr a'r eglwyswyr ar fater addysg wedi llesteirio'r ymdrechion i sefydlu rhwydwaith effeithiol o ysgolion cynradd yng Nghymru yn ystod y ganrif ddiwethaf. Gellid hyd yn oed awgrymu, a hynny ar dir digon diogel, ei bod yn well gan rai o'r arweinwyr fod heb ysgolion na gadael i'w gwrthwynebwyr gael y llaw uchaf. Er gwaethaf ymdrechion pobl fel Thomas Gee yn Ninbych, yr oedd plant a berthynai i deuluoedd eglwysig yn fwy tebygol o gael addysg i'w plant yng nghanol y ganrif ddiwethaf na phlant ymneilltuwyr. Bu methiant y ddwy garfan i gydweithio ar bwnc mor sylfaenol yn drasiedi cenedlaethol, ac yn anffodus gadawyd cenedlaethau o blant heb fanteision sylfaenol addysg. Rhaid cydnabod nad oedd Thomas Gee heb ei feiau yn y cyswllt hwn er iddo gydweithio ag eglwyswyr i sicrhau yr ysgol yn Ninbych. Wedi'r cwbl, symudiad Robert Peel yn 1843 a'i symbylodd i weithredu, ynghyd â'r ofn y gallai gafael yr eglwys ar y gyfundrefn addysg gryfhau fwyfwy. Ac yn 1846 agorwyd ysgol eglwys yn Ninbych ar safle Pwll y Grawys.

Yn 1847 y cyhoeddwyd adroddiad *Brad y Llyfrau Gleision*. Yr oedd y tri dirprwywr yn ddynion galluog, a gallent yn hawdd fod wedi adrodd am gyflwr truenus addysg yng Nghymru heb fod wedi achosi cymaint o storm. Wedi'r cwbl, yn yr ysgolion Sul y câi'r mwyafrif o Gymry hynny o addysg a gaent, a mater o ffawd oedd hi yn gymaint â dim arall os oedd ysgol Genedlaethol neu Frutanaidd ar gael iddynt ai peidio. Doedd yna fawr o wahaniaeth rhwng safon yr addysg a geid yng Nghymru a'r addysg oedd ar gael i blant y lliaws yn Lloegr. Ond yr oedd cynnwys ffrwydrol yr adroddiad yn seiliedig ar ddiffyg dealltwriaeth affwysol y gwŷr yma o'r iaith Gymraeg a natur y twf ymneilltuol mewn rhannau helaeth o'r wlad. Efallai nad y dirprwywr eu hunain a wnaeth y niwed mewn gwirionedd, gan mai mewn anwybodaeth y bu iddyn nhw ddod i'w casgliadau. Gwraidd y broblem oedd y ffordd y bu i'r eglwyswyr chwerw ddarlunio bywyd y Cymry Cymraeg, a bai mawr y dirprwywr oedd iddynt lyncu'r feirniadaeth honno heb ei threulio. Beirniadwyd y capeli ganddynt am greu cymdeithas a oedd yn anfoesol yn rhywiol, ac aeth rhai ymhellach gan awgrymu fod a wnelo 'anlladrwydd' y Cymry â'u hymlyniad wrth ymneilltuaeth. Darlunnid y Cymry fel cenedl anfoesol ac anwar, a'u hymlyniad wrth yr iaith Gymraeg yn rhwystr iddynt rhag tyfu'n genedl fucheddol ac addysgedig.

Cafodd papurau newydd Lloegr gyfle i fwrw'u llid ar y Cymry, er mai ond cyfran fechan o'r adroddiad a neilltuwyd i'r sylwadau mwyaf cyfeiliornus. Ond fel y gŵyr y newyddiadurwr profiadol, ni chymer ond un frawddeg ymfflamychol mewn adroddiad a fyddai fel arall yn anniddorol i greu pennawd da ac i greu stori o'i hamgylch. Yn y cyfnod hwnnw, a'r cynnydd yn y teimladau ymerodrol yn Lloegr, yr oedd y Gymraeg yn gocyn hitio cyfleus. Onid oedd y Saeson wedi mynd â'u hiaith i bedwar ban byd, a'r genedl fechan drws nesaf iddynt yn cadw at iaith nad oedd dim ond ei difodiant i'w ddisgwyl? Ac i roi sbeis yn y stori, gellid cyhuddo'i siaradwyr o anfoesoldeb rhywiol ac anlladrwydd. Yr oedd yr ymateb i'r adroddiad yn ffyrnig, yn enwedig ymhlith y to newydd o arweinwyr megis Lewis Edwards, R. J. Derfel, Henry Richard a Ieuan Gwynedd. Y perygl, wrth gwrs, oedd i'r ymateb fod yn orffwyll gan arwain pobl i gredu mai dim ond o blith yr ymneilltuwyr y ceid y Cymry go iawn. Mewn gwirionedd, nid yr ymateb fel y cyfryw oedd yn bwysig, ond yr hyn a ddilynodd. Yr oedd dau ganlyniad yn bosibl: naill ai gyrru'r Cymry yn fwy cenedlaetholgar gan fawrygu eu harwahanrwydd, neu ynteu dderbyn casgliadau sylfaenol yr adroddiad fod y Gymraeg yn llyffethair gan dueddu i droi'r Cymry yn gystal Prydeinwyr â neb. Ar yr adeg yma, nid oedd yr ymwybyddiaeth genedlaethol yn ddigon cryf i fwyafrif yr arweinwyr ddilyn y llwybr cyntaf, a bu'n rhaid disgwyl hyd ddiwedd y ganrif cyn i ni weld y symudiad tuag at ymreolaeth. Erbyn hynny, yr oedd yr ymateb cynnar i Adroddiad 1847 wedi gosod sylfeini cyfundrefn addysg a oedd yn Brydeinig ei hanian ac yn Saesneg o ran iaith i raddau helaeth. Nid oes tystiolaeth benodol o ymateb Thomas Gee i'r Adroddiad, er y gellir yn weddol hawdd ddod i'r casgliad y byddai ei waed yn berwi o ddarllen am y modd y bu i'r dirprwywyr ymateb i honiadau di-sail rhai o'r eglwyswyr mwyaf rhagfarnllyd. Prin iawn yw'r cyfeiriadau a wneir gan T. Gwynn Jones yn ei gofiant ef a hynny am fod diffyg yn y deunydd mae'n debyg. Ond gwyddom i sicrwydd nad oedd Thomas Gee yn un o'r rhai a ragwelai nac a ewyllysiai weld difodiant y Gymraeg. Ni rannai agweddau ymgreiniol llawer o Gymry Cymraeg y cyfnod, a bu'n hynod gefnogol i'r iaith ar sawl cyfnod tyngedfennol yn ystod ei oes.

Y March Mawr a Champwaith Cyhoeddi

Erbyn 1850, yr oedd amgylchiadau economaidd Cymru wedi gwella o'u cymharu â chyfnodau o gyni a welwyd yn y tridegau a'r pedwardegau. Yn wir bu'r cyfnod hyd at 1870 yn gyfnod o dwf cymharol. Gwelwyd newidiadau go fawr yn y dull o amaethu. Er nad oedd ffermydd Cymru yn ddigon mawr i elwa ar y newidiadau technolegol, yr oedd y newid pwyslais o gynhyrchu ŷd i fod yn fwy dibynnol ar gynnyrch llaeth a chig o fantais i'r ffermwr teuluol oherwydd natur ei dir. At hynny, yr oedd marchnad newydd i'r cynnyrch yn agor yn yr ardaloedd trefol yn y de a'r gogledd-ddwyrain. Cododd cyflogau'r gweision ffermydd ryw ychydig wrth i'w meistri orfod cystadlu efo'r gweithfeydd newydd am lafur. Newidiodd patrwm demograffig Cymru yn sylweddol yn y cyfnod hwn, gyda phoblogaeth rhai o ardaloedd diwydiannol Cymru yn codi'n aruthrol, tra gostwng a wnâi poblogaeth y siroedd gwledig. Mae Brinley Thomas yn amcangyfrif fod y Gymru wledig wedi colli 388,000 o bobl rhwng 1850 a 1911, a bod 320,000 wedi ymfudo i'r ardaloedd diwydiannol. Yn yr un cyfnod cododd poblogaeth Cymru o 1,163,139 i 2,523,500, ac fe aeth canran y siaradwyr Cymraeg i lawr o 75% i 40%, er bod yna gynnydd yn y nifer absoliwt a fedrai'r iaith, bron i filiwn yn 1911 o'i gymharu â thri chwarter miliwn yn 1850.

Ffaith arall a'i gwnaeth hi'n haws i amaethwyr farchnata eu cynnyrch oedd dyfodiad y rheilffyrdd i rannau helaeth o Gymru. Gellid anfon cynnyrch ffres yn ddyddiol am y tro cyntaf i'r ardaloedd diwydiannol. Dyfodiad y rheilffordd a newidiodd fwyaf ar y patrymau gwledig o amaethu. Daeth cyfnod y porthmyn i ben yn raddol ac adeiladwyd marchnadoedd anifeiliaid newydd yn y trefi lle roedd cysylltiad rheilffyrdd.

Yr oedd y diwydiannu cynyddol yn newid y ffordd o fyw yn yr hen ardaloedd gwledig yn gyflym iawn, ac mewn ffordd nas gwelwyd cyn hynny. Yr oedd gorwelion pobl yn gyfyng, nid yn unig o ddiffyg addysg ond am nad oedd ganddynt ychwaith y modd i deithio. Wedi dyfodiad y rheilffyrdd a'r gyfundrefn addysg, newidiodd hynny'n gyflym iawn. Sylweddolodd Thomas Gee yr angen i fanteisio ar y newidiadau yma. Yn 1849 agorwyd y lein ar hyd arfordir y gogledd o Gaer i Gaergybi. Erbyn 1852 yr oedd lein rhwng Caer a'r Wyddgrug. Codwyd y posibilrwydd o ddod â'r lein honno i Ddyffryn Clwyd, gan fod teithwyr yn talu tollau trymion ar y ffyrdd a hynny'n ychwanegu at gost nwyddau. Yr oedd pris glo yn llawer uwch yn Ninbych nag yn y Rhyl neu'r Wyddgrug. Yr oedd yn rhaid i brif fasnachwyr y dref fynd i rai o ddinasoedd gogledd-orllewin Lloegr neu i Lundain i brynu nwyddau, ac yr oedd hynny'n gostus ac yn llafurus.

Trefnwyd cyfarfod cyhoeddus i drafod y mater gan Thomas Gee ynghyd â gŵr o'r enw Napier a oedd yn rheolwr Banc Gogledd a Deheudir Cymru yn y dref. Gwyddom erbyn hyn fod Thomas Gee yn drefnydd profiadol, ac fe gafwyd cyfarfod buddiol. Bu'r trafod cyntaf ynghylch y posibilrwydd o ddod â lein o'r Wyddgrug i Ddinbych, ac yna i gael lein o'r Wyddgrug i'r Rhyl a changen i Ddinbych. Ond aflwyddiannus fu'r ymdrechion hynny. Nid oedd Thomas Gee am adael i'r mater lusgo'n ormodol, ac ymhen tair blynedd yr oedd ar flaen y gad yn yr ymdrech i ddod â lein o'r Rhyl i'r dref. Yr oedd angen codi £60,000 tuag at y fenter, llai na hanner y swm y byddai ei angen i osod lein i'r Wyddgrug. Yr oedd sawl Dic Siôn Dafydd ar gael i daflu dŵr oer ar y bwriad yng ngholofnau'r papurau lleol. Ond nid dyn i wegian o dan y math yma o feddylfryd oedd Thomas Gee. Aeth ati gyda'i egni a'i frwdfrydedd a'i synnwyr busnes i sicrhau llwyddiant y fenter. Ef oedd un o ysgrifenyddion di-dâl yr ymgyrch, ac yr oedd yn dadlau y deuai â ffyniant economaidd i'r ardal. Yn rhai o'i lythyrau dadleuai'n huawdl iawn o blaid y dull newydd o deithio, a'r ffordd y gellid uno gwahanol rannau o Gymru *once more drawn together by that iron band which was devised and forged by the science, intelligence, and industry of the 19th century, and which diffuses union and prosperity wherever it extends.*

Rhaid oedd derbyn awdurdod y senedd cyn y gellid symud ymlaen â'r gwaith, ac i'r perwyl hwn cyhoeddwyd amcanion y cwmni arfaethedig cyn diwedd 1855. Yr oedd yn rhaid codi dwy ran o dair o'r cyfalaf angenrheidiol cyn cychwyn ar y gwaith. Ond yr oedd prinder cyfalaf yn broblem, gan nad oedd diwydianwyr cyfoethog ar gael. Bu bron hyd yn oed i Thomas Gee ddigalonni, ond yn y diwedd cafwyd cefnogaeth gan Mr Griffith, Caer-hun, a'u galluogodd i fynd ymlaen. Ni allai Mr Napier gadw'i deimladau dan reolaeth pan glywodd am gefnogaeth Mr Griffith, a rhedodd i dŷ Thomas Gee yn gynnar un bore cyn i hwnnw godi, a gellid meddwl fod hynny'n reit fore. Ar ôl i'r forwyn agor y drws rhedodd Mr Napier i'r llofft gan guro ar ddrws yr ystafell wely a gweiddi'r newyddion da.

Golygai'r gwaith deithiau i Lundain i sicrhau sêl bendith y Senedd. Ar un achlysur, teithiodd i'r Rhyl i ddal trên am dri y bore, teithio i Lundain, dychwelyd gyda thrên hwyr a chyrraedd adref am dri o'r gloch y bore wedyn heb fynd i'w wely o gwbl. Unwaith, wedi iddo ddychwelyd o Lundain, yr oedd telegram yn ei ddisgwyl yn ei wysio i fynd yn ôl yno, ac fe aeth ar ôl treulio hanner awr ar ei frecwast. Yr oedd mân frwydrau hefyd i'w hennill yn Ninbych, er enghraifft lleoliad y peiriant tân, a rhaid oedd brwydro yn erbyn gwrthwynebiad rhai o'r tirfeddianwyr i'w tir fynd i grafangau'r bwystfil haearn. Fodd bynnag, yr oedd dygnwch yng nghymeriad Thomas Gee ac aed ati i ffurfio cwmni gyda Townshend Mainwaring yn gadeirydd. Yr oedd Thomas Gee yn un o'r cyfarwyddwyr cyntaf. Yn yr adroddiad cyntaf a gyhoeddodd y cwmni (Vale of Clwyd Railways), disgwylid y byddai tua 41,600 o bobl yn defnyddio'r trên rhwng Dinbych a'r Rhyl ac y byddai'r derbyniadau o gario pobl a nwyddau yn £6,829-7s-8c. Ar ôl tynnu costau, disgwylid elw o £3,414-13s-10c i dalu llog o 6% ar y cyfalaf. Gwyddai'r cyfarwyddwyr y byddai llawer o drigolion y cylch yn amheus ar fater fel hyn, ac yn disgwyl methiant, ond yr oedd y rhai y tu ôl i'r fenter yn ffyddiog am fod cost adeiladu'r lein yn llawer is na'r cyfartaledd drwy weddill Cymru a Lloegr.

Yr oedd hwyl yn nhref Dinbych ar ddiwrnod torri'r dywarchen gyntaf. Er bod llawer yn amheus o'r holl beth, yr oedd yr esgus am barti i rai a chwilfrydedd i eraill wedi sicrhau tyrfa go fawr. Felly ar y 7fed o Awst 1857, yr oedd y baneri'n chwifio a'r beirdd yn cynganeddu. Meddai 'bardd' anhysbys am y peiriant ager:

> March ydyw, mawr a chadarn,
> A'i ddiwedd fydd ddydd y farn.

Aeth y dyrfa i gae'r Fron Goed, ac fe'i harweiniwyd gan dri band. Yr oedd cynrychiolwyr yno o sawl mudiad a chymdeithas, ynghyd â gwŷr busnes y dref a phlant yr ysgolion lleol. Torrwyd y dywarchen gyntaf gan Mrs Mainwaring, gwraig y Cadeirydd, ac fe dorrwyd un arall gan Thomas Gee ei hun. Ef a ddewiswyd i ymateb i rodd o faner i'r cwmni ar ran pobl y dref, ac fe siaradodd yn Gymraeg. Yr oedd ei ddewis o iaith ar achlysur fel hyn yn ddatganiad o bwys, er na chofnodwyd gair o'r araith yn y wasg. Cynhaliwyd gwledd fawr yn Neuadd y Dref i ddathlu'r achlysur. Talwyd diolch i allu ac ynni diflino Thomas Gee, ac i'w ddyfalbarhad ef a Mr Napier. Er mai geiriau gwag a geir ar achlysuron fel hyn yn aml, yr oedd y deyrnged hon yn gwbl haeddiannol. Yfwyd llawer o siampaen i ddathlu'r achlysur medd yr hanes, er mawr loes i'r llwyr-ymwrthodwyr mae'n debyg.

Rhoddwyd y gwaith o adeiladu'r lein i gwmni Davies Llandinam, ac fe'i hagorwyd ar y 14eg o Hydref 1858. Bu dathliadau eraill ar achlysur agor y lein yn Ninbych, Llanelwy a'r Rhyl ac ni welsai'r trefi hyn ddigwyddiad cyffelyb ers tro. Saethwyd un o'r gynnau a gymerwyd oddi ar y Rwsiaid ar ôl rhyfel y Crimea, a chanwyd clychau'r eglwys wrth i'r trên cyntaf adael. Yn yr hwyr, yr oedd cinio yn Ninbych, a chafwyd araith nodweddiadol o'r cyfnod gan aelod seneddol o'r enw Enoch Gibbon Salisbury a ddywedodd yn ddiflewyn ar dafod ei fod ef yn gobeithio'n fawr y byddai dyfodiad y rheilffordd yn ffordd o seisnigeiddio'r Cymry, gan ychwanegu:

I am quite sure that the way to Anglicize the Welsh people is by the promotion of railways and commerce among them, and making the English and Welsh thoroughly and completely one people.

Cafodd gymeradwyaeth i'r sylwadau yma, ac fe ddengys hynny nid yn unig natur y gynulleidfa a'i hwynebai, ond hefyd deimlad nifer o Gymry'r cyfnod mai seisnigeiddio oedd y ffordd ymlaen, a hynny ymhen un mlynedd ar ddeg ar ôl cyhoeddi *Brad y Llyfrau Gleision*. Ond nid felly y gwelai Thomas Gee bethau. Meddai T. Gwynn Jones amdano, yn ddigon emosiynol: 'yr oedd yno o leiaf un Cymro a etifeddodd natur ry annibynnol i ymgreinio o flaen undyn byw er na gwên na gwg.'

Gwnaeth y cwmni rheilffordd gytundeb â chwmni Llundain a'r Gogledd Orllewin i redeg y gwasanaeth, a gwnaed elw da. Yn ddiweddarach, agorwyd lein i'r Wyddgrug ac un arall i Ruthun (ac ymestyn honno i Gorwen). Caewyd y lein yn 1962. Ond hanes trist oedd i Mr Napier, cyfaill Thomas Gee, yn y fenter yn wreiddiol. Gadawodd ei swydd yn y banc, a dechrau gwasanaeth llongau o'r Foryd. Methiant fu'r fenter honno, ac aeth i fyw i Awstralia.

* * * * * *

Yr oedd Thomas Gee wedi dangos yn ei ymwneud â'r *Traethodydd,* nid yn unig ei fod yn fodlon mentro, ond ei fod yn feistr ar ei fusnes. Ond yr oedd angen llawer mwy o fenter yn achos y *Gwyddoniadur,* a mwy o waith trefnu. Mae'n wir i ddweud fod yr hinsawdd economaidd yn llawer mwy gobeithiol erbyn y pumdegau. Yr oedd llawer o'r Cymry blaenllaw wedi dechrau colli ffydd yn y Gymraeg a phrin y byddent wedi rhoi arian tuag at y gwaith. Os bu Roger Edwards mor llugoer adeg cyhoeddi'r *Traethodydd,* pa faint mwy felly fyddai ef a'i debyg o ystyried y dasg a wynebai Thomas Gee erbyn hyn?

Doedd Thomas Gee ddim yn llenor, ac ni welwyd dim tystiolaeth ei fod yn honni cymwysterau o'r fath. Ond er i'w ymneilltuaeth fod yn faen tramgwydd iddo ar brydiau, yr oedd, serch hynny, wedi sylweddoli pwysigrwydd addysg. Gwyddai y byddai'n rhaid i'r Cymry gael yr adnoddau priodol i'w cynorthwyo, yn athrawon, rhieni a phlant, a bod dirfawr angen hynny yn y Gymraeg. Ni allai droi at y llywodraeth am nawdd, a bid siŵr fe'i hystyrid yn dipyn o ffŵl gan rai o'i gyfoedion a'u hystyrient eu hunain yn ddeallusion y genedl. Yr oedd Thomas Gee o flaen ei amser mewn mwy nag un ystyr. Ac nid oedd ffawd nifer o'r papurau a'r cylchgronau a gyhoeddid yn y Gymraeg hyd at y cyfnod hwn fawr o gynsail nac o gysur i un a fynnai fentro. Byrhoedlog oedd hanes y mwyafrif llethol, er bod amryw o resymau am hynny; rhai yn rhy gecrus, eraill yn ymwneud â meysydd penodol yn unig, nifer yn sych ac yn anodd i'w darllen, a llawer heb seiliau busnes cadarn i'w cynnal. Y gwir a ysgrifennwyd yn *Yr Eurgrawn,* wrth groesawu'r fenter, mai Thomas Gee oedd 'y cyhoeddwr mwyaf anturus yng Nghymru'.

Dyna'r cefndir, felly, i gyhoeddi ac argraffu'r *Gwyddoniadur,* sef ymgais i ddod ag enseiclopedia i'r Cymry Cymraeg, y bobl

82

rheini na chawsai freintiau'r deallusion na'r cyfoethogion. Yn wir, ar eu cyfer hwy y bwriadwyd y fenter ac yng ngeiriau Daniel Owen yn ei ragymadrodd i *Rhys Lewis*, 'Nid i'r doeth a'r deallus yr ysgrifenais, ond i'r dyn cyffredin'. Gwyddai y byddai angen golygydd o'r radd flaenaf ar gyfer y gwaith, ac fe gafodd berswâd ar y Dr John Parry o'r Bala i ymgymryd â'r dyletswyddau. Gwyddai Thomas Gee o'r gorau na fyddai'n hawdd i John Parry wrthod ac yntau yn frawd-yng-nghyfraith iddo, wedi priodi Sarah ei chwaer. Ef fu'r golygydd tan ei farwolaeth yn 1874, er y bu'n rhaid i Thomas Gee ei hun arolygu'r gwaith yn ystod cystudd John Parry.

Yr oedd rhwng cant a hanner a deucant o ysgolheigion a llenorion gorau Cymru wrth y gwaith yn ystod yr argraffiad cyntaf. Perswâd ac anogaeth gyson Thomas Gee oedd y tu ôl i'r fyddin a gymerai ran yn y gwaith. Cafwyd ysgrifau a deunydd ar bob pwnc dan haul a balch oedd y Cymry o gael cyhoeddiad a allai ymdrin â phynciau y tu allan i'r byd diwinyddol. Gallai'r *Carnarvon Herald* hyd yn oed ymfalchïo yn yr orchest, gan gredu:

> that this magnificent project shall meet with a hearty response on the part of our countrymen – worthy of the magnitude of the design, and of the vast outlay of talent, energy, and capital, with which it is to be carried out.

Cyhoeddwyd y gwaith mewn rhannau misol, gan ddechrau yn 1854, ac erbyn cwblhau'r gwaith ar yr argraffiad cyntaf yn 1878 yr oedd cynnwys y deunydd yn llenwi deg cyfrol. 'Menter gyhoeddi fwyaf beiddgar y ganrif yn y Gymraeg', meddai John Davies yn *Hanes Cymru*. Costiodd y fenter oddeutu £20,000 i Thomas Gee fel cyhoeddwr, swm aruthrol yn y cyfnod hwnnw. Anodd fyddai rhoi cymhariaeth deg o'r swm yn arian heddiw, am ei fod wedi'i ddosbarthu dros gyfnod o bedair blynedd ar hugain. Ond gellir rhoi rhyw amcan, o ddefnyddio cyfrif Roy Jenkins yn ei lyfr ar Gladstone.[1] O luosi symiau'r bedwaredd ganrif ar bymtheg â 50, cawn fod y swm oddeutu miliwn o bunnau. Dyma un o'r cymwynasau mwyaf a wnaed â'r iaith oddi ar cyfieithu'r Beibl ychydig llai na thair canrif ynghynt, a hynny heb ysgogiad na brenhines na llywodraeth. Bu'n fodd i wrthsefyll ychydig ar y

---

[1] Roy Jenkins, *Gladstone* (Macmillan, 1995).

duedd i seisnigeiddio'r gyfundrefn addysg yng Nghymru, ac i gadw'r iaith yn iaith lafar yn ogystal ag yn iaith llenyddiaeth, cylchgronau a phapurau newydd. Fe ddeuai cenhedlaeth arall o Gymry maes o law a welai werth yn y Gymraeg, ond y trueni yw na rannwyd gweledigaeth Thomas Gee yn y cyfnod pan sefydlwyd y gyfundrefn addysg gyntaf yng nghanol y bedwaredd ganrif ar bymtheg. Cyhoeddwyd ailargraffiad o'r *Gwyddoniadur* yn 1896 o dan olygyddiaeth Thomas Gee ei hun ac yntau bryd hynny dros ei bedwar ugain oed.

Codi'r Faner

Digon ansicr yw byd cyhoeddi cylchgronau a phapurau Cymraeg ar y gorau. Mae ein hanes yn frith o ddechrau cyhoeddi, cael hwyl arni am gyfnod, ac yna fynd i'r gwellt. Ychydig iawn o bapurau newydd yn y Gymraeg sydd wedi para am gyfnod sylweddol. Yn ein hoes ni, ni chyhoeddir yr un papur 'cenedlaethol' Cymraeg heb gymorth gan y wladwriaeth heblaw am *Y Cymro,* ac mae hwnnw'n rhan o stabl sy'n cynnwys papurau Saesneg. Yn ystod y ganrif hon, fe ddaeth *Y Faner* i ddibynnu ar nawdd y wladwriaeth, a phan ddiddymwyd hwnnw daeth ei oes i ben yn ddigon diseremoni. Hyd yn oed yng Nghymru'r ugeinfed ganrif, nid oes fawr o le i sentiment mewn pethau fel hyn. A bod yn gwbl onest, nid gŵr yn chwilio am sentiment fyddai Thomas Gee wedi bod ychwaith. Hawdd fyddai edrych ar oes aur y wasg yng Nghymru, a cheisio aildanio'r fflam a gynheuwyd gan *Y Faner* a'i thebyg. Ond rhaid cofio nad oes fawr o lewyrch ychwaith ar bapurau newydd yn Lloegr heddiw, ac mae'r rhan fwyaf ohonynt un ai mewn 'stablau mawr', neu fel y *Times* a'r *Sun* yn eiddo i wŷr masnach rhyngwladol fel Rupert Murdoch. Prin iawn yw papurau megis yr *Independent* sy'n rhwyfo yn erbyn y lli, ac yn mynnu cadw eu hannibyniaeth.

Hyd yn oed yn ystod 'oes aur' y wasg yng Nghymru, saif *Y Faner* yn glir ar ei phen ei hun. Dyma'r papur newydd mwyaf llwyddiannus a gyhoeddwyd yn y Gymraeg erioed. Gyrrwyd hyd yn oed Vyrnwy Morgan yn ei *Study in Nationalism*[1] (cyfrol sydd, gyda llaw, yn ddigon i godi'r felan ar unrhyw genedlaetholwr) i ddatgan mai'r *Faner* oedd the *greatest newspaper published in the vernacular.*

Paham mai yn 1857 y penderfynodd Thomas Gee ddechrau

---

[1] J. Vyrnwy Morgan, *A Study in Nationalism* (Chapman & Hall 1911) 1913.

cyhoeddi papur newydd a phaham y parhaodd ei lwyddiant gyhyd? Byddai'n llawer rhy hawdd i ddweud mai ei ddoniau fel dyn busnes oedd yn gyfrifol, er bod hynny'n rhan go bwysig o'r darlun. Ond yr oedd pethau eraill o'i blaid, ac nid y lleiaf ohonynt oedd y ffaith i'r llywodraeth ddiddymu treth stamp ar bapur yn 1855. Bu hyn yn dipyn o faich ar y papurau wythnosol, a cheisiodd *Yr Amserau* ei osgoi drwy gyhoeddi'r papur yn Ynys Manaw am gyfnod. Bu'n rhaid rhoi'r gorau i hynny ar ôl i'r llywodraeth dderbyn cwyn yn ei erbyn. Yn Lloegr, anfonwyd Henry Hetherington i garchar am geisio osgoi talu'r dreth ar ei bapur, y *Poor Man's Guardian.* Codwyd swm y dreth yn bur uchel yn y cyfnod ar ôl 1790 pan ofnai'r llywodraeth y gallai cynnwys y papurau radical ddylanwadu ar eu darllenwyr yn sgil y chwyldro yn Ffrainc. Yr oedd swm y dreth ar ei uchaf yn bedair ceiniog rhwng 1815 ac 1836, ac yn dair ceiniog pan ddiddymwyd hi'n derfynol. Yn ychwanegol at y dreth stamp ar y papur, yr oedd treth ar hysbysebion. Yr oedd honno'n uchel iawn tan 1833, pryd y gostyngwyd hi i 8c. Ni ddiddymwyd y dreth hon yn derfynol tan 1861.

Hawdd deall paham bod Thomas Gee yn ystyried canol y pumdegau yn adeg briodol i ddechrau papur newydd. Yr oedd yr hinsawdd economaidd yn well o ychydig, yr oedd mawr angen am 'lais' i'r dyheadau gwleidyddol newydd a gododd ar ôl helyntion y tridegau a'r pedwardegau, yr oedd *Yr Amserau* yn dechrau gwegian ar ôl gwrthwynebu rhan Prydain yn rhyfel y Crimea ac, wrth gwrs, yr oedd y dreth stamp wedi'i diddymu. Yr oedd golwg Thomas Gee ar sefydlu papur safonol, neu *superior class* fel y'i galwodd mewn llythyr, a chredai fod angen papur wythnosol *distinctly religious in character, of course, and as liberal in politics as you please.* Yn amlwg, bu llawer yn ei annog i ddechrau cyn hyn, ond ni fynnai wneud hynny *in opposition to the existing papers.* Yn amlwg y papur pennaf yn ei feddwl oedd *Yr Amserau* ond, fel y nodwyd, yr oedd hwnnw bellach mewn trafferthion, a Ieuan Gwyllt yn olygydd ar ôl i Gwilym Hiraethog roi'r gorau iddi yn 1852. Teimlai Thomas Gee yn ddigon rhydd i ofyn i'w hen gyfaill fod yn gyd-olygydd y fenter newydd. Cytunodd yntau i gymryd gofal o ochr wleidyddol y papur er na symudodd i Ddinbych yn ôl dymuniad Thomas Gee a'i hanogodd gyda'r frawddeg: *You will live longer and do more good, and live comfortably.* Yr oedd Hiraethog yn berson â gormod o 'heyrns yn y tân' i ymroi yn llwyr i un peth. Yr oedd dwy adran arall i'r papur, ac ar ôl cryn drafferth, sicrhawyd gwasanaeth Thomas Jones (Glan Alun) i olygu'r adran lenyddol ynghyd â'r adran wyddonol a'r adolygiadau, a'r Parch. John Hughes, Porthaethwy, i olygu'r adran grefyddol. Yr oedd y golygyddion i dderbyn cyflog o £35 (£1750 heddiw) y flwyddyn gyntaf, i godi i £50 (£2,500) erbyn y bedwaredd flwyddyn. Yn ychwanegol, penodwyd y Parch. John Roberts, Rhostryfan, yn is-olygydd a bu ef yn y swydd honno am chwarter canrif. Symudodd i Ddinbych ar ei benodiad, ac yno y bu hyd ddiwedd ei oes.

Un o gryfderau Thomas Gee drwy gydol ei oes oedd ei allu i adnabod talent, a'i harneisio'n effeithiol. Byddai'n rhaid i'r *Faner* daro deuddeg o'r dechrau, a bu wrthi'n ceisio peswadio amryw i gymryd rhan yn y fenter newydd. Bu'n gohebu â'r Parch. Edward Morgans gan geisio'i berswadio i ymgymryd â'r gwaith golygyddol ar yr ochr lenyddol. Fel yr oedd Lewis Edwards wedi profi yn ei waith ar *Y Traethodydd,* gallai'r adran hon fod yn un anodd i'w llenwi. Felly, ail ddewis oedd Glan Alun i'r gwaith hwn, ond yr oedd yn ŵr profiadol. Yr oedd wedi cyfrannu'n helaeth i sawl cylchgrawn a phapur Cymraeg gan gynnwys *Y Traethodydd.* Er gwaethaf ei berthynas agos â Roger Edwards yn Yr Wyddgrug, ni chaniataodd i'r helynt rhwng y gŵr hwnnw a Thomas Gee ei rwystro rhag cymryd swydd ar y papur newydd.

Daeth y rhifyn cyntaf o'r wasg ar y pedwerydd o Fawrth 1857, o dan y teitl *Baner Cymru,* a'r is-deitl herfeiddiol 'Y Gwir yn Erbyn y Byd'. Yr oedd 'Y Cyfarchiad' a lenwai'r dudalen gyntaf a thros draean o'r ail yn gosod allan brosbectws neu faniffesto'r papur. Anelai i'r cynnwys fod 'yn weuedig o "erthyglau gwreiddiol ar helyntion gwladwriaethol a chrefyddol y dydd; o hanesion a newyddion cartrefol a thramor; ysgogiadau teyrnasoedd, cymdeithasau, ac eglwysi; gwyddorion a chelfyddydau; y wasg a llenyddiaeth; ffeiriau a marchnadoedd," &c.' Yr oedd yn fenter y tu hwnt o uchelgeisiol.

Y mae geiriau'r cyfarchiad yn nodweddiadol iawn o'r hyn y gellid ei ddisgwyl o bapur anghydffurfiol a rhyddfrydol ganol y ganrif ddiwethaf, o ran ei anogaeth i'w ddarllenwyr 'wrthod y drwg a'r niweidiol; ac i ffieiddio pob ffug, a hoced a chymhendod, a choegddullweddau a gwynt-eiriau disynwyr a disylwedd, y rhai nid ydynt yn dda i ddim ond i amlhau gwagedd a phorthi ynfydrwydd'. Tarana yn erbyn 'rhai esgobion hanner Pabaidd yng Nghymru, y rhai ydynt o hyd yn ceisio gwarthruddo y genedl drwy ei gosod allan fel yn suddo mewn anwybodaeth, barbariaeth, a llygredigaeth'. Cyfeiriad yw hyn mae'n debyg at ran yr eglwyswyr ym *Mrad Y Llyfrau Gleision*. Sonia am brysurdeb y wasg Gymreig yn cynhyrchu 'mwy o gynnyrch mewn un flwyddyn weithian, nac a wnai mewn ugain neu ddeng mlynedd ar hugain ynghynt'. Ymffrostia yn yr 'ysbryd darllengar' a oedd ar gynnydd a bod arno angen 'ymborth ac ymgeledd'.

Er bod seiliau crefyddol y papur yn hynod o gadarn, ac wedi'i osod allan yn glir a diamwys, gallai'r darllenydd deimlo braidd yn siomedig â'i safbwynt gwleidyddol. Yn un o'i lythyrau at Edward Morgans, cyfeiria at yr angen i beidio gwneud gormod o addewidion *simply stating that it will be Liberal and will advocate the principles of Dissent, . . . leaving the public to form their own opinion of its claims from its perusal.* Mae'n anodd dirnad paham y teimlai bod angen bod yn weddol wrthrychol ei wleidyddiaeth, a pheidio ymddangos yn rhy radical ar y dechrau o leiaf. Efallai y teimlai fod yn rhaid iddo ennill ei blwy yn y lle cyntaf. O bosib hefyd y gallai fod trafferthion *Yr Amserau* ar flaen ei feddwl. Meddai: 'Yn ei gwleidyddiaeth *(politics)* bydd *Y Faner* yn deyrngarol, yn rhyddgarol, ac yn Gristnogol.' Mynnai ffyddlondeb i'r orsedd a bod Cymru y genedl 'dawelaf a'r ffyddlonaf i'r goron ohonynt oll, at eu gilydd'. Cyfeiria'n huawdl iawn at ragoriaethau'r frenhiniaeth a gwaedda 'Hir oes i Victoria!' yn orfoleddus. Mor wahanol oedd hi yn 1878, pan ysgrifennodd Thomas Gee erthygl olygyddol yn condemnio cost cadw'r teulu brenhinol, gan hyd yn oed awgrymu yn 1879 fod dyfodol y frenhiniaeth yn y fantol. Ond yn 1859, y cyfan a wnâi'r *Faner* oedd awgrymu, a hynny'n ddigon cynnil, 'nad yw ein cynrychiolaeth seneddol yn y cyflwr gorau y gallai fod eto. Y mae lluaws mawr iawn o'r deiliaid ufudd a theilwng heb feddu yr hawlfraint o bleidleisio yn newisiad aelodau i'r senedd,' ac yn galw am bleidlais ddirgel i 'ddiogelu etholwyr rhag y trahawster gwrthun a ddygir i wasgu ar eu cydwybodau yn yr etholiadau'. Cyfeiria at yr 'anturiaeth fasnachol' i'r cyhoeddwr a'i fod yn 'hyderus yn ei llwyddiant'.

Felly, digon 'meddal' oedd safbwynt *Y Faner* yn y rhifyn cyntaf;

yr oedd hyd yn oed yn ymgreiniol yn ei pherthynas â'r goron. Ychydig o ysbryd anturus y gŵr a heriodd y dreth eglwys a'r gyfraith yn 1854 a gawn ynddi. Ond mae ei rhinweddau yn amlwg, hyd yn oed o'r rhifyn hwn, sef yn ei newyddion ac ehangder ei diddordebau. Yr oedd ganddi un fantais aruthrol arall, sef gallu'r gohebwyr i ysgrifennu'n ddifyr ac yn apelgar. Yn fuan, cyhoeddwyd ail bapur, sef *Udgorn y Bobl* a bu hwnnw mewn bodolaeth hyd nes yr argreffid *Y Faner* ddwywaith yr wythnos yn 1861. Yn 1859, fe brynodd Thomas Gee *Yr Amserau* am £300, ac o hynny ymlaen enw swyddogol *Y Faner* oedd *Baner ac Amserau Cymru*.

Gwelwyd eisoes fod gan Thomas Gee ddiddordeb mawr mewn gwleidyddiaeth. Yr oedd ei dad yn gefnogol i'r Chwigiaid, a llythyrau aelodau'r teulu ato yn ystod ei gyfnod yn Llundain yn llawn o hanesion am etholiadau a hynt a helynt y gwahanol ymgeiswyr. Gwyddom hefyd fod y teulu'n gefnogol i bob ymgais i ehangu'r hawl i bleidleisio. Ar ôl dyfodiad *Y Faner* yn 1857, gallwn olrhain safbwynt Thomas Gee yn ddigon clir, a'i anogaeth i fwy o ymneilltuwyr Cymreig ymuno â rhengoedd yr aelodau seneddol yn San Steffan. Yn ystod etholiad 1859, nid oedd fawr o newid yn y gynrychiolaeth yng Nghymru, ac yn Sir Feirionnydd y cafwyd y frwydr fwyaf diddorol o ddigon. Daeth David Williams, bargyfreithiwr ifanc o Benrhyndeudraeth, ymlaen i herio'r ymgeisydd a ddaliai'r sedd, sef y Tori, W. W. E Wynne. Cefnogai'r ymneilltuwyr Cymreig ymgeisyddiaeth Williams, gan gyhuddo Wynne o fod yn gefnogol i fudiad Rhydychen. Bu brwydr ffyrnig ac er i Wynne ennill o 389 pleidlais i 351, mentrodd rhai o'r tenantiaid bleidleisio i'r ymneilltuwyr ac fe ymataliodd eraill. Fe ddialwyd ar rai ohonynt am beidio cefnogi'r Tori; trowyd pump allan o'u ffermydd ar stad y Rhiwlas, saith ar stad Wynnstay ac fe godwyd rhenti naw o denantiaid Wynnstay. Rhoddwyd rhybudd i ymadael i denant arall ar stad y Rhiwlas, ond ni weithredwyd ar y rhybudd am fod ei wraig yn wael.[2] Cafodd y digwyddiadau hyn gryn ddylanwad ar wleidyddiaeth Meirionnydd, ac fe arweiniodd maes o law at lacio gafael y meistri tir ar wleidyddiaeth yr ardaloedd gwledig yng Nghymru.

Bu'r *Faner* yn uchel ei chloch wrth gondemnio gweithredoedd y meistri tir ym Meirionnydd. Cariwyd adroddiadau ar sut y bu i

[2] Llythyr 21.11.1868 Jacob Jones at Thomas Gee, LLGC 8111D.

Price y Rhiwlas geisio dwyn perswâd ar ei denantiaid i bleidleisio i Wynne, ac iddo wrthod cais gan rai o arweinwyr y gymdeithas leol yn erfyn arno i beidio â thaflu'r tenantiaid o'u cartrefi. Manteisiodd Thomas Gee a'r *Faner* ar bob cyfle ar ôl 1859 i hyrwyddo'r ymgyrch o blaid diwygio'r drefn etholiadol ac yn arbennig felly'r alwad am bleidlais gudd. Beirniadwyd aelodau seneddol Cymru am eu diffyg talent a'u hanwybodaeth affwysol o anghenion eu hetholwyr.

Gan fod *Y Faner* wedi dechrau dwyn sylw ei darllenwyr at weithredoedd y landlordiaid yn 1859, fe dderbyniai'r papur wybodaeth am ddigwyddiadau yn rhannau eraill o'r wlad. Cariwyd adroddiad ym mis Mai 1860 am wraig a thir ganddi yng Ngheredigion yn dweud wrth ei thenantiaid y byddai'n rhaid iddynt adael eu ffermydd pe na byddent yn mynychu gwasanaethau yn eglwys y plwyf. Yn 1864 ymddangosodd adroddiad am rybudd a roddwyd i gynulleidfa'r Methodistiaid Calfinaidd yn Soar, Sir Drefaldwyn, i ildio meddiant y capel i Syr Watkin Williams Wynne. Cafwyd fod dau flaenor yn y capel wedi pleidleisio yn erbyn cefnder Syr Watkin mewn is-etholiad a gynhaliwyd yn 1862. Anfonwyd llythyr gan gyfreithwyr Syr Watkin yn datgan nad oedd a wnelo'r rhybudd ddim â'r etholiad, er bod nifer o'r trigolion lleol yn tystiolaethu i'r gwrthwyneb.

Erbyn etholiad 1865, yr oedd yr alwad am ddiwygio'r drefn etholiadol wedi cynyddu'n sylweddol. Diddymwyd y dreth ar bapur yn 1861, ac fe gynyddodd y wasg radicalaidd yn gyflym. Bu cynnydd yng ngweithgarwch yr undebau llafur, a'r alwad am ehangu'r etholfraint yn rhan o'u rhaglen. Yr oedd ail weinyddiaeth yr Arglwydd Palmerston wedi cyflwyno mesur diwygio yn gynnar iawn, ond fe'i trechwyd. Cyflwynwyd mesur preifat yn 1864, ac er i hwnnw syrthio, yr oedd y drafodaeth arno'n arwyddocaol. Siaradodd Gladstone o'i blaid, a thrwy hynny arwyddo ei fod yn newid ei safbwynt gwleidyddol. Yr oedd yn dechrau troi ymhlith cymdeithasau ymneilltuol, ac yn feirniadol o agweddau'r eglwys Anglicanaidd yn Iwerddon. Ni bu fawr o newid yn y gynrychiolaeth seneddol yng Nghymru yn dilyn etholiad 1865. Ym mwrdeistrefi Dinbych, etholwyd Townshend Mainwaring yn ddiwrthwynebiad, ac yn y sir ni chafwyd gornest ychwaith pan etholwyd Syr Watkin Williams Wynne a'r Cyrnol Robert Myddleton Biddulph. Yn ystod y cyfarfod i ddewis ymgeiswyr y sir, ceisiodd Thomas Gee ofyn cwestiynau i'r ddau, ond fe'i gwrthodwyd ac aed ymlaen i'w dewis yn ddi-wrthwynebiad. Mynnodd Thomas Gee gael siarad a thraethu ar fater y balot a helaethu'r etholfraint. Gofynnodd i'r ddau ymgeisydd osod allan eu safbwynt ar hawl tenantiaid i bleidleisio dros yr ymgeisydd a fynnent heb ymyrraeth gan eu landlord, ac fe gyhuddodd Syr Watkin o droi rhai o'i denantiaid o'u ffermydd yn dilyn etholiad 1859, ac iddo godi rhent eraill. Ni wadwyd y cyhuddiadau, ac fe ddaethpwyd â'r hystingiau i ben yn weddol fuan ar ôl datganiad Thomas Gee. Fe ddangosodd ddewrder anghyffredin wrth feiddio rhoi sialens i'r ymgeiswyr, yn arbennig felly gan na chafodd fawr o gefnogaeth ffurfiol yn y cyfarfod. Er hynny, yr oedd wedi taro ergyd arwyddocaol o blaid math newydd o wleidyddiaeth a fyddai'n cynyddu rywfaint yn 1868 ac a ddaeth i'w oed wedi 1886. Bu Thomas Gee yn brysur yn ceisio dwyn perswâd ar Henry Richard i ddod ymlaen fel ymgeisydd yn sir Aberteifi yn 1865. Er na lwyddodd y tro hwnnw, fe ddechreuodd ar batrwm a ddilynodd ym mhob etholiad wedi hynny, sef annog ymneilltuwyr a radicaliaid Rhyddfrydol i sefyll yn yr etholaethau Cymreig.

Cyflwynwyd mesur Cynrychiolaeth y Bobl gan weinyddiaeth yr Arglwydd Russell yn 1866, gyda'r bwriad o roi pleidlais i ddynion yn y bwrdeistrefi a dalai rent o £7, ac i rai a dalai rent o £14 yn y siroedd. Yr oedd Thomas Gee yn gryf o blaid y mesur a bu'n llythyru'n frwd ag aelodau seneddol gan geisio dwyn perswâd arnynt i gefnogi gwelliannau i aildrefnu'r seddau. Codwyd deiseb o blaid y mesur yn Ninbych, ac fe drefnwyd cyfarfodydd cyhoeddus i ddangos cefnogaeth iddo. Fodd bynnag, gan nad oedd y mesur yn mynd yn ddigon pell yng ngolwg y radicaliaid ac yn mynd yn rhy bell at ddant yr hen Chwigiaid, fe'i trechwyd. Ymddiswyddodd Russell, ac fe ffurfiwyd gweinyddiaeth leiafrifol Geidwadol gan yr Arglwydd Derby. Ymhen ychydig dros flwyddyn, cyflwynwyd mesur llawer mwy radical gan Benjamin Disraeli, seren newydd y Ceidwadwyr. Ei fwriad oedd cadw'r Rhyddfrydwyr yn rhanedig ac ar yr un pryd ynysu adain dde ei blaid. Daeth y mesur yn ddeddf ym mis Awst 1867 gan ehangu'r bleidlais yn y bwrdeistrefi i bob dyn a dalai drethi ac i letywyr a dalai rent o £10, ac yn y siroedd i gopiddeiliaid a llesddeiliaid lle bo gwerth eu heiddo yn £5 y flwyddyn, ac i drethdalwyr a dalai £12 y flwyddyn. Yr oedd y newidiadau'n llawer mwy pellgyrhaeddol na diwygiadau 1832, er bod y frwydr yn dipyn llai dramatig. Cynyddwyd nifer y pleidleiswyr ym mwrdeistrefi Dinbych o tua 1,000 i dros 2,750, ac yn y sir o oddeutu 4,000 i dros 7,600. Drwy Gymru gyfan, ychwanegwyd 59,000 at y nifer a allai bleidleisio. Er y newidiadau, yr oedd rhai materion yn dal heb eu cyffwrdd, megis y balot, cyflog i aelodau seneddol a'r angen i ailddosbarthu'r seddau yn sgil y cynnydd ym mhoblogaeth yr ardaloedd trefol.

Ymhen pymtheng mis wedi i'r ddeddf newydd ddod i rym, cafwyd un o'r etholiadau mwyaf cynhyrfus yn hanes Cymru. Eto, mae haneswyr yn ein siarsio i beidio ystyried etholiad 1868 fel y trobwynt pwysig yn hanes gwleidyddol Cymru. Wedi'r cwbl, dim ond mewn tua chwarter o etholaethau Cymru y cafwyd canlyniadau arwyddocaol.[3]

Fel yr eglurwyd eisoes, bu Thomas Gee wrthi'n brysur yn annog pobl i sefyll fel ymgeiswyr dros y Rhyddfrydwyr, ac fe wnaeth ymdrechion arbennig ar gyfer etholiad 1868. Er enghraifft, bu'n gohebu â Richard Davies gan ei gymell i sefyll yn etholiad y sir ym Môn. Atebodd ef ar y 1af o Orffennaf 1868, gan ddweud nad oedd yn chwennych yr enwebiad, ond pe byddai mwyafrif yr aelodau Rhyddfrydol yn y sir yn gefnogol iddo, yna y byddai'n ystyried rhoi ei enw ymlaen. Yr oedd yn amlwg yn troedio'n hynod ofalus, ond yn y diwedd fe safodd, ac fe'i hetholwyd yn ddi-wrthwynebiad.

Yn etholaethau Dinbych y bu gweithgarwch Thomas Gee ar ei fwyaf amlwg. Yr oedd dwy sedd yn etholaeth y sir ac, fel y gwelwyd eisoes, yr oeddynt yng ngafael Syr Watkin a'r Cyrnol Biddulph. Parhâi Townshend Mainwaring fel aelod y bwrdeistrefi. Erbyn 1868, yr oedd y Rhyddfrydwyr radical wedi bod yn hogi eu harfau ers tro, a Thomas Gee yng nghanol pethau. Doedd yna fawr o obaith y gellid disodli Syr Watkin, ond yr oedd gafael Biddulph ar ei sedd yn weddol simsan. Er ei fod ychydig yn fwy derbyniol i'r ymneilltuwyr na Syr Watkin, bu'n annoeth yn ystod yr hystingiau yn etholiad 1865 wrth geisio amddiffyn ei gydaelod pan wnaed cyhuddiadau yn ei erbyn. Bu peth gohebiaeth rhwng Thomas Gee a Biddulph yn ystod 1868, ac y mae'n amlwg o'r cynnwys fod Biddulph yn ofni bod symudiadau ar droed i gael

[3] John Davies, *Hanes Cymru*. t. 416.

ymgeisydd i'w wrthwynebu. Ar y 27ain o Chwefror, anfonodd lythyr at Thomas Gee yn ei amddiffyn ei hun yn erbyn y cyhuddiadau na chyflwynodd enwau ymneilltuwyr i weithredu fel ynadon heddwch ac nad oedd wedi rhoi cyfraniadau i rai o'r ysgolion lleol. Ar un adeg crybwyllwyd enw Cornwallis West, ac fe glywodd Biddulph am gyfarfod yng Nghorwen pryd y galwyd ar Cornwallis West i roi ei enw gerbron. Mewn llythyr at Thomas Gee mynnai Biddulph gael gwybod pwy a alwodd y cyfarfod. Nid oes tystiolaeth uniongyrchol fod Thomas Gee yn annog Cornwallis West i sefyll, er bod yna lythyr at Gee gan Henry Adams o Ruthun ar y 24ain o Fedi 1868 yn dweud na welai ef unrhyw fudd mewn pwyso ar West. Awgrymodd fod Syr Watkin a Biddulph wedi ei berswadio i beidio sefyll. Mae'n ddigon posibl mai'r cyfan a wnaeth Thomas Gee oedd gofyn i Adams wneud ymholiadau ynglŷn â bwriadau West. Nid ef fyddai dewis cyntaf golygydd Y Faner.

Gwnaeth Thomas Gee ei symudiad cyntaf i sicrhau ymgeisydd ar gyfer sedd bwrdeistrefi Dinbych yn 1866. Yr oedd yn cefnogi George Osborne Morgan, bargyfreithiwr 40 oed o Brymbo Hall. Er bod Osborne Morgan yn eglwyswr ac yn fab i ficer Conwy, yr oedd yn arddel daliadau radical ac yn gymeradwy i'r ymneilltuwyr. Enillodd radd ddosbarth cyntaf yn y clasuron yng ngholeg Balliol Rhydychen, ac yr oedd eisoes wedi gwneud enw fel bargyfreithiwr disglair. Bu'r ddau'n gohebu'n gyson am gyfnod, ond am ryw reswm fe dynnodd Osborne Morgan ei enw'n ôl fel ymgeisydd y bwrdeistrefi, ac fe gododd ei enw fel ymgeisydd posibl ar gyfer bwrdeistrefi Môn neu sir Gaernarfon.

Wedi i Osborne Morgan gilio oddi wrth ymgeisyddiaeth y bwrdeistrefi, gwelodd gŵr o'r enw Charles James Watkin Williams ei gyfle. Yn fab i reithor Llansannan, yr oedd yntau hefyd yn fargyfreithiwr ac wedi treulio cyfnodau ym mhrifysgolion Rhydychen a Llundain. Symudodd i Blas Draw, ger Rhuthun, a dechreuodd weithio'n galed i sicrhau'r enwebiad. Siaradodd mewn sawl cyfarfod cyhoeddus, ac ef a aeth ymlaen i wrthwynebu Townshend Mainwaring yn yr etholiad a ddaeth cyn diwedd 1868. Er bod yna le i gredu mai Osborne Morgan fyddai dewis ddyn Thomas Gee, yr oedd Watkin Williams yn dderbyniol iawn ganddo, ac fe'i cefnogodd yn frwd. Daeth Osborne Morgan yn ôl i'r maes gwleidyddol ar gyfer etholiad y sir maes o law.

Yr oedd Thomas Gee yn brysur iawn yn annog ymgeiswyr teilwng i ddod i faes y gad mewn nifer o etholaethau eraill ar hyd a lled Cymru. Cefnogodd Henry Richard fel ymgeisydd ym Merthyr, er enghraifft. Defnyddiodd dudalennau'r *Faner* i leisio'i farn ar bynciau mawr yr etholiad. Bu'n brysur yn annog etholwyr newydd i gofrestru. Mewn llythyr a anfonwyd ato ar yr 8fed o Fehefin 1868, dywed T. Lloyd Evans, Lerpwl, fod camau wedi'u cymryd *to obtain the names of as many Welsh people in Liverpool entitled to be on the County Register as possible in order to make a claim.*[4] Amcangyfrifid y gellid cael hyd at 500 o enwau a fyddai'n cefnogi Mr Gladstone ar y rhestrau. Yr oedd yn awyddus i weld cynnal cyfarfodydd cyhoeddus er mwyn i'r ymgeiswyr gael cyfle i ddod i sylw'r etholwyr. Anfonwyd llythyr ato gan Jacob Jones o'r Bala yn ystod yr ymgyrch etholiadol yn sôn am gyfarfodydd ym Metws Gwerful Goch, Dinmael, Cerrigydrudion a Rhydlydan. Mae'n amlwg fod trefniadau yn cael eu gwneud ar gyfer mwy nag un etholaeth.

Ar yr 17eg o Dachwedd 1868 yr enwyd yr ymgeiswyr dros etholaeth bwrdeistrefi Dinbych. Cynigiwyd Watkin Williams gan Thomas Gee, a'i unig wrthwynebydd oedd y Tori, Townshend Mainwaring. Cynhaliwyd yr etholiad y diwrnod canlynol, ond ni chyhoeddwyd y canlyniad tan drennydd. Cafodd Watkin Williams fuddugoliaeth o 1318 pleidlais i 944 ei wrthwynebydd, a chael mwyafrif clir o 374. Yr oedd y fuddugoliaeth yn un bwysig iawn, ac yn dangos fod gwell trefn ar y Rhyddfrydwyr nag a fu o'r blaen, ac iddynt fanteisio hyd yr eithaf ar y cynnydd yn nifer yr etholwyr.

Er i frwydr y bwrdeistrefi fod yn hynod gynhyrfus, yn y sir y gwelwyd yr ymdrech fwyaf. Yr oedd Thomas Gee yn benderfynol o gael ail ymgeisydd Rhyddfrydol i sefyll yn erbyn Syr Watkin. Er mai Rhyddfrydwr oedd Myddleton Biddulph, ni allai gynrychioli dyheadau'r ymneilltuwyr Cymreig, ac fe fynnent gael lladmerydd derbyniol. Gwelwyd eisoes nad oedd Biddulph yn dderbyniol gan Thomas Gee, ac fe bechodd lawer o aelodau eraill oherwydd ei agwedd yn ystod y trafodaethau seneddol ar ddiwygio etholiadol. Er bod enw Osborne Morgan wedi'i grybwyll ar gyfer etholaethau eraill, a hyd yn oed *Y Faner* yn awgrymu ei enw fel ymgeisydd dros drefi Caernarfon, nid oedd Thomas Gee wedi anobeithio amdano fel ymgeisydd y sir. Erbyn mis Medi 1868, yr oedd Thomas Gee

[4] LLGC 8311D.

yn trafod y posibilrwydd o gael ail ymgeisydd Rhyddfrydol gydag arweinwyr y blaid yn yr etholaeth. Yr oedd rhai ohonynt yn ardal Wrecsam yn amheus. Fodd bynnag, mae'n amlwg fod yna ddeallttwriaeth rhwng Thomas Gee ac Osborne Morgan mai ef fyddai'r ymgeisydd pe ceid cefnogaeth iddo ymhlith aelodau'r blaid. Paratowyd anerchiad ar ei ran gan Wasg Gee bythefnos cyn ei ddewis fel ymgeisydd swyddogol. Yr oedd amryw yn gwrthwynebu ymgeisyddiaeth Osborne Morgan ac aeth rhai ohonynt i weld Thomas Gee gyda'r bwriad o'i berswadio i beidio â chefnogi Osborne Morgan. Ymhlith y rhain yr oedd cefnogwyr Biddulph, a hyd yn oed rai a gefnogodd Watkin Williams yn etholiad y bwrdeistrefi. Mewn llythyr a anfonwyd at Thomas Gee ar y 19eg o Dachwedd gwelir rhai o'r dadleuon a ddefnyddiwyd yn erbyn dwyn enw Osborne Morgan ymlaen. Yn ei lythyr[5] mae'r Parchedig Roberts, gweinidog gyda'r Bedyddwyr yn y Rhos, yn rhestru nifer o resymau paham na ddylid sefyll yn erbyn Biddulph, sef bod yr amser yn rhy fyr; nad oedd 'Osborne' yn ddigon adnabyddus yn y sir; gallai'r Torïaid ddod ag ail ymgeisydd ymlaen gyda'r posibilrwydd o ethol dau Dori; a bod trefniadaeth ardderchog gan Syr Watkin a allai drechu unrhyw ymgeisydd. Â ymlaen i ddweud mai yr unig siawns o lwyddiant fyddai i Thomas Gee ddod allan ei hun. Oni bai i hynny ddigwydd, ei gyngor oedd: 'gadawer y Sir yn llonydd y tro hwn, a pharatoi yn drwyadl ar gyfer y tro canlynol pryd y dylid dewis Cymro, ymneilltuwr a Rhyddfrydwr "trwyadl" fel ymgeisydd'. Fodd bynnag, yr oedd trefniadau Thomas Gee wedi mynd yn rhy bell i dynnu'n ôl, ac yn sicr ni welai reswm i wangalonni. Dangosodd benderfyniad di-ildio i wynebu'r frwydr, ac nid ychydig o ystyfnigrwydd ychwaith. Bu'n rhaid iddo wrando ar gysurwyr Job ar sawl achlysur yn ystod ei yrfa, ac nid oedd hi yn ei natur i wrando ar eu brefiadau. Yr oedd wedi penderfynu mai Osborne Morgan oedd i sefyll, ac felly y bu.

Cynhaliwyd yr etholiad ar y 24ain o Dachwedd a chodwyd hystingiau o flaen Neuadd y Dref yn Ninbych. Enwyd tri ymgeisydd, Syr Watkin, Myddleton Biddulph ac Osborne Morgan. Yr oedd tyrfa fawr wedi ymgasglu, a'r dref yn ferw. Rhydd T. Gwynn Jones[6] ddarlun dramatig ac emosiynol iawn o'r

[5] LLGC 8311D.
[6] TGJ, *Cofiant*. t. 229-237.

digwyddiadau, a chawn ddisgrifiad campus o ddiwrnod etholiad cyn y balot. Di-fudd fyddai ceisio ailadrodd y digwyddiadau'n llawn, oddieithr i grybwyll rhan Thomas Gee yn y gweithgareddau. Cynigiwyd Osborne Morgan gan John Roberts, Lerpwl, ac yn absenoldeb y person a ddewiswyd i'r gwaith, daeth Thomas Gee ymlaen i eilio. Siaradodd yn huawdl a grymus yn ôl yr hanes, gan atgoffa'r dyrfa am y tenantiaid a gollodd eu ffermydd ar ôl etholiad 1859 ym Meirionnydd. Yna aeth ymlaen i gyhuddo cefnogwyr Syr Watkin o gyflogi dynion i'w rwystro rhag siarad, ei fod wedi gwrthod tir i godi ysgol Frutanaidd yn Sir Feirionnydd, a chyfeiriodd at y cwestiynau y gwrthododd Syr Watkin eu hateb yn ystod etholiad 1865. Aeth ati i enwi'r tenantiaid a gollodd eu ffermydd, a'r rhai y codwyd eu rhenti. Yr oedd Michael D. Jones yn sefyll yn ymyl Thomas Gee, ac mewn gweithred ddramatig, gafaelodd Gee yn ei fraich a'i ddwyn i sylw'r dorf, gan ddatgan bod Syr Watkin wedi troi ei fam oedrannus o'i chartref yn y Weirglodd Wen. Yn ôl Thomas Gee bu hi farw 'o doriad calon ymhen ychydig wythnosau'. Yn amlwg, meddai Thomas Gee ar ddewrder cymeriad anghyffredin, gan feiddio rhoi sialens gyhoeddus i Syr Watkin mewn ffordd mor gignoeth. Ac yr oedd araith Thomas Gee oddi ar yr hystingiau yn Ninbych yn arwydd clir fod arweinwyr yn codi i herio trefn y landlordiaid a'u gafael ar wleidyddiaeth Cymru.

Ar ôl i Thomas Gee siarad, rhoddwyd cyfle i'r tri ymgeisydd areithio. Yn ôl yr hanes, prin iawn oedd geiriau Syr Watkin. Yr oedd yn cydnabod iddo wrthod rhoi tir i godi ysgol, ond bod digon o dir arall ar gael yn lleol, a bod mam Michael D. Jones wedi gadael ei chartref am resymau gwahanol i'r rhai a amlinellwyd gan Thomas Gee. Cyfeiriodd at rai o bynciau'r etholiad, megis safle Eglwys Loegr yn Iwerddon, ond nid ymatebodd i'r honiadau a wnaed ynglŷn â'r tenantiaid a gollodd eu ffermydd o ganlyniad i beidio â chefnogi'r Tori. Gwan iawn oedd ei ymateb i araith huawdl a miniog Thomas Gee.

Er bod yna arwyddion fod pethau'n newid, nid oedd ymdrechion y Rhyddfrydwyr y tro hwn yn ddigon i drechu Syr Watkin. Cafodd 3,435 o bleidleisiau yn erbyn y 2,747 a gafodd Osborne Morgan i sicrhau'r ail sedd. Collodd Myddelton Biddulph ei sedd drwy gael 2,413 o bleidleisiau ac, yng ngeiriau'r *Faner*, cafwyd Rhyddfrydwr 'arall gwell' yn ei le. Byddai angen sawl ergyd arall cyn disodli Syr Watkin a'i deulu, ond yr oedd eu dyddiau wedi'u rhifo.

Yng ngweddill Cymru, yr oedd rhai canlyniadau arwyddocaol iawn. Etholwyd Henry Richard ym Merthyr, a Richard Davies yn ddi-wrthwynebiad ym Môn. David Williams aeth â hi ym Meirionnydd, hefyd yn ddi-wrthwynebiad, ac wedi brwydr galed curwyd y Tori yn Sir Gaernarfon gan y Rhyddfrydwr, Love D. Jones-Parry. Yn naturiol ddigon yr oedd golygydd *Y Faner* wrth ei fodd â'r canlyniadau gan ddatgan yn groyw: 'Y mae'r etholiad hwn wedi gweld chwydu brawdoliaeth Siôn bob ochr oddi ar wyneb y byd politicaidd.'

Ym mis Chwefror yr oedd y Senedd yn ail-ymgynnull bryd hynny, ac ar y 24ain o'r mis yn y flwyddyn ganlynol cynhaliwyd cyfarfod i ddathlu'r buddugoliaethau yn y Freemason's Hall. Cafwyd areithiau gan amryw o'r aelodau seneddol newydd. Talwyd teyrnged i ran y wasg Gymreig yn y frwydr etholiadol, ac yn arbennig i ymdrechion Thomas Gee, S. R. a Gwilym Hiraethog. Y diwrnod canlynol, cynhaliwyd cynhadledd o Ryddfrydwyr Cymru. Gwyddai Thomas Gee y byddai'n rhaid gwella trefniadau'r Blaid Ryddfrydol i sicrhau mwy o gynnydd yn yr etholiad canlynol. Ar ei gais ef, pasiwyd cynnig i ffurfio cymdeithas Ryddfrydol ym mhob etholaeth, ac i gael dwy gymdeithas ranbarthol, y naill i Dde Cymru a'r llall i'r Gogledd a Lerpwl.

Er y dathlu ar ôl 1868, ceid enghreifftiau o ddial ar amryw a gefnogodd yr ymgeiswyr Rhyddfrydol.[7] Rhoddwyd rhybuddion ymadael i 43 o denantiaid yn sir Aberteifi, a 26 yng Nghaerfyrddin. Codwyd rhenti tenantiaid ym Mhen Llŷn. Gwnaed honiadau fod 80 o weithwyr chwarel y Penrhyn wedi'u diswyddo wedi i Jones-Parry orchfygu Douglas-Pennant. Ychwanegodd yr enghreifftiau hyn at y teimlad a fodolai ymhlith y Cymry radical fod angen pleidlais gudd, ac fe'i sicrhawyd yn 1872, yn rhannol oherwydd eu hymdrechion. Erbyn hyn, yr oedd gan y werin ladmeryddion i siarad trostynt yn y senedd, ac ar ôl 1868 ac yn ystod gweddill y ganrif yng Nghymru symudodd canolbwynt yr ymdrechion gwleidyddol i raddau helaeth i Dŷ'r Cyffredin.

Un o'r llythyrau mwyaf diddorol ar gynnwrf etholiad 1868 oedd hwnnw a anfonwyd at Thomas Gee gan R. J. Derfel[8] ar y

[7] John Davies, *Hanes Cymru*. t. 417.
[8] LLGC 8310D.

30ain o Dachwedd. Mae'n disgrifio berw'r etholiad mewn iaith hynod fywiog. Yr oedd wedi mynychu cyfarfodydd ychydig nosweithiau cyn yr etholiad, yng Ngherrigydrudion, Llangwm a Disgarth a sylwi bod y trigolion yn 'ddychrynllyd yn erbyn Syr Watkin'. Byddai yntau yn gwneud penillion ac englynion byrfyfyr yn y cyfarfodydd 'i Syr Watkin a'i ormes y rhai a fyddai yn mynd fel tân gwyllt'. Cyfeiriodd at y ffaith fod Michael D. Jones wedi siarad yn y cyfarfod yn Nisgarth ac wedi adrodd y stori am Thomas Gee yn herio Syr Watkin yn ystod etholiad 1865, ac i'r gynulleidfa gymeradwyo'n wresog; meddai, 'yn wir meddyliais i na thawsent a churo dwylaw a bloeddio hwre – ni welsoch chwi erioed y fath beth'. Teithiodd ar y trên i Ruthun a Dinbych ar ddiwrnod y pleidleisio. Ar yr orsaf yng Nghorwen, yr oedd rhai'n datgan o blaid Syr Watkin. Rhoddodd R. J. Derfel ei ben allan drwy ffenestr y trên a gweiddi 'ysgriw Syr Watkin' a'i gyd-deithiwr 'yn chwerthin yn iawn'. Mae'n amlwg ei fod wedi mwynhau'r profiadau a gafodd ac anogai'r *Faner* i bwyso am gynnal mwy o gyfarfodydd yn etholiadau'r dyfodol.

Chwaraeodd *Y Faner* ran flaenllaw yn yr ymgyrch i ddi-noethi gweithredoedd y landlordiaid yn dilyn etholiad 1868. Cyhoeddwyd amryw o straeon yn ymwneud â'r rhybuddion ymadael a roddwyd i denantiaid yn Sir Aberteifi gan awgrymu bod cynifer â dau gant wedi derbyn rhybudd o'r fath. Er bod y ffigur hwn yn rhy uchel, mae'n eithaf sicr fod yna nifer mawr o hanesion ar hyd a lled y sir, ac mai anodd oedd canfod y ffigur cywir, neu'n hytrach ffigur y gellid ei amddiffyn hyd nes i'r mater ddod dan chwydd-wydr pwyllgor seneddol.

Ym mis Chwefror 1870, fe gyhoeddwyd llythyr yn *Y Faner* yn cyhuddo meistr tir o Langollen o droi tenant o'i fferm am gefnogi Osborne Morgan. Yn y llythyr gwnaed cyhuddiadau yn erbyn goruchwyliwr yr ystâd o roi pwysau ar y tenant i gefnogi Biddulph a Syr Watkin, a phan wrthododd y tenant gwnaed bygythiadau yn ei erbyn. Ddiwedd y mis, cyhoeddwyd llythyr arall yn *Y Faner* yn gwadu'r honiadau, ac er i'r landlord wybod na fyddai'r tenant yn pleidleisio i'r ymgeiswyr a gefnogai ef, ni fyddai'n dial am hynny. Ysgrifennodd goruchwyliwr yr ystâd at Thomas Gee gan ddweud bod anwiredd yn y llythyr cyntaf a gyhoeddwyd, ac oni châi wybod enw'r awdur, fe ddaliai Thomas Gee yn gyfrifol.

Ysgrifennodd Mr Gee at y goruchwyliwr gan dynnu ei sylw at

yr ail lythyr a gyhoeddwyd ac y byddai'n cysylltu ag awdur y llythyr cyntaf. Ymddengys na dderbyniwyd llythyr Thomas Gee gan y goruchwyliwr, ac fe anfonodd hwnnw wŷs ym mis Mai. Ysgrifennodd Thomas Gee ato eilwaith gan ddweud ei fod dan yr argraff fod y mater wedi'i anghofio am na chafodd ateb i'w lythyr, ond y byddai'n edrych i mewn i'r mater ac yn cyhoeddi ymddiheuriad yn *Y Faner* pe byddai hynny'n briodol. Mae'n amlwg fod y goruchwyliwr yn anfodlon ar yr ymateb hwn a rhoddodd y mater yn nwylo'i gyfreithiwr. Er i Thomas Gee gysylltu â hwnnw, ni chafodd fawr o ateb.

Bu'r achos o enllib llys gerbron rheithgor yng Nghaer. Gwrthododd Thomas Gee gynnig a wnaed i setlo cyn i'r achos ddechrau, ac yr oedd hynny braidd yn nodweddiadol ohono. Yn ystod yr achos, honnodd y goruchwyliwr fod y tenant yn pysgota yn groes i'w hawliau, ac mai dyna paham y cafodd rybudd i ymadael. Gwadodd yr honiadau ei fod wedi rhoi pwysau ar y tenant ar sut i bleidleisio yn ystod yr etholiad. Honnodd *Y Faner* na chafodd bargyfreithiwr Thomas Gee chwarae teg i gyflwyno'i achos gan i'r rheithgor a'r barnwr ofyn iddo fod yn fyr. Rhoddodd y tenant, aelodau o'i deulu ac awdur y llythyr dystiolaeth i ddatgan fod pwysau wedi'i roi arno, ac i'r goruchwyliwr ddweud wrtho y byddai'n edifar ganddo pe na byddai'n cefnogi'r ymgeiswyr priodol. Daeth y rheithgor â phenderfyniad o blaid y goruchwyl-iwr, ac fe ddyfarnwyd iawndal o £50 a chostau iddo. Yr oedd cryn gydymdeimlad â'r *Faner* ymhlith Rhyddfrydwyr y sir, ac fe godwyd swm sylweddol tuag at gostau'r achos.

PENNOD 7

Gorau Arf . . .

Gwelwyd eisoes y rhan a chwaraeodd Thomas Gee yn sefydlu'r ysgol Frutanaidd yn Ninbych. Bu ganddo ddiddordeb dwfn iawn mewn addysg drwy gydol ei oes, a bu'n ymwneud â'r pwnc ar lefel leol a chenedlaethol ar sawl achlysur. Yn 1861 bu helyntion yn Nyserth, a oedd bryd hynny yn sir y Fflint, pan wrthododd Pwyllgor Canol Addysg (corff a sefydlwyd gan y llywodraeth i gyllido sefydlu ysgolion) gais gan rieni'r cylch i sefydlu ysgol Frutanaidd yno er bod mwyafrif y plant yn ymneilltuwyr. Bu helyntion chwerw yn ardal Gellifor wedi sefydlu pwyllgor lleol yn 1861 i adeiladu ysgol Frutanaidd yno. Yn 1864, cafwyd darn o dir addas i godi ysgol, ond gan i'r perchennog, a oedd yn eglwyswr, ddeall bod rheithor Llanychan yn erbyn y bwriad, fe dynnodd ei gynnig yn ôl. Bu aelodau'r pwyllgor lleol mewn trafodaethau manwl gyda'r Pwyllgor Canol hyd at fis Awst 1865, pan ddywedwyd wrthynt fod y rheithor wedi rhoi cais am grant i adeiladu ysgol eglwys yn Llanychan. Rhoddwyd ar ddeall iddynt fod angen i'r ddwy ochr ddod i ddealltwriaeth, ond mae'n amlwg nad oedd hynny'n bosibl, yn bennaf am y teimlai'r ymneilltuwyr fod y rheithor wedi'u camarwain ar hyd y ffordd. Yn y diwedd rhoddwyd grant i'r ysgol eglwys am fod y rheithor wedi rhoi addewid na fyddid yn gwahaniaethu yn erbyn plant ymneilltuwyr, ac na fyddai'n rhaid iddynt adrodd catecism Eglwys Loegr na mynychu'r eglwys o dan drefniadau'r 'cymal cydwybod'. Ond fe wrthwynebai'r ymneilltuwyr holl ethos yr ysgolion eglwysig, ac yn 1868 fe agorwyd ysgol Frutanaidd yn Gellifor gan i'r pwyllgor lleol godi digon o arian ar gyfer y gwaith. Yr oedd Thomas Gee ei hun wedi codi £100 at y gost.

Dyma ddwy enghraifft o'r math o anghydfod a godai rhwng yr ymneilltuwyr a'r eglwyswyr ar fater addysg yn y cyfnod dan sylw. Teimlai'r ymneilltuwyr fod y Pwyllgor Canol yn ffafrio ysgolion eglwysig ar draul ysgolion eraill, a buont yn brwydro'n galed i sicrhau newidiadau deddfwriaethol. Yr oedd Thomas Gee yng nghanol y brwydro hwn. Arweiniodd ddirprwyaeth gydenwadol i Lundain yn 1862 i brotestio yn erbyn y ffordd y dosrennid arian y wladwriaeth i adeiladu ysgolion ac i dynnu sylw at y ffaith fod adeiladu ysgolion eglwys mewn ardaloedd lle roedd mwyafrif y plant yn dod o deuluoedd o ymneilltuwyr yn gamddefnydd o adnoddau. O ganlyniad gofynnodd y ddirprwyaeth i'r Pwyllgor Canol sicrhau na ddefnyddid arian cyhoeddus ond ar gyfer ysgolion anenwadol ym mhob rhan o Gymru oddieithr yn y trefi a'r ardaloedd mwyaf poblog. Cafwyd addewidion y byddid yn trin ceisiadau gan ymneilltuwyr yn deg, ond ni chafwyd sicrwydd y byddai'r drefn sylfaenol yn newid.

Sefydlwyd pwyllgor arbennig gan Syr John Parkinson i edrych i holl fater ariannu addysg gyhoeddus. Mae'n amlwg fod teimladau cryfion yn codi yn erbyn y ffordd y cyllidid ysgolion. Pryderai'r llywodraeth yn fawr fod y ffraeo rhwng y gwahanol garfanau yn llesteirio'r gwaith o sicrhau cael rhwydwaith o ysgolion elfennol ledled y wlad. Cyflwynodd Thomas Gee dystiolaeth i'r pwyllgor hwn ym mis Mai 1866, gan dynnu sylw at yr helyntion a gafwyd yn Nyserth ac yng Ngellifor. Rhoddodd dystiolaeth gadarn ac fe'i holwyd yn galed gan Mr H. A. Bruce ar ran y pwyllgor ymchwil. Fe'i holwyd yn fanwl ar y 'cymal cydwybod', a phe byddai i ysgol eglwys ganiatáu hynny i blant ymneilltuwyr, oni fyddai'r caniatâd yn ddigon i dawelu'u hofnau? Atebodd Thomas Gee y gallai hynny fod yn addas mewn ardal lle roedd yr ymneilltuwyr mewn lleiafrif ond na fyddai'n ddigonol fel arall.

Bu helyntion ynglŷn ag ysgol ramadeg Dinbych tua'r un cyfnod. Ymddengys bod yr ysgol, a oedd ar un adeg yn hynod lewyrchus, yn wynebu argyfwng ariannol, ac fe gafwyd cyfarfodydd cyhoeddus i ymdrin â'r broblem. Ariannwyd yr ysgol drwy elusen a sefydlwyd yn y ganrif flaenorol, ond erbyn 1864 yr oedd gwerth yr elusen wedi gostwng yn sylweddol. Gofynnwyd i Ddirprwywyr yr Elusennau sefydlu trefn newydd i'r ysgol ac fe gyflwynwyd eu cynllun mewn cyfarfod cyhoeddus a gynhaliwyd yn y dref yn 1865. Yn rhan o'r cynllun yr oedd nifer o amodau a oedd yn annerbyniol gan Thomas Gee, sef y dylai'r prifathro fod yn eglwyswr ac mai egwyddorion a daliadau Eglwys Loegr fyddai sylfaen yr addysg grefyddol a gaed yn yr ysgol.

Aeth y ddadl yn un boeth iawn, a bu trafod manwl ar y weithred a sefydlodd yr ysgol ynghyd â'r cwestiwn a oedd honno'n mynnu mai ysgol eglwys oedd hi i fod. Dadleuai'r eglwyswyr mai dyna oedd y bwriad gwreiddiol a bod cynllun newydd y Dirprwywyr yn caniatáu 'cymal cydwybod'. Tynnodd Thomas Gee sylw at rai ysgolion, megis Ysgol Howell yn y dref, a oedd wedi symud oddi wrth eu hamcanion gwreiddiol. Yr oedd cymaint o gecru ynglŷn â'r mater fel y bu'n rhaid gofyn i faer y dref gynnal cyfarfod cyhoeddus arall er mwyn i'r cyhoedd roi eu barn ar y mater. Pasiwyd cynnig yn gwrthwynebu cynllun y Dirprwywyr a bu trafodaethau pellach gyda Chyngor y Dref. Yn y diwedd penderfynodd y cyngor gymeradwyo cynllun y Dirprwywyr, ac fe benderfynodd Thomas Gee a'i gyfeillion fynd â'u dadl gerbron y Dirprwywyr eu hunain.

Bu Thomas Gee mewn ymgynghoriad â Hugh Owen ar y mater, ac fe awgrymodd ef y dylid cyflogi bargyfreithiwr i gyflwyno'r achos ac i agor cronfa i ysgwyddo'r gost. Cyflogwyd George Osborne Morgan fel bargyfreithiwr ac fe ymddangosodd o flaen y Dirprwywyr i gyflwyno achos yr ymneilltuwyr. Gwrthodwyd ei ddadl, fodd bynnag, a chefnogwyd y cynllun a ganiatâi i'r ysgol barhau fel ysgol eglwys. Yr oedd Thomas Gee am fynd â'r mater ymhellach ond fe'i cynghorwyd mai gwell fyddai peidio ac y dylid canolbwyntio o hynny ymlaen ar geisio sicrhau newidiadau yn y ddeddf.

* * * * * *

O ganlyniad i'r ffraeo rhwng yr ymneilltuwyr a'r eglwyswyr a lesteiriai'r ymdrech i gael rhwydwaith cenedlaethol o ysgolion elfennol, penderfynodd llywodraeth Gladstone y byddai'n rhaid deddfu. Yn 1870, cyflwynwyd mesur gan William Forster a oedd yn Is-Lywydd pwyllgor addysg y Cyfrin Gyngor. Bwriad y mesur oedd ceisio cymod rhwng y ddwy ochr, ond ni lwyddwyd i wneud hynny. Caniateid i ysgolion enwadol barhau, ac mewn ardaloedd lle nad oedd y ddarpariaeth yn ddigonol, gellid sefydlu Byrddau Ysgolion wedi'u hethol yn lleol. Gwaith y Bwrdd fyddai trefnu ysgolion o fewn eu cylchoedd a mater i'w benderfynu'n lleol fyddai addysg grefyddol. Yr oedd un cymal yn y mesur, cymal 25, yn caniatáu i'r Byrddau dalu ffïoedd plant tlawd i fynychu ysgolion y bwrdd neu ysgolion enwadol. Gallai'r llywodraeth barhau i gyllido ysgolion enwadol a'r ysgolion a sefydlwyd gan y Byrddau.

Yn naturiol ddigon, yr oedd cynnwys y mesur yn gwbl annerbyniol i'r radicaliaid o blith yr ymneilltuwyr. Arweiniwyd y gwrthwynebiad yn Lloegr gan Joseph Chamberlain a sefydlodd Gynghrair Addysg Genedlaethol i frwydro o blaid addysg rydd, orfodol ac anenwadol neu seciwlar yn yr ysgolion elfennol. Gobaith Chamberlain a'i ddilynwyr oedd y byddai'r mesur yn arwain at ddiddymu ysgolion eglwys. Fe'i siomwyd gan i'r mesur nid yn unig arbed ysgolion eglwys, ond hyd yn oed ganiatáu i'r Anglicaniaid, lle roeddent mewn mwyafrif ar y Byrddau, dalu ffïoedd plant y tlodion i fynychu eu hysgolion. Bu brwydrau ffyrnig mewn rhai ardaloedd adeg yr etholiadau i'r Byrddau, gyda'r eglwyswyr a'r ymneilltuwyr yn ymladd am fwyafrif ar y cyrff newydd. Yn ôl rhai, yr oedd yr ornest am oruchafiaeth ar y Byrddau yn debyg iawn i'r brwydrau a welid adeg etholiadau seneddol! Ond yr oedd y cecru crefyddol yn ychwanegu at yr anhawster o sefydlu ysgolion mewn nifer o ardaloedd.

Yng Nghymru, arweiniwyd y gwrthwynebiad i'r mesur gan Bwyllgor Undeb Addysg Cymru a sefydlwyd yn Aberystwyth fis cyn cyflwyno mesur Forster i'r Senedd. Yr oedd y gynhadledd yn Aberystwyth wedi pasio cyfres o benderfyniadau a oedd yn debyg iawn i'r rhai a ffurfiai raglen Cynghrair Birmingham, sef corff a sefydlwyd gan Chamberlain a'i gyfeillion. Yr oedd cynrychiolwyr o Birmingham yn Aberystwyth yn cyfrannu i'r drafodaeth. Yr oedd un gwahaniaeth rhyngddynt, sef bod y Pwyllgor Cymreig am newid rhan o'r cynllun a fabwysiadwyd yn Birmingham a hynny er mwyn caniatáu darparu addysg grefyddol cyn, yn ystod, neu ar ôl oriau ysgol.

Bu'r *Faner* yn arwain yr ymgyrch yn erbyn y mesur wrth iddo ymlwybro drwy Dŷ'r Cyffredin. Yr oedd Thomas Gee yn aelod o'r ddirprwyaeth a aeth i weld Gladstone a Forster i drafod y pryder yng Nghymru ynglŷn â chynnwys y mesur. Fodd bynnag, cafodd y mesur ail ddarlleniad ychydig ddyddiau'n ddiweddarach, ac ni dderbyniwyd gwelliannau a gefnogwyd gan yr Anghydffurfwyr radical yn ystod y drafodaeth ar y mesur yn y pwyllgor sefydlog. Erbyn hyn, yr oedd Thomas Gee yn fodlon cyfaddawdu, drwy adael i'r ysgolion eglwys barhau, ond bod yr ysgolion a sefydlid o dan oruchwyliaeth y Byrddau a grewyd gan y ddeddf newydd yn rhai anenwadol a seciwlar. Ni dderbyniwyd y gwelliant hwn ychwaith. Ar yr 20fed o Fehefin, 1870, cyflwynwyd gwelliant gan Henry Richard ac Osborne Morgan na ddylid rhoi arian cyhoeddus tuag at gynnal addysg grefyddol mewn ysgolion, ond fe'i trechwyd. Erbyn mis Awst yr oedd y mesur yn ddeddf, ac meddai'r *Faner*, 'Bu'r llywodraeth yn ystwyth at yr Eglwyswyr, ond yn gwrthod cyfarfod gofynion yr Ymneilltuwyr.'

Ddechrau 1872, cynhaliwyd cynadleddau ym Manceinion gan y Cymry a'r Saeson i drafod addysg, ac fe gondemniwyd y drefn o ddarparu addysg grefyddol yn yr ysgolion yn y ddwy gynhadledd. Yr oedd yr ymneilltuwyr yn gadarn o blaid addysg rydd ac anenwadol. Mewn araith rymus, dadleuodd Thomas Gee yn gryf yn erbyn deddf Forster, ac fe alwodd am undod o blith yr ymneilltuwyr er mwyn parhau i ymgyrchu'n effeithiol. Yn ystod mis Mawrth bu ymdrech seneddol i ddiwygio'r ddeddf, drwy ddiddymu'r cymal a roddai arian y wladwriaeth at addysg plant y tlodion mewn ysgolion 'sectol', ond fe'i gwrthodwyd ar ôl i Forster ddadlau na chawsai'r ddeddf gyfle i weithredu'n effeithiol mewn cyn lleied o amser. Yn ystod 1874, gwnaeth Henry Richard ymdrech i ddileu adran 25 o'r ddeddf, ond ni bu'n llwyddiannus. Erbyn 1875, yr oedd Bwrdd i'w sefydlu yn Ninbych, ac fe enwebwyd ymneilltuwyr – a Thomas Gee yn un ohonynt – ac eglwyswyr iddo. Llwyddwyd i osgoi etholiad drwy i rai a enwebwyd dynnu eu henwau yn ôl. Yr oedd lle i saith, ac fe sicrhaodd yr ymneilltuwyr fwyafrif o un. Yn 1876, rhoddwyd cyfrifoldeb ar rieni i sicrhau bod eu plant yn derbyn gwersi mewn darllen, ysgrifennu a rhifyddeg, ac effaith hynny yn ôl *Y Faner* oedd gorfodi plant i fynd i ysgolion eglwysig lle nad oedd ddarpariaeth arall yn bod. Awgrymodd Thomas Gee y dylai'r Byrddau ddarparu addysg am ddim i blant y tlodion. Cefnogwyd dysgu'r Gymraeg yn yr ysgolion mewn nifer o erthyglau yn *Y Faner*, ac yr oedd Thomas Gee ei hun yn frwd o blaid yr ymgyrch hon. Gofynnodd Tom Ellis gwestiynau yn y Tŷ Cyffredin ar y pwnc, ac erbyn 1889, rhoddwyd arian i ysgolion a fyddai'n dysgu gramadeg Cymraeg a hanes a daearyddiaeth Cymru.[1] Dadl *Y Faner* oedd na ellid cael Prifysgol 'o deithi arbennig' yng Nghymru heb fod y Gymraeg yn cael lle urddasol yn y gyfundrefn addysg.

[1] John Davies, *Hanes Cymru*. t. 439.

Bu llawer o gecru ynglŷn â'r ysgolion gwaddoledig yn dilyn deddf 1869 – a basiwyd i geisio rhoi trefn arnynt. Mewn nifer o ardaloedd, yr oedd diffyg rheolaeth ariannol ar yr ysgolion ac, yn aml, ychydig o blant lleol a'u mynychent o ganlyniad i ffïoedd uchel. Yn Ninbych, yr oedd bwriad gan Ddirprwywyr yr Elusennau i drosglwyddo arian o Elusen y Cotiau Gleision a'r Elusen a gyfrannai arian i'r Ysgol Frutanaidd i wasanaeth yr Ysgol Ramadeg. Er bod Thomas Gee yn hapus i arian yr Ysgol Frutanaidd gael ei neilltuo i'r pwrpas hwn – ar yr amod ei fod yn mynd at addysg y tlodion – yr oedd yr eglwyswyr yn erbyn i arian Elusen y Cotiau Gleision gael ei ddefnyddio. Cafwyd sawl cyfarfod cyhoeddus yn y dref ar y pwnc hwn, ac fe gynigiodd Thomas Gee newidiadau i'r cynllun arfaethedig. Yn y diwedd fe dderbyniwyd cynllun a fyddai'n sicrhau tegwch, ac fe neilltuwyd arian i sicrhau addysg yn yr ysgol ramadeg i nifer o blant heb fod yna orfodaeth arnynt i gael addysg grefyddol.

* * * * * *

Bu Thomas Gee yn rhan o'r frwydr i sicrhau prifysgol i Gymru er canol y ganrif ddiwethaf. Erbyn 1860 yr oedd Hugh Owen yn ceisio ennyn cefnogaeth i'r bwriad, a chafodd hynny gan *Y Faner* a Thomas Gee. Yn 1863, sefydlwyd pwyllgor yn Llundain i hyrwyddo'r ymgyrch, ac erbyn 1867 penderfynwyd bod digon o gefnogaeth i fynd ymlaen i brynu adeilad a sefydlu'r coleg yn Aberystwyth ar gost o £10,000. Fe'i hagorwyd ym mis Hydref 1872 gyda 25 o fyfyrwyr. Bu'r benthyciad a sicrhawyd i'w sefydlu yn faen tramgwydd yn y blynyddoedd cynnar, a bu'n frwydr hynod o galed i gadw deupen llinyn ynghyd.

Penodwyd pwyllgor o dan gadeiryddiaeth Arglwydd Aberdâr i ystyried addysg ganolradd ac uwchradd yng Nghymru, a hynny'n fuan wedi ailethol Gladstone yn brifweinidog yn 1880. O sefydlu'r pwyllgor, yr oedd y llywodraeth yn sylweddoli bod Cymru ar ei hôl hi yn y maes hwn o'i gymharu â'r Alban lle roedd un person yn y brifysgol i bob 840 o'r boblogaeth. Yng Nghymru y ffigur oedd 1:8,200. Yr oedd hyd yn oed llai o blant yn mynychu ysgolion gramadeg ac ysgolion preifat canolradd yng Nghymru nag yn Lloegr. Cyhoeddwyd adroddiad y Pwyllgor yn 1881. Er bod ynddo fwy o gydymdeimlad tuag at Gymru nag adroddiad

1847, yr oedd yn cymryd yn ganiataol mai drwy gyfrwng y Saesneg yn unig y byddid yn darparu addysg yn yr ysgolion canolradd yng Nghymru. Er hynny, fe wnaed un argymhelliad pellgyrhaeddol, sef y byddid yn neilltuo grant blynyddol o £4,000 yr un i sefydlu dau goleg prifysgol yng Nghymru, y naill yn y de a'r llall yn y gogledd. Yr oedd yn rhaid gwneud penderfyniad ar leoliad y ddau goleg o fewn dwy flynedd.

Yn 1882, rhoddwyd £4,000 o grant i Aberystwyth hyd nes y byddid yn dod i benderfyniad ar leoliad y ddau goleg. Bu trafodaeth frwd ynglŷn â'r safleoedd. Yn y de, yr oedd y frwydr rhwng Caerdydd ac Abertawe, ac fel yn y frwydr am gartref i'r Cynulliad Cenedlaethol fwy na chanrif yn ddiweddarach, Caerdydd a orfu. Dichon fod gan benderfyniad Marcwis Bute i gyfrannu £10,000 at y coleg newydd rywbeth i'w wneud â hynny, ac fe agorwyd y coleg ym mis Hydref 1883. Yr oedd Thomas Gee wedi cefnogi cais Abertawe. Ond yr oedd y frwydr am gartref i goleg y gogledd yn boethach o lawer. Yn naturiol ddigon yr oedd cyfeillion Aberystwyth o blaid cadw'r coleg yno fel safle i'r gogledd gan ddadlau fod y lleoliad yn gyfleus i ganolbarth a gorllewin Cymru. Ond i'r rhan fwyaf yr oedd Aberystwyth yn rhy anghysbell, a bu nifer o drefi'n ymgyrchu'n frwd. Yn y cyfnod hwn fe ysgrifennodd John Puleston, aelod seneddol Ceidwadol Davenport, nifer o lythyrau at Thomas Gee ar leoliad y coleg.[2] Yr oedd Puleston yn Geidwadwr digon eangfrydig, a chan fod ganddo dŷ yng ngogledd Cymru, cymerodd gryn ddiddordeb mewn materion Cymreig. Yr oedd yn feirniadol iawn o ymgyrch Lewis Morris, aelod o bwyllgor Aberdâr, yn pledio achos Aberystwyth. Meddai Puleston:

What annoys me most is the way Lewis Morris assumes to speak for all Wales all the time and dictate what North Wales should do.

Fel Thomas Gee, yr oedd Puleston yn awyddus iawn i weld coleg newydd yn y gogledd, ac fe anogodd Sir Ddinbych i geisio cytuno ar un safle o fewn y sir gan y byddai hynny'n cryfhau eu hachos. Ni chytunai â Bangor fel lleoliad gan ddisgrifio'r dref fel *an expensive and inappropriate place for students.* Yr oedd Thomas Gee ar flaen y gad yn pledio rhagoriaeth Dinbych, ac fe sefydlwyd pwyllgor lleol i hyrwyddo'r ymgyrch. Llwyddwyd i sicrhau

[2] LL.G.C. 8311D.

addewid o fil o bunnau'r flwyddyn yn weddol gyflym. Erbyn cynnal cynhadledd yng Nghaer ym mis Chwefror 1883 i drafod lleoliadau posibl, yr oedd Thomas Gee wedi llwyddo i gael addewid arall o fil o bunnau i gefnogi achos Dinbych. Yng Nghynhadledd Caer, penodwyd pwyllgor i ystyried y ceisiadau am leoliad i'r coleg, ond buan y sylweddolwyd y byddai hynny'n dasg amhosibl, gan fod aelodau'r pwyllgor yn dueddol o ffafrio eu hardaloedd eu hunain. Yng nghanol y ffraeo yr oedd rhai, Cornwallis West a Townshend Mainwaring yn eu plith, yn dadlau na ddylid sefydlu coleg o gwbl, ond yn hytrach y dylai arian y llywodraeth fynd at sefydlu ysgolion canolradd.

Y prif leoliadau a gafodd eu hystyried fel cartref i goleg y gogledd oedd Y Bala, Bangor, Caernarfon, Conwy, Dinbych a Wrecsam. Gan na ellid 'torri'r ddadl', rhoddwyd ystyriaeth i benodi tri chanolwr. Yr oedd Thomas Gee yn erbyn penodi'r Barwn Bramwell fel un o'r canolwyr am fod ganddo 'ragfarn yn erbyn Cymru a'r Gymraeg'. Fodd bynnag, fe aeth y canolwyr, gan gynnwys Bramwell, ati i benderfynu ar safle, ac er mawr siom i Thomas Gee nid aethant i ymweld â'r safleoedd dan sylw. Wrth iddi ddod yn amlwg na fyddai cais Dinbych yn llwyddo, cynigiodd Thomas Gee y dylid sefydlu rhwydwaith o golegau mewn nifer o drefi ar hyd y gogledd, rhai i ddynion ac eraill i ferched, ond ni chafodd y cynnig hwn fawr o groeso. Mae'n anodd deall pam fod y cynnig hwn wedi'i wneud, o gofio y byddai Thomas Gee fel gŵr busnes llwyddiannus wedi llawn sylweddoli na ellid bod wedi ysgwyddo'r gost. Yr unig ddehongliad y gellid ei roi oedd ei fod wedi synhwyro bod cais Bangor yn debyg o lwyddo, ac y byddai rhwydwaith o golegau mewn lleoliadau eraill yn debyg o wrthweithio'r dylanwad Eglwysig a fodolai ym Mangor. Yn ystod mis Awst 1883, yr oedd *Y Faner* yn argymell trefnu deisebau yn erbyn Bangor, ond fe roddwyd y ffidil yn y to yn fuan wedyn gan ei bod hi'n amlwg fod Bangor wedi ennill y dydd. Mae'r llythyrau a anfonwyd at Thomas Gee yn y cyfnod hwn yn dangos cymaint o wrthwynebiad oedd i Fangor ymhlith yr Ymneilltuwyr. Cafodd lythyr gan William Evans o Gaer a ddadleuai'n frwd iawn yn erbyn Bangor fel *the only Conservative town and the only church city in North Wales* ac yn beirniadu'r aelodau seneddol Cymreig am eu diffyg cefnogaeth, gan ddatgan yn herfeiddiol: *we want a Parnell*.[3]

[3] LLGC 8310D.

Wedi dewis Bangor fel lleoliad, brwydr nesaf yr ymneilltuwyr oedd trefnu i'w cefnogwyr fod yn amlwg yng nghorff llywodraethol y coleg newydd. Gwelwyd doniau trefniadol Thomas Gee ar eu gorau yma, fel y dengys rhai llythyrau o'r cyfnod. Ym mis Ionawr 1884, cafodd lythyr gan Gethin Davies[4] yn ei longyfarch am ei waith yn sicrhau mwyafrif ar y corff llywodraethol. Ym mis Chwefror, cafodd lythyr gan Morgan Lloyd, aelod seneddol bwrdeistrefi Môn, yn cydnabod iddo dderbyn cylchlythyr gan Thomas Gee ac yn cytuno y dylai cynrychiolwyr yr ymneilltuwyr gyfarfod cyn pwyllgor rheolaidd y llywodraethwyr *to determine what course to adopt*. Cytunai ymhellach fod angen i'r ymneilltuwyr gael cyfran deg yng nghorff llywodraethol y coleg a bod angen cynrychiolaeth ddigonol i'r Cymry 'go iawn'.[5] Brwydr arall oedd honno ynglŷn â phwy a benodid yn brifathro'r coleg newydd. Yr oedd yr ymneilltuwyr yn anfodlon iawn pan benodwyd Reichel. Meddai William Evans:[6]

> He is a Churchman and a Tory – an Irish Tory – blackest shade of Toryism in its native state.

Er hynny, yr oedd penodiad Reichel yn gryn lwyddiant. Brwydr arall y bu Thomas Gee yn flaenllaw ynddi oedd lle'r Gymraeg yn y coleg. Nid oedd bwriad i sefydlu cadair Gymraeg ar y dechrau, ac fe awgrymodd Thomas Gee y dylid sefydlu cadair Geltaidd. Fe'i cefnogwyd gan W. J. Parry, Bangor. Ond nid oedd digon o gefnogaeth ganddo i gario'r dydd, a bu'n rhaid bodloni ar gynnal darlithiau yn y Gymraeg yn unig. Bu'r *Faner* yn frwd o blaid y Gymraeg yn y colegau ac o blaid neilltuo cyfran deg o'r ysgoloriaethau i Gymry. Yn 1889 y penodwyd athro Cymraeg i'r coleg ym Mangor.

Wedi sefydlu'r colegau yng Nghaerdydd a Bangor, fe gollodd Aberystwyth gymhorthdal y llywodraeth. Ar ôl ymdrech fawr gan gyfeillion y coleg, derbyniwyd £2,500 ac fe'i codwyd i £4,000 yn 1885. Bu'r prifathro, Thomas Charles Edwards, yn ymgyrchu'n frwd o blaid hawl y coleg i gadw'r enw Prifysgol Cymru yn hytrach na'i alw'n Brifysgol Canolbarth Cymru fel y dadleuai rhai o gefnogwyr y ddau goleg newydd. Byddai hynny wedi bod yn

---

[4] ibid.
[5] Ll.G.C. 8311D (*real Welsh element* yw geiriau Lloyd).
[6] LL.G.C. 8305D.

ergyd farwol i'r coleg gan nad oedd digon o boblogaeth i gynnal coleg yn y canolbarth. Fe ysgrifennodd T. C. Edwards lythyr maith at Thomas Gee yn erfyn am ei gefnogaeth, a chefnogaeth *Y Faner,* i gadw enw'r coleg. Yr oedd rhai o gyfeillion Bangor yn deisebu yn erbyn cyflwyno siartr i Aberystwyth oni bai bod y coleg yn newid ei enw i Brifysgol y Canolbarth. Cyflwynodd ddadl gref yng nghorff y llythyr, ac yr oedd Thomas Gee yn dymuno gweld Aberystwyth yn parhau ac yn cael nawdd gan y llywodraeth. Nid oedd y ffaith fod prifathro Aberystwyth wedi bod braidd yn wawdlyd ynglŷn ag ymgyrch Dinbych i fod yn gartref i goleg y gogledd wedi'i ddigio. Gwyddai fod nifer o Gymry disglair wedi'u haddysgu yn Aberystwyth ac erbyn 1889 yr oedd un ohonynt, Tom Ellis, wedi cyrraedd Tŷ'r Cyffredin. Cafodd y coleg ei siartr yn ddidrafferth yn 1890.

Gweithredoedd Annoeth

Nid oedd Thomas Gee yn adnabod cymeriad y rhai a fynnai gydweithio â hwy ar bob achlysur. Daw hyn ar ei fwyaf amlwg yn ei berthynas â Joseph Chamberlain, neu *Radical Joe* fel y'i gelwid. Yn wir yr oedd Thomas Gee yn cefnogi Chamberlain ar gyfnod pan oedd hwnnw mewn gwrthdrawiad go ffyrnig â Gladstone yn ystod taith mesur ymreolaeth Iwerddon drwy Dŷ'r Cyffredin, a hynny'n peri loes go ddifrifol i lawer o aelodau seneddol Cymru a gefnogai Gladstone yn ystod yr ymrafael. Ac nid hwn oedd yr achlysur cyntaf i Thomas Gee synnu a siomi ei gydweithwyr Rhyddfrydol yng Nghymru. Gwrthododd dderbyn barn ei gyfeillion yn ystod ymgais gan Watkin Williams, aelod seneddol bwrdeistrefi Dinbych, i gyflwyno cynnig gerbron Tŷ'r Cyffredin ar fater datgysylltu'r Eglwys yng Nghymru yn 1869. Beth a barodd i Thomas Gee weithredu fel y gwnaeth ar yr achlysuron hyn?

Ar brydiau, gallai Thomas Gee fod yn dipyn o unben ac yn unplyg ei syniadau. Ceisiai sicrhau ei amcanion heb ystyried canlyniadau dilyn llwybr arbennig ar adeg arbennig. Dyna a wnaeth yn yr achosion dan sylw. Ymladdodd yn ddygn a diarbed i sicrhau ethol aelodau seneddol a fynnai ddilyn llwybr y radicaliaid rhyddfrydol, ac fe olygai hynny gymryd pob cyfle i hyrwyddo'r ddadl. Weithiau byddai wedi bod yn llawer doethach iddo ddewis ei gyfeillion gwleidyddol yn fwy gofalus, ac fe ddylai fod wedi tewi yn lle tanio ar fater mesur Watkin Williams. Un o'r problemau a wynebodd oedd y rheidrwydd arno i wleidydda o hirbell fel petai. Gan nad oedd yn y Senedd, ni chawsai gyfle i ddod i adnabod y seneddwyr yn iawn ac, yn fwy pwysig, efallai wybod am farn eu cyd-seneddwyr. Gan mai anodd oedd teithio yn gyson rhwng San Steffan ac etholaethau gogledd a chanolbarth Cymru, tueddai'r aelodau seneddol oedd byw yn Llundain yn ystod y tymor. Gohebu drwy lythyr oedd yr unig ffordd i gadw cysylltiad, ac yr oedd Thomas Gee yn llythyrwr brwd. Serch hynny, mae'n amlwg y collai *nuances* pwysig yn y dadleuon seneddol, ac ni wyddai am deimlad ei gyd-aelodau am Watkin Williams tan yn rhy hwyr. Erbyn hynny, yr oedd colofnau'r *Faner* yn frwd o blaid ei fesur. Yr oedd Watkin Williams wedi'i ethol yn aelod seneddol dros Ddinbych yn etholiad mawr 1868, ac wedi ymgyrchu yn yr etholiad hwnnw o blaid datgysylltu'r Eglwys. Mewn llythyr at Thomas Gee dywedodd fod gan bobl Cymru gyfle, sef: *carrying out for Wales the same measure of religious equality Gladstone had proposed for Ireland.*

Mae'n hawdd deall brwdfrydedd Thomas Gee o blaid ymgais Watkin Williams i ddwyn cynnig gerbron y senedd i ddatgysylltu'r Eglwys yng Nghymru ac i ryddhau'r gwaddol i'w ddefnyddio ar gyfer addysg genedlaethol ac anenwadol. Yr oedd mesur datgysylltiad Iwerddon wedi cwblhau ei daith drwy'r senedd yn 1869, a bwriad Williams oedd cyflwyno'i gynnig yn ystod y tymor seneddol canlynol. Mewn llythyr at Thomas Gee, awgrymodd y seneddwr ifanc fod ei gynnig wedi cael cefnogaeth frwd gan ei gyd-seneddwyr, gan gynnwys Gladstone. Ond yr oedd hynny ymhell o fod yn wir. Yr oedd Williams heb ymgynghori â'i gyd-seneddwyr o gwbl. Yr oedd Osborne Morgan, aelod sir Ddinbych, wedi darllen am ei fwriad mewn papur newydd.[1] Yn wir, cyfaill digon anodd fu Williams yn y senedd. Doedd e ddim yn cymysgu llawer â'i gyd-aelodau. Pe byddai wedi ymgynghori byddid wedi'i berswadio fod ei gynnig yn gynamserol, a ph'run bynnag fe ddylid bod wedi ymddiried y gwaith i aelod mwy profiadol.

Yn ôl *Y Faner*, Rhyddfrydwyr claear oedd y rhai a ddadleuai yn erbyn y cynnig; eu dyletswydd oedd claddu pob gwahaniaeth a chefnogi'r cynnig. Ond fe ddangosodd y digwyddiad yma nad oedd unoliaeth barn ymhlith Rhyddfrydwyr Cymru, ac yr oedd symudiad byrbwyll Williams wedi tanlinellu hynny. Gan nad oedd unoliaeth barn, gallai'r llywodraeth wrthod y cynnig. Fel uchel eglwyswr, doedd gan Gladstone fawr o gydymdeimlad ag ymgyrch datgysylltiad, beth bynnag, a hawdd oedd iddo wrthwynebu'r mesur o ganlyniad i'r ffraeo ymhlith y Cymry. Yr oedd arweinwyr megis Henry Richard, aelod Merthyr ac Aberdâr, yn gwrthwynebu gweithred Watkin Williams. Yr oedd gwrthwynebiad Henry

---

[1] Kenneth O. Morgan, *Wales in British Politics, 1868-1922.* Gwasg y Brifysgol, 1970. t. 30.

Richard yn arwyddocaol am ei fod yn un o gefnogwyr brwd y Gymdeithas Rhyddhad Crefydd *(Liberation Society)*, mudiad yr oedd Thomas Gee hefyd yn gefnogol iawn iddo. Rhybuddiwyd Thomas Gee gan John Griffiths 'Y Gohebydd' fod yna wrthwynebiad cryf i weithred Watkin Williams ac nad oedd yn berson cymeradwy ymhlith ei gyd-aelodau. Ar y 9fed o Awst 1869 disgrifiodd weithred Williams fel *a very great misfortune*[2] gan grybwyll ymhellach iddo ddeall bod rhai o'r aelodau seneddol yn elyniaethus i'r cynnig. Barn 'Y Gohebydd' oedd y dylid galw Cynhadledd yng Nghymru i drafod y priodoldeb o gyflwyno cynnig, a phe byddid o'i blaid, pwy ddylai ymgymryd â'r gwaith, gan awgrymu'n gynnil na ddylid ymddiried yn Williams.

Yr oedd yr holl bwnc yn peri cymaint o loes i'r 'Gohebydd' fel y bu iddo anfon llythyr maith arall at Thomas Gee ar yr 11eg o Awst. Cwynai fod *Y Faner* wedi dod allan mor gryf o blaid Watkin Williams ac na fyddai ymgyrch i geisio cefnogaeth iddo'n llwyddo. I'r gwrthwyneb, ni byddai'n ddim llai na *complete and miserable failure*. Yn ôl 'Y Gohebydd' nid oedd yr aelodau eraill o Gymru yn argyhoeddedig fod Watkin Williams yn Rhyddfrydwr; credent ei fod yn berson diegwyddor ac na allent ymddiried ynddo. Mewn geiriau sy'n adlais o ddywediad enwog Mrs Thatcher yn wythdegau'r ganrif hon, meddai'r 'Gohebydd': *his friends and associates are not of us*. Dywed iddo siarad ag ysgrifennydd Cymdeithas Rhyddhad Crefydd, Carvell Williams, ac er nad oedd hwnnw wedi cael cyfle i ystyried y cynnig yn ofalus, ei deimlad oedd na fyddai'r gymdeithas yn gefnogol. Ni wyddent fawr ddim am Williams, a ddisgrifid ganddynt fel *untried man*. Methiant fu ymgais Thomas Gee i gael Osborne Morgan a Henry Richard i drafod y mater efo Watkin Williams cyn diwedd mis Awst.

Ceisiodd Watkin Williams gynyddu'r gefnogaeth i'w fwriad drwy siarad yn Wrecsam yn ystod mis Medi, gan ddadlau mai ei fwriad ar y pryd oedd cyflwyno cynnig yn hytrach na mesur ac y byddai'n fodlon i rywun mwy cymwys nag ef ymgymryd â'r dasg pe byddai hynny'n angenrheidiol. Aeth y ddadl yn boeth iawn, ac fe ysgrifennodd Thomas Gee erthygl olygyddol gref o blaid Watkin Williams, yn canmol ei allu, ei egni a'i frwdfrydedd. Yr oedd y pwnc yn agos at galon Thomas Gee, ac nid oedd ef yn amau cymhellion yr aelod dros fwrdeistrefi Dinbych, gan ddatgan

[2] LLGC 8310D.

yn groyw ei fod yn berson o egwyddor ac mai dylestwydd ei gyd-aelodau oedd ei gefnogi. Ysgrifennodd Thomas Gee at Carvell Williams ar y pwnc, ac fe gafodd ateb ar y 25ain o Fedi. Yr oedd wedi gofyn am wybodaeth ar y drefn seneddol o gyflwyno rhybudd o gynnig, gan nodi y byddai arno angen eilydd. Atebodd Carvell Williams drwy ddatgan nad oedd angen eilydd i alluogi aelod i siarad ar gynnig ond yr ystyrid methu â chael eilydd yn sgil y cyflwyno fel camgymeriad go fawr. Aeth ymlaen i gyfeirio at safbwynt Henry Richard ar y mater ac wedi iddo ymgynghori ag amryw cafodd fod yna unfrydedd llwyr i'r farn y byddai'n *suicidal* i ymladd o blaid datgysylltu'r eglwys cyn sicrhau'r balot. Gallai rhai aelodau golli eu seddau pe byddent yn pleidleisio o blaid y cynnig, ac fe wyddai fod aelod Caerfyrddin wedi'i gynghori i fod yn absennol o'r Tŷ pe byddai pleidlais ar y cynnig.

Yr oedd cyngor Carvell Williams yn glir: ni ddylai Watkin Williams fynd ymlaen â'i fwriad ar hyn o bryd. Dylid cael ymgyrch gref yn y wlad ar y pwnc, ac efallai ddod yn ôl at y mater yn y senedd ymhen blwyddyn neu ddwy. Ni fodlonodd Thomas Gee ar yr ateb a gafodd, ac yr oedd o'r farn fod safbwynt y Gymdeithas Ryddhad wedi'i liwio gan y ffaith mai Watkin Williams oedd yn gyfrifol am y cynnig, ac nad oedd ef wedi ymgynghori ymlaen llaw. Gwadu hynny a wnaeth Carvell Williams mewn llythyr ar y 30ain o Fedi gan ailddatgan ei farn fod y cynnig yn gynamserol, ac y byddai rhai aelodau yn colli eu seddau o'r herwydd. Poenai na fyddai mwyafrif yr aelodau Cymreig yn cefnogi'r cynnig ac y byddai hynny'n niweidiol i achos datgysylltiad. Teimlai y gallai gwthio'r cynnig i bleidlais wneud y llywodraeth (yn arbennig Gladstone) yn fwy gelyniaethus, *while a patient policy could possibly result in our receiving encouragement, instead of hostility.*[3]

Bu cyfarfod mawr yn Ninbych yn ystod mis Hydref pryd y siaradodd Watkin Williams yn gryf o blaid ei fwriad i gyflwyno'r cynnig seneddol. Er bod Osborne Morgan yn yr un cyfarfod, ni soniodd yn benodol am fwriad ei gyd-seneddwr. Bu cyfarfod arall yn Wrecsam pryd y bu i Williams ddatgan ei fwriad yn yr un modd ag a wnaeth yn Ninbych. Yr oedd 'Y Gohebydd' yn dadlau na ddylid symud i ddatgysylltu'r eglwys yng Nghymru cyn i hynny ddigwydd yn Lloegr, a dyna'n wir oedd dadl rhai o'r aelodau seneddol Cymreig. Ceisiwyd darlunio'r gwahaniaeth barn ar y

[3] LLGC 8311D.

pwnc yn nhermau cenedlaetholdeb, sef bod rhai fel Thomas Gee am weld Cymru yn cael chwarae teg, ac eraill fel Henry Richard a fynnai weld datgysylltiad yn bwnc i ymneilltuwyr yn Lloegr hefyd.

Aeth Watkin Williams ymlaen â'i fwriad, a bu dadl yn y senedd ar ei gynnig ar y 24ain o fis Mai 1870. Fe'i heiliwyd gan Osborne Morgan, er iddo ef ddweud ei fod o blaid datgysylltu yng Nghymru a Lloegr efo'i gilydd. Gwrthwynebwyd y cynnig gan Gladstone ei hun, gan ddatgan na ellid datgysylltu'r eglwys yng Nghymru ar wahân, nad oedd sefyllfa'r eglwys yng Nghymru yn debyg i'r hyn oedd yn Iwerddon ac nad oedd y wlad yn aeddfed ar y pwnc. Aethai mor bell â dweud y gobeithiai na ddigwyddai datgysylltiad byth gan y byddai hynny'n drychineb cenedlaethol. Collwyd y cynnig o 45 o bleidleisiau i 209. Fe'i cefnogwyd gan 7 aelod o Gymru, gydag 16 (a'u hanner yn Rhyddfrydwyr) yn erbyn ac 8 yn ymatal. Ymhlith y cefnogwyr yr oedd Osborne Morgan a Henry Richard. Er eu bod yn anfoddog ni allent lai na dangos eu hochr yn y bleidlais. Cefnogodd Thomas Gee ymdrechion Watkin Williams hyd y diwedd. Ni ŵyrodd yn ei sêl, a bu'r *Faner* yn gadarn ar y pwnc. Ar ôl y bleidlais, beirniadodd Henry Richard am beidio â siarad yn ystod y ddadl, ac fe daranodd *Y Faner* yn erbyn Gladstone gan ddweud: 'Y mae Mr Gladstone wedi bwyta ei eiriau ei hun lawer gwaith; ac fe wna'r gamp eto gyda'r geiriau hyn cyn y bydd ychydig o flynyddoedd wedi mynd heibio.' Awgrymodd *Y Faner* mai megis dechrau yr oedd y frwydr i ddatgysylltu'r Eglwys ac na ellid fod wedi disgwyl llwyddiant ar yr ymgais gyntaf.

Gellir dadlau fod Thomas Gee wedi cadw at ei egwyddorion yn ystod y ddadl ar gynnig Watkin Williams, a bod yn rhaid dod â'r mater gerbron y senedd. Ond fe ddangosodd canlyniad y bleidlais mor rhanedig oedd aelodau Cymru ar y pwnc, gan mai dim ond 7 allan o 30 a'i cefnogodd. O'r herwydd, nid oedd unrhyw bwysau ar y llywodraeth i symud yn fuan. Camgymeriad oedd peidio â thalu sylw i amheuon ei gyfeillion ynglŷn ag addasrwydd Watkin Williams i ymgymryd â'r dasg, a chan nad oedd ymgyrch gref yn y wlad ar y pwnc, pitw fu'r ymateb i'r bleidlais seneddol. Mae yna le i gredu bod achos datgysylltiad wedi'i niweidio gan y cynnig byrbwyll a gyflwynodd Watkin Williams. Er i Gladstone wrthwynebu'r cynnig fe fynnodd benodi Joshua Hughes yn Esgob Llanelwy, y Cymro Cymraeg cyntaf i ddal swydd esgob ers 150 o flynyddoedd. Croesawyd y penodiad yn fawr gan Thomas Gee – wedi'r cwbl bu'n ymladd am benodiad fel hyn ers blynyddoedd.

Os mai anffodus oedd canlyniadau ymlyniad Thomas Gee i ymdrechion Watkin Williams, annoeth iawn oedd ei gefnogaeth i Joseph Chamberlain yn ystod ei frwydr â Gladstone ar fater hunan-lywodraeth i Iwerddon. Amlygodd anaeddfedrwydd gwleidyddol affwysol yn yr achos hwn. Yr oedd Chamberlain yn ŵr busnses llwyddiannus yn ninas Birmingham ac yn Undodwr pybyr yn ei ddyddiau cynnar. Bu'n Faer hynod lwyddiannus yn Birmingham rhwng 1873 a 1876, gan fod gyda'r cyntaf i brynu cwmnïau dŵr a nwy a'u rhedeg o dan gyfundrefn ddinesig. Gwnaeth lawer i hybu bywyd diwylliannol y ddinas a chreu cyfleusterau chwaraeon. Fe'i hetholwyd i'r senedd yn 1876. Cydweithiodd yn agos â Chymdeithas Rhyddhad Crefydd. Ef a'i gydweithwyr yn Birmingham a roddodd drefn ar y Blaid Ryddfrydol a'i throi'n blaid wleidyddol fodern. O dan ei arweiniad ef a'i gymheiriaid y sefydlwyd Ffederasiwn Cenedlaethol y blaid, gyda'r bwriad o greu rhaglen o bolisïau 'cenedlaethol', creu cyfundrefn o chwipio am y tro cyntaf a hybu disgyblaeth ymhlith y pwyllgorau etholaethol. Roedd hi'n eithaf amlwg ddarfod dylanwadu arno gan y dull o wleidydda a arferid yn yr Unol Daleithiau. Fe'i cyhuddwyd gan rai gelynion o 'Americaneiddio' gwleidyddiaeth Prydain, cyhuddiad a daflwyd sawl tro at eraill yn ystod y ganrif bresennol.

Erbyn 1880 yr oedd Chamberlain yn wleidydd o gryn ddylanwad, ac yn etholiad Chwefror y flwyddyn honno ei ymdrechion trefniadol ef oedd yn gyfrifol, i raddau helaeth, fod ei blaid wedi llwyddo cystal, a thrwy hynny sicrhau ail gyfnod i Gladstone fel prif weinidog. Yr oedd rhaglen radical Joseph Chamberlain a'i bwyslais ar ddiwygiadau cymdeithasol a rhyddid crefyddol wedi apelio at lawer yng Nghymru, a Thomas Gee yn eu plith. Nid rhyfedd fod rhaglen apelgar y gwleidydd dawnus o Birmingham wedi mynd â'i fryd. Rhannai lawer o'i amcanion ar faterion megis datgysylltu'r eglwys, a chydymdeimlai â'i fwriadau i sicrhau rhyddid crefyddol, yn arbennig felly ym myd addysg. Er nad oedd yn llwyrymwrthodwr ei hun, gwyddai Chamberlain am bwysigrwydd y mudiad dirwestol a siaradodd yn aml ar ei lwyfannau. Yn wir, o safbwynt ei raglen wleidyddol yn y cyfnod hwn, yr oedd llawer mwy yn gyffredin rhwng

Chamberlain a Rhyddfrydwyr radical Cymru nag oedd rhyngddynt a Gladstone.

Erbyn 1883 yr oedd y radicaliaid wedi'u siomi gan lywodraeth Gladstone. Er bod Chamberlain yn y Cabinet, ni wireddwyd ei raglen gymdeithasol fel y dymunai. At hynny, yr oedd Chamberlain yn ŵr uchelgeisiol iawn, a safai Gladstone rhyngddo a chipio arweinyddiaeth y Blaid Ryddfrydol. Gwyddai Gladstone o'r gorau fod Chamberlain yn areithiwr grymus, a'i fod yn meddu ar ddoniau arbennig o eglurder a chyflymdra meddwl.[4] (*Personal Papers of Lord Rendel,* Llundain, 1931, t. 92). Defnyddiodd Chamberlain ei ddoniau i'r eithaf i hyrwyddo amcanion y radicaliaid a gorfu i Gladstone gyflwyno mesur newydd o ddiwygiad etholiadol i ymateb i'r her a osodwyd. Byddai'r mesur yn rhoi'r bleidlais i bob trethdalwr gwrywaidd yn yr etholaethau sirol (ac i gyfran o letywyr gwrywaidd). Aeth y mesur drwy Dŷ'r Cyffredin yn ddidramgwydd, ond fe'i hataliwyd yn Nhŷ'r Arglwyddi ar yr esgus y byddai'n rhaid cyflwyno mesur i ail-ddosbarthu seddi'n gyntaf. Gwelodd Chamberlain ei gyfle ac fe aeth ati i arwain ymgyrch yn erbyn yr Arglwyddi ac fe ddenodd ei areithiau tanllyd dyrfaoedd lluosog. Yr oedd ei sloganau, *The Peers against the People* a *Mend them or end them* yn taro tant mewn llawer lle. Dyma pryd y daeth Thomas Gee i gysylltiad ag ef yn bersonol.

Mae yna ansicrwydd ynglŷn â sut y daeth Chamberlain i Gymru ym mis Hydref 1884. Gwnaeth ddwy araith enwog yn ymosod ar yr Arglwyddi yn ystod ei ymweliad, yn y Drenewydd ar y 18fed o'r mis ac yn Ninbych ar yr 20fed. Yn ôl T. Gwynn Jones, Thomas Gee oedd yn gyfrifol am drefnu'r cyfarfod yn Ninbych. Â ymlaen i ddweud nad y bwriad oedd gwahodd Chamberlain ar y dechrau, ac nad oedd sicrwydd pa aelod o'r Weinyddiaeth a fyddai'n dod i siarad. Mae hi'n anodd derbyn hynny o gofio bod pabell a allai ddal dros ddeng mil o bobl wedi'i chodi ger olion y castell ar gyfer yr achlysur, a dim ond rhywun fel Chamberlain a allai'r pryd hwnnw fod wedi denu tyrfa mor fawr. Gan mai ef oedd yn arwain y frwydr yn erbyn yr Arglwyddi, a'i fod eisoes yn denu tyrfaoedd anferth ym mhob man, ef oedd seren y foment. Mae Kenneth O. Morgan yn datgan mai ar wahoddiad Thomas Gee y daeth Chamberlain i

---

[4] *Personal Papers of Lord Rendel* (gol. F. E. Hamer) Llundain, 1931. t. 92.

Ogledd Cymru.[5] Yn ôl atgofion Stuart Rendel,[6] aelod seneddol Maldwyn ar y pryd, ef oedd wedi gofyn i Chamberlain ddod i Gymru, ac mae llythyr ar gael gan Chamberlain yn dweud y gallai ddod rywbryd yn y cyfnod rhwng Hydref 1884 a Chwefror 1885 pryd y byddai'r senedd yn ailgychwyn. Yn ei lythyr fe ddywed Chamberlain na allai siarad yng Nghymru ar ddatgysylltu'r Eglwys (am ei fod yn aelod o'r Llywodraeth, mae'n debyg) ond y byddai'n falch o gael dod i Gymru *to show my sympathy with the sturdy Liberalism of the Principality.* Mae'n amlwg, felly, fod a wnelo Rendel lawer â'r gwahoddiad, ac mae T. Gwynn Jones yn adrodd fod Rendel wedi cyd-deithio â Chamberlain ar y trên i Ddinbych. Mewn gweithred o'r ynfydrwydd mwyaf, ysgrifennodd Thomas Gee at Gladstone yn gofyn iddo ddod i Ddinbych i gyfarfod Chamberlain ac i annerch y cyfarfod.

Gellir yn hawdd ddychmygu'r olygfa yn Ninbych ar ddiwrnod y cyfarfod mawr. Yn wir, gan fod T. Gwynn Jones ei hun yn bresennol yn y cyfarfod, cawn ddarlun dramatig iawn o'r digwyddiadau yn ei gofiant ef.[7] Yr oedd nifer o siaradwyr, gan gynnwys Rendel, Osborne Morgan a Thomas Gee, yn ogystal â Chamberlain. Yn ôl dull Thomas Gee o drefnu pethau, cafwyd penderfyniadau yn datgan ymddiriedaeth yn llywodraeth Gladstone ac yn condemnio'r Arglwyddi am rwystro mesur yr etholfraint. Ond presenoldeb Chamberlain a ddenai'r dorf. Meddai ei gofiannydd: *A meeting of ten thousand filled a marquee near the ruins of Denbigh Castle.*[8] Dywedir mai hon oedd un o'i areithiau gorau yn ystod y cyfnod hwn, a chafodd gymeradwyaeth frwd. Dyma ran o'r araith, yn sôn am yr Arglwyddi:

> *I have no desire to see a dull uniformity of social life. I am rather thankful than otherwise to gentlemen who will take the trouble to wear robes and coronets and who will keep up a certain state of splendour which is very pleasant to look upon.* (Hear, hear). *They are ancient monuments* (loud laughter), *and I should be sorry to deface them.* (Laughter.) *But then, gentlemen, I don't admit that we can build upon these interesting ruins the foundations of our government.* (Hear, hear.) *I cannot allow that these antiques should control the destinies of a free empire.*

[5] *Wales in British Politics*, t. 62.
[6] *Personal Papers of Lord Rendel*, tt. 201-202.
[7] *Cofiant*, TGJ, tt. 428-432.
[8] J. L. Garvie, *Life of Joseph Chamberlain*. Cyf. 1 t. 468.

Treuliodd lawer o'i araith i drafod y ffordd y bu i Dŷ'r Arglwyddi sarhau'r alwad yng Nghymru am gydraddoldeb crefyddol, y ffordd y bu iddynt wrthod mesurau i ddiddymu'r dreth eglwys anghyfiawn a'u hamharodrwydd i gefnogi addysg i ymneilltuwyr. Siaradodd fel ymneilltuwr o argyhoeddiad, gan gyfeirio at hanes ei hynafiaid yn gwrthod credo 'wedi ei gwneud gan y wladwriaeth'.[9] Yr oedd wedi swyno ei gynulleidfa, a Thomas Gee yn eu plith. Hawdd deall sut yr oedd fel ymneilltuwr a radical yn apelio at y Cymry, ac yn fwy felly na Gladstone yr uchel eglwyswr. Er iddo ddatgan ymlaen llaw na allai sôn am ddatgysylltu'r eglwys, gadawodd i'w gynulleidfa wybod lle y safai ar y pwnc, a hynny wrth gwrs yn ychwanegu at ei apêl.

Gorfodwyd y Ceidwadwyr i gyfaddawdu ar fater yr etholfraint yn dilyn ymdrechion Chamberlain ac eraill. Pasiwyd dwy ddeddf, y naill yn ehangu hawliau pleidleisio yn y siroedd, a'r llall i ail-ddosbarthu'r etholaethau. O ganlyniad, aeth nifer yr etholwyr yng Nghymru yn y siroedd i fyny o 74,936 i 200,373. Gellid bod wedi disgwyl i lywodraeth Gladstone adfer ei phoblogrwydd yn sgil y newidiadau hyn, ond fe lithrodd ei chefnogaeth yn sylweddol yn dilyn marwolaeth y Cadfridog Gordon yn Khartoum. Yr oedd Chamberlain yn feirniadol iawn o ddiffyg parodrwydd y Cabinet i gefnogi ei fesur i ddiwygio llywodraeth leol yn Iwerddon ac fe ymddiswyddodd. Syrthiodd y llywodraeth yn derfynol ar ôl colli pleidlais ar welliant yr wrthblaid i'r Gyllideb ar yr 8fed o Fehefin 1885.

Gan nad oedd y rhestrau etholiadol yn barod, nid oedd hi'n bosibl cael etholiad cyffredinol, a bu'n rhaid i'r Arglwydd Salisbury ffurfio llywodraeth leiafrifol. Yr oedd Gladstone yn argyhoeddedig o'r angen i gyflwyno mesur o hunanlywodraeth i Iwerddon, er na chredai y byddai'n ddoeth iddo ddweud hynny'n gyhoeddus. Ond gwyddai Chamberlain yn union beth i'w wneud. Ym mis Medi 1885, aeth ati i lunio rhaglen o ddiwygiadau mewn sawl maes, gan ddadlau o blaid addysg elfennol rad; diwygio'r deddfau tir; breinio prydlesi; nifer o ddiwygiadau trethiannol a chynnig i dalu cyflog i aelodau seneddol. Cyflwynodd ei 'Raglen Anawdurdodedig' ac fe ymgyrchodd yn galed drosti hyd at yr etholiad ym mis Tachwedd. Yr oedd y rhaglen yn ddeniadol iawn

[9] *Cofiant*, TGJ, t. 432.

i'r pleidleiswyr newydd yn y siroedd ac yn hynod ddeniadol i Thomas Gee a'r *Faner*. Yng Nghymru yr oedd ei ddatganiad o blaid datgysylltu'r eglwys yn hynod apelgar ym mhob rhan o'r deyrnas. Er bod y Rhyddfrydwyr wedi sicrhau mwyafrif o 86 dros y Torïaid, dyma hefyd oedd union nifer cefnogwyr Parnell. Gan ei fod wedi cefnogi'r Torïaid parhaodd llywodraeth Salisbury mewn grym tan fis Ionawr 1886. Erbyn hynny, yr oedd bwriad Gladstone ar fater Iwerddon yn wybodaeth gyhoeddus, ac ymunodd Parnell a'r Rhyddfrydwyr i drechu'r llywodraeth.

Gallai Gladstone fod wedi gwneud gwell ymdrech i uno'i blaid drwy roi swydd o bwys i Chamberlain yn ei Gabinet, fel Canghellor y Trysorlys o bosibl. Ond swydd gymharol ddibwys a gynigiwyd iddo, sef Llywydd Bwrdd Llywodraeth Leol, ar ôl i Chamberlain ei hun wrthod yr *Admiralty*. I rwbio halen yn y briw, mynnodd Gladstone symud y person a luniai fesur llywodraeth leol Chamberlain i weithio ar fesur Iwerddon. Yn ôl John Morley, a'i hystyriai ei hun yn gyfaill iddo ar un adeg, ni fu Chamberlain yn gefnogol i ymreolaeth ar unrhyw gyfnod.[10] Erbyn hyn, yr oedd yn berffaith amlwg na fyddai'n aros yn aelod o'r llywodraeth ac fe ymddiswyddodd. Er bod Gladstone yn teimlo y byddai'n well ganddo fod heb Chamberlain yn ei Gabinet, yr oedd wedi'i gwneud hi'n anos i gario mesur hunanlywodraeth Iwerddon drwy Dŷ'r Cyffredin, heb sôn am Dŷ'r Arglwyddi. Ystyriaethau personol oedd wrth wraidd amharodrwydd Gladstone i gydweithio â Chamberlain erbyn hyn. Er ei fod yn edmygu ei ddoniau, credai Gladstone fod ei uchelgais personol yn bwysicach i Chamberlain nag undod y Blaid Ryddfrydol, ac nad oedd modd iddynt gydweithio.

Yn ystod y ffrae ar fesur Iwerddon a'r mesur tir a oedd yn gysylltiedig ag ef, cymerai'r rhan fwyaf o Ryddfrydwyr Cymru safbwynt Gladstone, tra bu i Thomas Gee gymryd ochr Chamberlain. Bu'r *Faner* yn groch ei gwrthwynebiad i'r mesur cyntaf a gyflwynwyd, ac yr oedd Thomas Gee, mae'n amlwg, dan ddylanwad Chamberlain yn drwm iawn. Yr oedd llawer o erthyglau'r *Faner* yn ailadrodd safbwynt yr unoliaethwyr, a Thomas Gee ei hun yn amddiffyn yr Undeb yn erbyn bygythiad y Gwyddyl. Datganai, fel y gwnaeth Chamberlain, y byddai mesur

---

[10] Roy Jenkins, *Gladstone*. t. 547.

Gladstone yn arwain at 'ymwahaniad rhwng Prydain ac Iwerddon; neu mewn geiriau eraill y bydd yr undeb sydd yn awr rhwng y ddwy ynys fel un deyrnas yn cael ei dorri'.[11] Â ymhellach drwy glodfori'r undeb a sôn am 'yr hen briodas a wnaed ar y dydd cyntaf o Ionawr, 1801' a'r pryder y gallai'r mesur arwain at 'lythyr ysgar'.

Er bod llawer yng Nghymru, gan gynnwys papurau megis *Y Cymro*, yn cymryd safbwynt Gladstone, daliodd Thomas Gee i wrthwynebu'r mesur hyd at ei wrthod yn y Senedd ar yr ail ddarlleniad ar yr 8fed o Fehefin. Fe'i hamddiffynnodd ei hun mewn sawl erthygl yn *Y Faner*, a hynny mewn iaith y byddai'n cywilyddio o'i herwydd ymhen blynyddoedd. Yr oedd hi'n berffaith amlwg fod Thomas Gee yn ei gael ei hun mewn lleiafrif ymhlith y Rhyddfrydwyr Cymreig, ac mewn perygl o gael ei ynysu. Bellach yr oedd to newydd o arweinwyr yn dod i'r amlwg, rhai a ddadleuai ar dir cenedlaethol Gymreig am y tro cyntaf. Yr oedd y rhain yn ymwrthod â'r hyn a ystyrient yn sectyddiaeth gul ac, ie, ragfarnllyd pobl fel Thomas Gee.

Yn ystod y dadlau poeth ar fesur Iwerddon, yr oedd Thomas Gee yn gohebu â Chamberlain. Mewn llythyr dyddiedig y 24ain o Ebrill 1886, dywed Chamberlain mai grym personoliaeth Mr Gladstone oedd yn bennaf gyfrifol fod y Rhyddfrydwyr y tu cefn iddo, ac o ganlyniad heb lwyr ystyried union fanylion y cynllun. Meddai:

> *I think that the careful study of these proposals is now commencing & I am sure that the more they are examined the less they will commend themselves to Welshmen. If the Bills are not greatly changed they will lead to a separation between Great Britain & Ireland which will be a constant source of danger and irritation; & in addition they will pledge the resources of this country to an enormous extent for the benefit of a limited class of Irish landlords, who according to Mr. Gladstone's own statement do not deserve such exceptionally favourable treatment.*[12]

Mewn erthygl yn *Y Faner* ddiwedd Ebrill, fe ddefnyddiwyd sylwadau Chamberlain i ailddatgan gwrthwynebiad i gynlluniau'r llywodraeth:

[11] *Y Faner*, 14 Ebrill 1886.
[12] LLGC 8305D.

Pa fodd bynnag yr edrychir ar y mesurau, yr ydym yn ofni y bydd
y ddau, os gwneir hwynt yn ddeddfau, yn fuan neu yn hwyr yn sicr
o esgor ar ganlyniadau annymunol hyd yn oed yn y rhannau hynny
o'r ynys sydd yn ymddangos fel yn eu derbyn yn awr gyda
breichiau agored . . . ac yr ydym yn dra sicr yn ein meddyliau y
gwelir yr adeg, a hynny yn fuan, fe allai, pan ddaw llawer o'n
cydwladwyr, sydd yn eu cymeradwyo yn awr, i weled eu
camgymeriad; . . ac yr ydym yn sicr o'u [y mesurau] *gwrthwynebu*
rhagllaw, hyd y gallwn ni, os na wneir cyfnewidiadau pwysig yn y
cyntaf [mesur ymreolaeth], *ac oni wrthodir yr ail* [mesur tir].

Tra oedd yn gwrthod mesur o ymreolaeth i Iwerddon, honnai
Chamberlain ei fod yn cymeradwyo cynllun ffederal i Brydain,
gyda seneddau i Loegr, Cymru, yr Alban, Ulster a De Iwerddon.
Cefnogai'r *Faner* y cynllun hwn, gan ddadlau fod Gladstone ei hun
yn cefnogi cynllun tebyg yn 1870. Ond mae yna le i amau a oedd
Chamberlain yn gwbl onest yn ei ddadleuon ar y cynllun o *home*
rule all round fel y'i gelwid.[13] Yn ôl Morley eto, yr oedd
Chamberlain yn Imperialydd brwd, ac fe ddadleuodd eraill mai ei
fwriad, wrth ymosod ar gynlluniau Gladstone, oedd amddiffyn
cyfanrwydd yr Ymerodraeth Brydeinig. Yr oedd yn Unoliaethwr
digymrodedd, ac yr oedd cyfnod pan edmygai Thomas Gee ei
safiad ar Ogledd Iwerddon. Cefnogai Chamberlain ymdrechion yr
Unoliaethwyr Protestannaidd yn erbyn y Catholigion a fynnai
ymreolaeth, ac meddai Thomas Gee yn *Y Faner*:

> *A pha beth atolwg a ddaw o Brotestaniaid Ulster, a rhannau eraill*
> *o'r wlad, yn wyneb yr elyniaeth a arddangosir yno, hyd yn oed yn*
> *y dyddiau hyn, gan y Pabyddion at y Protestaniaid? Dyma dalaith*
> *a fu'n ffyddlon i Brydain drwy'r blynyddoedd . . . Ai tybed ei fod*
> *yn deg ac yn anrhydeddus i Brydain drosglwyddo'r deiliaid*
> *ffyddlon hyn i ddynion sydd yn elynion iddynt, gan y byddent yn*
> *meddu mwyafrif yn senedd y wlad honno? Nid ydym yn tybied.*

Yn ôl T. Gwynn Jones, anodd oedd deall dadleuon *Y Faner* ar fater
Ulster.[14] Ond, mewn gwirionedd, yr oedd Thomas Gee wedi'i
gyfareddu gan Chamberlain yn ystod y cyfnod hwn, a chymaint
dan ei ddylanwad fel ei fod wedi llyncu'r rhaglen gyfan o'i eiddo.
Yn ogystal, hawdd gweld yr Ymneilltuwr yn Thomas Gee a'i

[13] Dennis Judd, *Radical Joe*. Gwasg Prifysgol Cymru, 1993. t. 93.
[14] *Cofiant*, TGJ, t. 439.

elyniaeth, os nad ei gasineb, at Babyddiaeth yn dod i'r wyneb mewn dull go amrwd yn y dyfyniad hwn.

Yn ystod y ddadl ar ailddarlleniad mesur Ymreolaeth Iwerddon, ni ildiodd Gladstone i'w wrthwynebwyr, ac fe wrthododd ystyried gwelliannau a gynigiwyd gan Chamberlain. Yr oedd mesur i brynu tiroedd yn ôl yn rhan o'r cynllun, ac yr oedd Chamberlain a Thomas Gee yn elyniaethus iawn i'r cynigion ar y mater hwn. Trechwyd y mesur gyda mwyafrif o 30 yn y bleidlais a gynhaliwyd ym mis Mehefin 1886. Meddai'r *Faner* yn ddiedifar:

> *Yr ydym yn gwybod fod ein syniadau yn anghymeradwy gan lawer o'n cyd-genedl; ond nid yn petruso dywedyd fod yn well gennym gynllun Mr Chamberlain na chynllun Mr Gladstone.*

Trechwyd Gladstone yn yr etholiad a ddilynodd. Gwnaeth yr Unoliaethwyr o dan arweiniad Chamberlain gytundeb llac â'r Torïaid nad ymladdent yn erbyn ei gilydd mewn sedd a ymleddid gan ymgeisydd yn gefnogol i ymreolaeth. Ffurfiodd yr Arglwydd Salisbury weinyddiaeth Geidwadol newydd. Yr oedd ymdrechion Chamberlain i ddymchwel Gladstone, a chefnogi'r Torïaid i wneud hynny, yn ormod i Thomas Gee. Meddai'r *Faner* am ymddygiad Chamberlain,

> *Ar y blaen yn hyn, ceir Mr Chamberlain, y gŵr yr ydys wedi bod yn arfer edrych arno fel blaenor y Radicaliaid, yn ysgrifennu llythyrau ac yn gyrru telegramau ymhob cyfeiriad, i gynghori yr etholwyr i roddi eu pleidlais i'r Torïaid yn hytrach nag i'r Rhyddfrydwyr Gladstonaidd.*

Yr oedd Chamberlain wedi pechu yn erbyn Thomas Gee yn ddirfawr drwy anfon at etholwyr Dwyrain sir Ddinbych yn eu hannog i gefnogi Syr Watkin yn erbyn Osborne Morgan, gŵr yr ymladdodd Thomas Gee mor ddewr o'i blaid yn 1868. Hyn a ddaeth â'r berthynas rhwng Thomas Gee a Joseph Chamberlain i ben, mewn gwirionedd. Ymhen ychydig amser, yr oedd Y *Faner* yn cefnogi ymdrechion Gladstone i sicrhau Ymreolaeth i Iwerddon, er i'r papur gymryd rhan o'r clod am sicrhau rhai newidiadau yn y cynllun. Rhaid oedd cadw wyneb wedi'r cwbl!

Paham y bu i Thomas Gee golli ei ben a'i synhwyrau gwleidyddol yn ei ymwneud â Chamberlain, a llyncu cynifer o syniadau a oedd yn wrthun i gynifer o Ryddfrydwyr Cymreig? Perthynai Thomas Gee i genhedlaeth hŷn na llawer o'r arweinwyr ifainc yn yr wythdegau, ac nid oedd y syniad o ymreolaeth yn dod yn hawdd iddo. Cofier am y syniadau a frithai rifynnau cynnar *Y Faner*, a'i ymlyniad wrth y frenhiniaeth a Phrydeindod. Ond mae'n ddigon sicr mai rhaglen radicalaidd Chamberlain a aeth â'i fryd mewn gwirionedd. Yr oedd yn lladmerydd cryf o blaid datgysylltu'r eglwys, rhyddid crefyddol mewn addysg a diwygio'r cyfreithiau tir ac yn y blaen. Dyma'r pethau yr oedd Thomas Gee yn ymladd trostynt mor frwd yn *Y Faner*. Ond gan nad oedd yn adnabod Chamberlain fel person, ni chafodd gyfle i fesur ei hyd na'i led nac ychwaith gael cyfle i ddeall bod Chamberlain yn hen law ar ddefnyddio pobl i hyrwyddo ei amcanion personol ei hun. Doedd ganddo fawr o ddiddordeb ym muddiannau Cymru, ac roedd yn barod i'w taflu o'r neilltu pan ddaeth eu defnyddioldeb i ben. Y trueni yw fod Thomas Gee wedi'i gyfareddu cymaint ganddo am gyfnod fel ag iddo golli pob cydbwysedd gwleidyddol. Mae'n rhaid cydnabod hefyd fod culni crefyddol yn rhan o'r broblem, a'i awydd i sicrhau datgysylltiad yr eglwys yn cael blaenoriaeth ar unrhyw newidiadau cyfansoddiadol ehangach.

Erbyn 1890, yr oedd yna fesur yn ymwneud â'r degwm gerbron Tŷ'r Cyffredin, ac fe gysylltodd Thomas Gee â Chamberlain gan ofyn am ei gefnogaeth. Y tro hwn ateb digon oer a chwerw a gafwyd:[15]

> 'I received with some surprise your letter asking me to assist in securing the amendments you desire in the Tithes Bill. A few years ago, at a most critical time, the majority of Welsh Liberals left their old friends in order to follow Mr. Gladstone and his new idol of Home Rule . . . Having made this choice you must abide by it, and you must look to your new allies for the advantages you seek.

Yr oedd y berthynas rhwng y ddau wedi hen ddod i ben ac nid oedd unrhyw fath o *rapprochement* yn bosibl erbyn hynny. Er nad oes tystiolaeth uniongyrchol, mae lle i gredu bod cefnogaeth Thomas Gee i Chamberlain wedi niweidio cylchrediad *Y Faner*.[16]

[15] LLGC 8305D.
[16] Frank Price Jones, *Radicaliaeth a'r Werin Gymreig*. Gwasg Prifysgol Cymru, 1977 (gol. Alun Llywelyn Williams ac Elfed ap Nefydd Roberts). t. 95.

Rhyfel y Degwm

Gwelodd Cymru sawl cyfnod o brotest a chythrwfl yn ystod y bedwaredd ganrif ar bymtheg. Cafwyd helyntion y Siartwyr yn Llanidloes, y Drenewydd a Chasnewydd yn 1839, a therfysg Rebecca mewn sawl ardal yn ne orllewin Cymru, yn bennaf rhwng 1839 a 1844. Fel y soniwyd, digwyddodd yr helyntion ar gyfnod o gyni economaidd, a rhoddodd hynny fin ar yr ymgyrchu gwleidyddol. Bu'r cyfnod wedi 1850 yn gyfnod mwy llewyrchus yn y byd amaethyddol ac, o ganlyniad, yr unig helyntion a welwyd hyd at yr wythdegau oedd y rheini'n gysylltiedig ag etholiadau. Rhwng 1850 a 1870, yr oedd cyfle i'r amaethwyr fabwysiadu dulliau newydd o gynhyrchu bwyd ac fe allent elwa o ddiffyg cystadleuaeth o wledydd tramor. Fodd bynnag, yn y cyfnod ar ôl 1870, gwelwyd cystadleuaeth gynyddol o'r Unol Daleithiau a hynny, wrth gwrs, yn gwneud amaethu'n llai proffidiol. Erbyn canol yr wythdegau, yr oedd prisiau wedi gostwng a'r esgid yn dechrau gwasgu unwaith yn rhagor.

Dechreuodd amaethwyr brotestio yn erbyn talu'r degwm. Er bod y ffordd o'i dalu wedi newid ar ôl 1836, drwy dalu arian yn hytrach na degfed ran o'r cynnyrch, yr oedd y gwrthwynebiad yn parhau. Yr oedd y taliad wedi'i seilio ar gyfartaledd pris ŷd dros gyfnod o saith mlynedd. Pe ceid blwyddyn o elw gwael byddai'r brotest yn cynyddu. Ond erbyn yr wythdegau troes y protestiadau'n weithredu gwleidyddol, a bu helyntion a therfysg mewn sawl ardal yng Nghymru. Ceir hanesion am ddigwyddiadau ym Meifod (Maldwyn), Amlwch a Bodffordd (Môn), ac yn siroedd Caernarfon, Aberteifi a Meirionnydd. Ond yn sir Ddinbych y cafwyd yr helyntion ffyrnicaf, a hynny yn nalgylch dylanwad Thomas Gee a'r *Faner*. Buan y trodd helynt y degwm yn ymgyrch lawer ehangach yn erbyn 'gorthrwm' y landlordiaid ac o blaid diwygio'r deddfau tir.

Olrheinir dechrau helyntion y degwm i ddigwyddiad ym mhlwyf Llandyrnog ger Dinbych ym mis Rhagfyr 1885. Cyfarfu ffermwyr yn y pentref, a phenderfynwyd anfon at y rheithor i ofyn am ostyngiad yn y degwm. Ar ôl iddo wrthod, penderfynodd nifer o ffermwyr na fyddent yn talu, ac ym mis Mai cytunwyd ar ostyngiad o 5%. Fe gytunwyd ymhellach i ostyngiad o 10% yng Ngorffennaf 1886, a Ionawr a Gorffennaf 1887. Buan y lledodd yr alwad am ostyngiad yn y degwm i blwyfi eraill, megis Llanrhaeadr-yng-Nghinmeirch, Cerrigydrudion, Caerwys, Llansannan, Llanarmon-yn-Iâl, Llandegla a Llanynys. Ym mis Mehefin, bu adroddiad yn *Y Faner* yn datgan bod ffermwyr yn Llanfair Dyffryn Clwyd yn hawlio gostyngiad o 25%. Cafwyd adroddiadau o weithredoedd cyffelyb yn siroedd Aberteifi, Penfro a Chaerfyrddin. Cyhoeddwyd llythyrau 'Llewelyn Llwyd' yn *Y Faner* yn ail hanner 1886 yn sôn am yr helyntion mewn sawl ardal.

Yr oedd ymateb yr offeiriaid eglwysig yn amrywio o le i le. Byddai rhai'n cytuno i roi rhan o'r degwm yn ôl, tra byddai eraill yn mynnu taliad llawn. Hyd yn oed pe byddai ambell offeiriad yn fodlon cytuno i ostyngiad, byddai'r dirprwywyr eglwysig, sef yr Esgobion, gan amlaf, neu eu cynrychiolwyr, y deoniaid, yn anfodlon ac yn mynnu tâl. Yn achlysurol ceid perchenogion tir megis Coleg Christchurch Rhydychen yn mynnu taliad llawn. Byddai llawer yn dibynnu ar agwedd y ffermwyr hefyd. Wrth sefyll yn gadarn yn erbyn penderfyniad yr eglwys, gallent sicrhau gostyniad hyd yn oed pe byddent wedi'i wrthod yn y lle cyntaf. Dim ond pan fyddai ffermwyr penderfynol yn wynebu offeiriaid neu ddirprwywyr penderfynol y byddai atafaelu a gwerthu eiddo'n digwydd.

Y drefn gyfreithiol wrth hawlio'r degwm oedd anfon 'rhybudd deg diwrnod' i rywun na fyddai wedi talu neu a fyddai'n gwrthod talu. Os na fyddai taliad wedi'i dderbyn ar ddiwedd y cyfnod hwnnw, byddid yn atafaelu eiddo'r dyledydd, ac yna'n gwerthu'r eiddo a chymryd y swm dyledus a chostau o'r pris a geid am yr eiddo. Yn achos helyntion y degwm, anifeiliaid a werthid, ac yn ystod ymweliad y beilïaid i atafaelu neu'r arwerthwr i werthu'r anifeiliaid y byddai'r helynt yn codi. Byddai rhai ffermwyr yn talu wedi'r atafaelu gan osgoi'r costau ychwanegol a ddilynai'r gwerthiant. Hyd yn oed ped aed ymlaen i werthu, byddai'r ffermwr a wrthodai dalu fel arfer yn prynu'r eiddo 'i mewn'. Yn ystod mis Gorffennaf 1886 y dechreuodd *Y Faner* gymryd sylw o helynt y degwm o ddifrif ac, yn ôl rhai, yr oedd dewis y cyfnod hwn i amlygu'r straeon yn hynod arwyddocaol. Cawn edrych ar hynny eto. Yn *Y Faner* ar yr 28ain o Orffennaf y cafwyd yr adroddiad mwyaf manwl ar yr helyntion, gan groniclo ceisiadau'r ffermwyr am ostyngiad mewn nifer o ardaloedd gwahanol a hefyd ymateb yr eglwys.

Yn Llanarmon-yn-Iâl yr oedd gwrthdaro o'r dechrau clir rhwng arweinwyr y ffermwyr a'r offeiriad lleol, Evan Evans. Cyhuddai'r offeiriad rai o'r ffermwyr o fod yn fwlis ac fe fynnai daliad llawn. Atafaelwyd eiddo dau amaethwr yn ystod ail hanner mis Awst, ac fe bennwyd y 23ain o Awst fel y dyddiad i'w werthu. Nid oedd yr un arwerthwr lleol yn fodlon ymgymryd â'r gwaith ac, o ganlyniad, ni fu gwerthu ar y diwrnod hwnnw. Bu'n rhaid cyflogi beilïaid o Gaer a letyai'n wreiddiol yn y pentref, ond a orfodwyd wedyn i symud i Ruthun yn wyneb gwrthwynebiad ffyrnig y bobl leol. Yr oedd tyrfa fawr wedi ymgasglu ar fferm y Bryniau, a chan na fu gwerthu cynhaliwyd cyfarfod cyhoeddus i wrthwynebu'r degwm. Un o'r siaradwyr oedd Howell Gee, mab Thomas Gee, ac yr oedd ei bresenoldeb ef yn arwyddocaol iawn. Mynychodd lawer o'r arwerthiannau ac, yn ddiweddarach, byddai ef neu swyddogion eraill mudiad a sefydlwyd i amddiffyn y ffermwyr yr atafaelwyd eu heiddo yn trefnu pethau ac yn gweithredu fel cymodwyr gyda'r awdurdodau. Siaradwr arall yn fferm y Bryniau oedd John Parry, amaethwr lleol. Fe ddaeth ef yn un o arweinwyr y mudiad gwrthddegwm, a cheid sôn amdano'n annerch cyfarfodydd ledled Cymru wedi hyn. Daeth tua hanner cant o fwyngloddwyr o Fwlchgwyn i chwyddo'r dyrfa, a chafwyd hwyl anghyffredin wrth iddynt ganu i ddiddanu'r gwrthdystwyr.

Aildrefnwyd yr arwerthiant yn Llanarmon ar gyfer y 26ain o Awst. Cyhoeddwyd y digwyddiad yn *Y Faner* ar y 25ain o Awst, a gofynnwyd i bawb a fynychai'r arwerthiant gadw 'o fewn terfynau'r gyfraith'. Y tro hwn, cyflogwyd arwerthwr i wneud y gwaith. Yn ôl rhai ffynonellau, dyn o'r enw Mason o Gaer oedd yr arwerthwr ond, yn ôl T. Gwynn Jones, Sais o Wrecsam ydoedd; yn ôl *Y Faner*, James Taylor o Wrecsam oedd yr arwerthwr a Mason o Gaer y prisiwr. Yr oedd y Prif Gwnstabl Leadbetter a'r Arolygydd Vaughan o Ddinbych yno hefyd, ynghyd â 60 o blismyn.[1] Yr oedd tyrfa o rai cannoedd yn bresennol. Ceisiodd Cornwallis West, yr aelod seneddol lleol, gymodi rhwng yr offeiriad ac arweinwyr y ffermwyr, ond methiant fu'r ymdrech. Gwerthwyd eiddo ar ddwy fferm sef y Bryniau a Rhos Ddigre ac fe brynwyd y gwartheg i mewn gan y teuluoedd. Ar ôl yr arwerthiannau, cynhaliwyd cyfarfod arall. Yn ôl *Y Faner*, yr oedd 'brwydr gyntaf rhyfelawd y degwm wedi'i hymladd ar ucheldir Iâl.'

Yn gynnar ym mis Medi, cynhaliwyd arwerthiant ar fferm yr Hendre, Llanfair Dyffryn Clwyd.[2] Yno gwerthwyd tair buwch i frawd-yng-nghyfraith y perchennog. Yr oedd tyrfa fawr wedi dod yno ac, yn ôl y drefn, cynhaliwyd cyfarfod cyhoeddus. Siaradodd Howell Gee yma hefyd, gan gysylltu'r ymgyrch ynglŷn â'r degwm â'r alwad am ddatgysylltu a dadwaddoli'r Eglwys. Dyma'r tro cyntaf i hyn ddigwydd, ond byddai'n thema gyson o hyn allan. Gofynnodd y Prif Gwnstabl Leadbetter i Howell Gee a oedd modd 'claddu'r fwyell' ar ôl hyn, ond yr oedd pethau wedi mynd yn rhy bell i hynny. Cynhaliwyd arwerthiant arall yn Llanarmon ar y 10fed o Fedi, ac nid oes amheuaeth nad Mason oedd yr arwerthwr y tro hwnnw. Yr oedd tros gant o blismyn yn bresennol meddai'r *Faner*.

Ym mis Medi hefyd y cynhaliwyd cyfarfod yn Rhuthun i sefydlu Cymdeithas er Cynorthwyo Gorthrymedigion y Degwm. Fe'i cynhaliwyd yn y Clwb Rhyddfrydol yn y dref. Ar ôl pwyllgora am gyfnod, pryd y penodwyd Howell Gee yn un o'r ysgrifenyddion, a Thomas Gee i weithredu fel un o'r trysoryddion, aethpwyd i'r awyr agored i gynnal cyfarfod cyhoeddus. Prif nod y Gynghrair ar y dechrau oedd i gasglu tanysgrifiadau i ddigolledu'r ffermwyr y gwerthwyd eu heiddo. Yn ystod y cyfarfod eglurodd Thomas Gee nad oedd ganddo wrthwynebiad i'r degwm fel y cyfryw, ond fod y ceisiadau am ostyngiad yn rhai perffaith resymol yn wyneb sefyllfa'r diwydiant amaethyddol. Manteisiodd ar y cyfle i gyfeirio at yr angen am ddeddf tir, a'r angen hwn yn cael ei rymuso gan helynt y degwm. O hyn allan, byddai'r Gynghrair yn chwarae rhan ganolog yn yr helyntion, a heb os yr oedd Thomas Gee a'i fab yn trefnu pethau yn y cefndir. Galwodd Thomas Gee am newid yn y drefn o

---

[1] Yn ôl T. Gwynn Jones a'r *Faner*, 54 o blismyn oedd yno.
[2] *Y Faner*, 8 Medi 1886.

bennu'r degwm, am gyflog i aelodau seneddol fel y ceid pobl o'r cefndir cywir i gynrychioli'r amaethwyr, ac am ymreolaeth i Gymru. Yn wir, fe glywyd yr alwad am ymreolaeth yn weddol gyson ar ôl hyn.

Yn ystod mis Hydref 1886, cytunwyd ar ostyngiad o 20% yn y degwm yn Llanbedr, a 10% yn Llanarmon. Erbyn mis Tachwedd yr oedd y mudiad wedi ymledu drwy nifer o siroedd Cymru, yn bennaf, gellid tybio, oherwydd y sylw a roddid i'r digwyddiadau yn Llanarmon yn *Y Faner* a phapurau Cymraeg eraill. Ddiwedd Tachwedd gwerthwyd eiddo ar ffermydd yn ardal Treffynnon, a dyma pryd y cyflogwyd E. J. Roberts, neu ap Mwrog o'r Rhyl, am y tro cyntaf fel arwerthwr. Yn ôl yr hanes yr oedd dros 90 o blismyn yn ei ddilyn, ac ni wnaed mwy na thaflu peli eira atynt.

Er mai amgylchiadau gwael y diwydiant amaethyddol oedd i gyfrif fod rhai ffermwyr yn gwrthod talu'r degwm yn llawn ar y dechrau, buan yr ymledodd yn ymgyrch yn erbyn Eglwys Loegr, a'r galw cynyddol am ddatgysylltiad. Dyma, yn sicr, amcan pennaf Thomas Gee yn ystod yr helyntion ac, er mwyn hyrwyddo'r ymgyrch, fe drefnodd gyfrifiad o fynychwyr capeli ac eglwysi cylch Dyffryn Clwyd. Fe'i cyhoeddwyd yn *Y Faner* ganol Rhagfyr 1886. Fel y gellid disgwyl, yr oedd mynychwyr gwasanaethau'r capeli yn llawer mwy niferus na rhai'r eglwys, sef 31,788 yn erbyn 8,669. Yn ychwanegol, yr oedd y gwasanaethau yn y capeli yn y Gymraeg, tra drwy gyfrwng y Saesneg y cynhelid y mwyafrif o'r gwasanaethau yn yr eglwys, yn arbennig lle ceid cynulleidfaoedd teilwng; ac meddai'r *Faner* am hynny: 'nid yn unig eglwys yr estron, ond eglwys i'r estron'. Bu beirniadaeth lem ar y cyfrif, gan ei fod wedi'i gynnal heb yn wybod i awdurdodau'r Eglwys, gyda'r awgrym, wrth gwrs, fod y capeli wedi manteisio ar y cyfle i chwyddo'u cynulleidfaoedd. O ganlyniad, fe gytunwyd i gynnal cyfrif drwy Gymru gyfan yn ystod dydd Sul y 9fed o Ionawr 1887.

Y tro hwn, cefnogwyr y capeli oedd yn cwyno'n hallt (a'r *Faner* yn eu plith) am fod yr offeiriaid ledled Cymru wedi ymdrechu i gael pobl i fynychu'r gwasanaethau. Gwnaed nifer o gwynion penodol yn erbyn yr eglwyswyr, sef eu bod wedi cynnal gwasanaethau Cymraeg a Saesneg ar ddiwrnod y cyfrif ac wedi cyfrif cyfanswm yr holl oedfaon, eu bod wedi rhannu glo, cawl ac arian i'r tlodion a the i'r plant am fynd i'r eglwys, a bod ymneilltuwyr a oedd yn Dorïaid wedi'u gwahodd i fynd i'r eglwys ar y Sul hwnnw. Yn ôl *Y Faner*, 'dygwyd dwy o'r *Asylum* (yn Ninbych) i'w cyfrif'! Yn y cyfrif cyntaf ym mis Rhagfyr, yr oedd cyfanswm y gwrandawyr yn eglwysi Dinbych yn 1,135, tra bod y swm wedi chwyddo i 2,667 ym mis Ionawr. Yr oedd amgylchiadau eraill, yn ôl yr ymneilltuwyr, pam nad oedd eu ffigurau gystal ag a ddisgwylid. Yr oedd yn bwrw eira'n drwm ar ddiwrnod y cyfrif. Gan fod yr eglwysi fel arfer ar lawr y dyffryn yr oedd yn haws mynd yno nag i'r capeli, gan fod nifer o'r capeli wedi'u hadeiladu ar dir uchel ac yn anghysbell. Honnwyd ymhellach nad oedd rhai o'r capeli mwyaf anghysbell wedi cael gwybod am y cyfrif mewn pryd.

Er bod peth sylwedd i'r cwynion, dengys y cyfrifiad 'answyddogol' yma pa mor annoeth oedd Thomas Gee i'w drefnu yn y lle cyntaf. Yr oedd angen trefniadau manwl, ac nid oedd yr adnoddau ar gael i wneud hynny'n llwyddiannus, nac i sicrhau bod pob ffigur yn ddilys. Yr oedd bylchau go fawr yng nghyfrif y de a'r rhan fwyaf o'r bylchau yn gapeli. Er hyn oll, yr oedd gan yr ymneilltuwyr fwyafrif o 609,324 dros yr eglwyswyr pan gyhoeddwyd y ffigurau maes o law. Mae lle i gredu hefyd fod y capeli wedi bod wrthi'n trefnu cynulleidfaoedd ac yn cyfrif cyfanswm y gwrandawyr ym mhob oedfa. Cynhaliwyd yr unig gyfrifiad crefydd swyddogol yn 1851, ac mae'n rhaid fod nifer mawr o'r gwrandawyr wedi'u cyfrif ddwywaith os nad deirgwaith bryd hynny, gan mai cyfanswm y rhai a fynychodd holl oedfaon y Sul oedd y ffigurau presenoldeb.

Bu atafaelu ac arwerthiannau ym Mai a Mehefin 1887 yn Whitford, Pensarn ger Abergele, Meifod sir Drefaldwyn, Bodffari a'r Waen ger Llanelwy. Yn yr arwerthiant ym Modffari y gwelwyd defnyddio milwyr am y tro cyntaf, gan fod cynifer o bobl yn dod i'r arwerthu. Erbyn mis Mai yr oedd y llywodraeth wedi cyflwyno mesur i osod talu'r dreth ar y landlordiaid, ac erbyn hyn yr oedd Gladstone yn dangos mwy o gydymdeimlad tuag at yr ymgyrch i ddatgysylltu'r Eglwys.

Ar y 6ed o Hydref 1886, cyhoeddodd *Y Faner* fod Cynghrair Gorthrymedigion y Degwm am geisio sicrhau bod unrhyw 'gyfarfyddiad' ar ddiwrnod arwerthiant i'w gynnal 'mewn dull hollol gyfansoddiadol'. Hyd at y cyfnod hwn yr oedd y Gynghrair yn cynghori'r aelodau i brynu i mewn yr eiddo a werthid. Ond o hyn allan byddid yn 'gwrthdystio'n gryfach' drwy wrthod cynnig prynu ac yna byddai'n rhaid mynd â'r eiddo o'r fferm a hynny'n dasg a allai brofi'n anodd. Yn yr arwerthiannau a gynhaliwyd eisoes nid oedd yr un dieithryn wedi cynnig ar unrhyw anifail er bod cannoedd yn bresennol. Byddai'n rhaid i'r arwerthwr drefnu prynwr ei hun os byddai am werthu o hyn allan. Erbyn hyn, ychwanegwyd yr alwad am ddatgysylltiad a dadwaddoliad yr Eglwys at amcanion y Gynghrair 'oherwydd ymddygiad y clerigwyr yn y mater hwn'.

Yn ystod ail hanner 1886, cafwyd adroddiadau wythnosol yn *Y Faner* ar 'ryfel y degwm' gan neilltuo tudalen gyfan bron i'r straeon o bob cwr o ogledd a chanolbarth Cymru. Weithiau, ceid adroddiadau o'r de megis o Fynachlogddu ym Mhenfro a Llansawel yn sir Gaerfyrddin. Cyhoeddwyd enwau a chyflogau'r dirprwywyr eglwysig ddiwedd y flwyddyn. O'r 55 ohonynt, dim ond dau oedd o Gymru, sef esgobion Llanelwy a Thyddewi. Siaradodd Thomas Gee yn Llannefydd ar y 31ain o Fawrth 1887, a chafodd groeso brwd. Pasiwyd penderfyniad o blaid datgysylltu a dadwaddoli'r Eglwys. Erbyn mis Ebrill yr oedd yn siarad ar yr un pwnc yng Nghaerwys.

Daeth yr helynt mawr nesaf yn Llangwm. Yr oedd pobl Uwchaled wedi dangos eu cefnogaeth i ddatgysylltiad mewn cyfarfod a gynhaliwyd yng Ngherrigydrudion ar y 3ydd o Chwefror 1885. Nid oedd y ficer, Ellis Roberts (Elis Wyn o Wyrfai) yn elyniaethus i'r ffermwyr. Yn ôl adroddiad yn *Y Faner* gan Hugh Jones Tŷ Nant, pan aeth dirprwyaeth i'w weld ym Medi 1886 dywedodd cyn iddynt ofyn y rhoddai 10% o ostyngiad yn y degwm. Ond gwrthod y cynnig hwn a wnaeth y dirprwywyr ar y 23ain o Dachwedd, a'r ffermwyr hwythau yn penderfynu, mewn cyfarfod yn y Tŷ Nant Inn ar y 1af o Ragfyr, na thalent. Dilynwyd y drefn gyfreithiol, ond ni ddigwyddodd yr ymgais i atafaelu nes anfon y beilïaid i bedair fferm ar y 14eg o Fai 1887. Yr oedd yr arwerthiant i'w gynnal ar y 25ain o Fai ac, er mwyn ceisio gweithredu cyn i'r dyrfa gyrraedd, gadawodd yr Arolygydd Vaughan Ddinbych am dri o'r gloch y bore a dau gerbyd yn ei gario ef a 25 o blismyn. Yr oeddent wedi cyrraedd Llangwm erbyn chwech i ddechrau ar y gwaith ar fferm Fron Isa, ond doedd Ap Mwrog yr arwerthwr ddim yno. Yr oedd yr Arolygydd Vaughan yn flin iawn wrtho. Erbyn iddo gyrraedd ynghyd â phrisiwr a chyfaill o gigydd o'r Rhyl, roedd y ffermwyr a'r trigolion lleol wedi ymgasglu'n un dyrfa fawr. Ar ôl canfod na fyddai'r perchennog yn talu'r degwm, aed ati i werthu dwy fuwch. Roedd y dyrfa'n cadw sŵn gan 'hwtio' a thaflu wyau drwg wrth i'r arwerthiant fynd yn ei flaen. Ni phrynodd y ffermwr ei warthen i mewn, a chan nad oedd neb arall yn cynnig, fe'u gwerthwyd i'r cigydd o'r Rhyl. Rhaid oedd gyrru'r anifeiliaid ar hyd lôn gul, ac fe'u rhwystrwyd gan ŵr yn arwain ceffyl wrth rowl a wrthododd fynd yn ei ôl. Bu'n rhaid gadael y gwartheg ar y fferm. Aeth y dyrfa i'r Tŷ Nant Inn lle cynhaliwyd cyfarfod cyhoeddus. Cadwyd gwyliadwriaeth dros nos rhag ofn i'r beilïaid ddychwelyd.

Dychwelodd y plismyn, Ap Mwrog, a'r beilïaid i Langwm ar y 27ain o Fai i nôl y gwartheg. Llogwyd *brake* o eiddo John Williams y Crown, Dinbych, gan Inspector Vaughan i'w cyrchu yno. Honnodd Williams yn ddiweddarach na wyddai am y perwyl y llogwyd y cerbyd ar ei gyfer. Yn wir, yr oedd y digwyddiad yn gryn embaras iddo, gan mai traddodiad Rhyddfrydol a feddai'r Crown yn y cyfnod hwn. Fodd bynnag, yr oedd y ffermwyr lleol wedi clywed am yr ymweliad a deall y byddai'r criw yn teithio o gyfeiriad Cerrigydrudion. Roedd tyrfa fawr wedi ymgaslu ger y Tŷ Nant Inn ac fe aethant i gyfarfod y cerbyd gan ddod ar ei draws ger y Disgarth. Yr oedd cynifer yno fel na ellid mynd ymhellach, a bu'n rhaid iddynt ddisgyn o'r cerbyd. Dechreuodd y dorf daflu tywyrch a wyau at Ap Mwrog a'i gyfeillion gan beri iddynt gilio. Mae'r digwyddiad nesaf yn fater o ddadlau brwd. Honnodd rhai fod y gyrrwr wedi gyrru'r cerbyd a'r ceffylau tuag at y dorf gan geisio dianc oddi yno, ond yn ôl eraill mae'n debygol mai dychryn a wnaeth y ceffylau o ganlyniad i'r sŵn aflafar a rhedeg ohonynt eu hunain. Wrth i'r ceffylau redeg, maluriwyd y cerbyd yn erbyn y cloddiau. Ceisiodd Williams gadw ei afael yn y ceffylau, hyd yn oed wedi iddo gael ei daflu o'r cerbyd, ond bu'n rhaid iddo eu gollwng. Daethant i orffwys ger y *Goat Inn*. Cafodd un o'r ceffylau gymaint o niwed fel y bu'n rhaid ei waedu.

Erbyn hyn, yr oedd Ap Mwrog a'i gyfeillion yn cilio tua'r Glyn. Yr oedd y dyrfa 'am ei fwrw i'r dyfnder islaw'. Sylweddolodd yr arweinwyr y gallai pethau fynd yn ddrwg. Gwnaed ymgais i gael tawelwch a chyfle i Ap Mwrog siarad. Ni chaniatawyd hynny, ac fe'i gorfodwyd i fynd ar ei liniau ar lechwedd gerllaw i ddweud na ddaethai yno wedyn. Bu'n rhaid iddo ef a Vaughan y prisiwr arwyddo papur yn datgan:

131

We promise not to come on this business again in any part of England and Wales to sell for tithes.

Mynnodd rhai o'r dyrfa y dylid ei gerdded yn droednoeth i Gorwen, ond fe'u darbwyllwyd yn erbyn hynny. Cytunwyd y byddai i'r criw wisgo'u cotiau y tu chwith ac fe'u hebryngwyd i Gorwen gan dyrfa o rai cannoedd. Cariwyd baner goch ar flaen yr orymdaith a baner ddu yn y cefn. Ar ôl cyrraedd Corwen, cerddwyd ar hyd y stryd fawr i sŵn cymeradwyaeth y trigolion lleol, ac yna'n ôl i'r orsaf a rhoi Ap Mwrog a'i griw ar y trên.

Ar y 6ed o Orffennaf, ymddangosodd 32 o wŷr Llangwm gerbron llys ynadon Rhuthun ar gyhuddiadau'n ymwneud â digwyddiadau'r 27ain o Fai. Gohiriwyd yr achos ar ôl rhai dyddiau a'i drosglwyddo i'r Brawdlys. Yn ystod y gwrandawiad yn y llys ynadon, gwnaed cais am gael gwrando'r achos yng Ngherrigydrudion, gan fod y llys yno'n agosach i gartrefi'r diffynyddion, ac yr oedd dau ynad yno'n medru'r Gymraeg. Ymddengys, fodd bynnag, fod gweddill ynadon Cerrigydrudion yn anfodlon eistedd gydag un o'r ddau am ei fod wedi dangos cydymdeimlad cyhoeddus â'r gwrthddegymwyr. Yn naturiol, yr oedd *Y Faner* yn gefnogol i'r achos fynd yno. Ganol Gorffennaf, codwyd helynt Llangwm yn y Senedd gan T. E. Ellis, ac yn ddiweddarach bu trafodaeth ar y mater. Cefnogwyd Ellis bryd hynny gan nifer o aelodau seneddol Cymru gan gynnwys Osborne Morgan. Er y trechwyd ei gynnig gerbron y Tŷ, cafodd gyfle i gyflwyno'r dadleuon. Dywedodd y Twrnai Cyffredinol y byddai'n rhaid trosglwyddo'r achos i Lys y Frenhines am na ellid sicrhau gwrandawiad teg yn Rhuthun. O ganlyniad, ni allai'r barnwr yn y Brawdlys yn Rhuthun ddiwedd Gorffennaf ddelio â'r achos a bu'n rhaid ei ohirio drachefn. Yn y diwedd taflwyd yr achos yn ôl i'r Brawdlys yn Rhuthun ac fe ymddangosodd wyth o wŷr Llangwm gerbron y Barnwr Willis ar y 28ain o Chwefror 1888. Ar ôl trafodaeth, cytunodd yr wyth i bledio'n euog, ac fe'u rhwymwyd yn y swm o £20 i ymddangos yn y llys eto ymhen y mis pe byddai angen. Ond dyna oedd diwedd yr achos, gan na ofynnwyd iddynt ddychwelyd i'r llys. Cafodd achos 'merthyron Llangwm' fel y'u gelwid, sylw mawr, a chawsant negeseuon o bob cwr, gan gynnwys cyfarchiad gan Michael Davitt o Iwerddon.

Bu helyntion ym Mochdre ar y 15ed o Fehefin 1887, pan aeth nifer o filwyr a phlismyn i fferm Hugh Roberts y Mynydd. Yr

oedd nifer o bobl eisoes wedi ymgasglu, wedi'u tynnu yno gan
eraill yn codi baneri yng nghanol 'sŵn cyrn a thanio gynnau'.[3] Yr
oedd y gwrthddegymwyr wedi cynnal cyfarfod cyhoeddus gerllaw,
ac aethant i gyfarfod y milwyr a'r heddlu. Wrth fynd i'r ffermdy
yr oedd ffordd weddol lydan yn arwain at ffordd gul a honno'n
arwain at afon fechan. Wedi hynny yr oedd y ffordd yn mynd i'r
buarth drwy gaeau ac iddynt ochrau serth a gwrychoedd. Yr oedd
y ffordd yn serth am ran o'r daith. Cadwodd y Prif Gwnstabl y
milwyr a llawer o'r heddlu ger yr afon, gan anfon 26 o hedd-
weision a'r beilïaid i'r fferm. Yr oedd yno dyrfa o rai cannoedd
wedi ymgasglu, rhai yn y caeau a'r ffordd ac eraill yr ochr arall i'r
afon. Er bod y mwyafrif yn brotestwyr, yr oedd eraill yno o ran
cywreinrwydd. Methodd y beilïaid ddod i setliad â Hugh Roberts,
ac fe ddaeth ef i lawr gyda'r heddlu. Bu trafodaethau pellach wrth
ymyl giât a agorai i'r cae lle roedd y gwartheg a atafaelwyd.

Ar ôl i'r trafodaethau fethu, rhoddwyd gorchymyn i'r heddlu
ddod i lawr yr allt. Bu cythrwfl wrth i rai o'r dyrfa fynd o flaen yr
heddlu ac eraill yn aros y tu cefn iddynt. Yr oedd rhan arall o'r
dyrfa yn y caeau uwchben y ffordd yn credu bod yr heddlu yn
dechrau ymosod ar eu cyfeillion ac fe daflwyd cerrig a ffyn atynt.
Yn ôl y protestwyr yr oedd yr heddlu yn eu curo â phastynau. Yn
ôl yr heddlu, yr oeddent wedi ceisio gwthio'r protestwyr ar yr allt
â'u dwylo agored, a heb ddefnyddio pastynau nes i'r cerrig a'r ffyn
gael eu taflu atynt wrth iddynt geisio clirio'r caeau. Galwodd y
Prif Gwnstabl ar y plismyn wrth gefn i wneud y gwaith o glirio'r
caeau, ac mae yna ddigon o dystiolaeth fod yna daro ar y ddwy
ochr wrth i hynny ddigwydd. Yn ôl *Y Faner* fe glwyfwyd 20 o bobl
ac yn eu plith rai nad oedd wedi cymryd rhan yn y terfysg o gwbl.
Yr oedd y cyfan drosodd ymhen rhai munudau. Haerodd *Y Faner*
ymhellach fod rhai o'r plismyn wedi tynnu eu rhifau oddi ar eu
cotiau rhag cael eu hadnabod. Aed o fferm y Mynydd ar ôl casglu'r
degwm, ac fe aeth yr heddlu a'r milwyr i ddwy fferm arall. Gan
fod y tymheredd yn parhau'n uchel, taflwyd cerrig at yr heddlu.
Torrwyd asgwrn penelin un o'r plismyn, ac yn y fferm olaf, fe
ddarllenwyd y Ddeddf Derfysg.

Codwyd achos Mochdre yn y Senedd ym mis Mehefin 1887. O
ganlyniad i'r cwynion ynglŷn ag ymddygiad yr heddlu, penodwyd

---

[3] Tithe Disturbances Inquiry (TDI) 1887.

John Bridge, ynad o Lundain, i gynnal ymchwiliad i'r digwyddiad. Yr oedd Thomas Gee yn feirniadol iawn o'r penodiad gan na fedrai Bridge siarad Cymraeg. Cynhaliwyd y gwrandawiad cyntaf yng Nghonwy ar y 26ain o Orffennaf 1887. Bu'n eistedd am ddeng niwrnod mewn nifer o ganolfannau. Cynhaliwyd y gwrandawiad olaf ym Meifod ar y 6ed o Awst ac fe gyflwynwyd adroddiad i'r Senedd ar y 19eg o Awst.

Rhoddwyd tystiolaeth am sawl digwyddiad yn ymwneud â'r degwm, ond fe ganolbwyntiwyd ar achos Mochdre. Ni chymerwyd tystiolaeth o gwbl am helyntion Llangwm gan fod achos gerbron y llys. Yn ystod sawl gwrandawiad yr oedd cynrychiolwyr y dirprwywyr eglwysig yn beio'r 'wasg radical' yng Nghymru am godi twrw ac am hyrwyddo protestio crefyddol a gwleidyddol. Yn amlwg, *Baner* Thomas Gee oedd yn cael y rhan fwyaf o'r bai, gan dynnu sylw at y ffaith fod Howell Gee ac aelodau eraill o staff Gwasg Gee yn siarad yn y cyfarfodydd cyhoeddus. Ceisiwyd rhoi cyfieithiadau o'r erthyglau a ystyrid y mwyaf ymfflamychol gerbron yr ymchwiliad, ond fe wrthodwyd y cais gan Bridge.

Rhoddodd Howell Gee dystiolaeth yn y gwrandawiad yng Nghonwy ar yr 28ain a'r 29ain o Orffennaf. Yr oedd yn cydnabod mai ef oedd yn gyfrifol am y cylchlythyr a gyhoeddwyd gan Gymdeithas Gorthrymedigion y Degwm, ac i raddau helaeth iawn yn gyfrifol hefyd am y cynnwys. Erbyn hyn yr oedd yn gyd-olygydd a chyd-berchennog *Y Faner*. Pan ofynnwyd iddo am gylchrediad *Y Faner* meddai:

> *I should think it was 50,000 a week between the two papers. That is to the best of my knowledge and belief.*[4]

Gwadodd haeriad fod *Y Faner* wedi colli cylchrediad yn sgil ei chefnogaeth i Chamberlain a'r Unoliaethwyr. Yr awgrym, wrth gwrs, oedd fod Thomas Gee wedi cydio yn helyntion y degwm i godi'r cylchrediad. Fel y soniwyd eisoes yr oedd yna elfen o wirionedd yn hyn, bid siŵr. Erbyn i'r Ymchwiliad gyrraedd Dinbych ar y 3ydd o Awst, yr oedd disgwyl y byddai Thomas Gee ei hun yn rhoi tystiolaeth. Ond fe godod ffrae ynglŷn â'i ymddangosiad. Er bod Thomas Gee ar y dechrau yn llwyr fwriadu mynd, penderfynodd Bridge na allai ychwanegu rhyw lawer am

⁴ TDI qn 2973.

nad oedd ganddo unrhyw dystiolaeth uniongyrchol o'r terfysgoedd. Mae'n bosibl ei fod yn pryderu y gallai Thomas Gee ddefnyddio'r achlysur fel llwyfan gwleidyddol. Ond fe wnaeth gamgymeriad go ddifrifol. Galwyd y Parch. Zephaniah Davies, ficer Chwitffordd, i roi tystiolaeth ac fe ymosododd hwnnw'n hallt ar Y Faner a'r wasg Gymraeg am achosi llawer o'r helynt. Yn dilyn yr ymosodiad hwn, penderfynwyd y dylid gwahodd Thomas Gee wedi'r cwbl. Ond yr oedd Thomas Gee yn dweud na allai fod yno yn y prynhawn am ei fod yn ddiwrnod tâl yn y swyddfa. Rhoddwyd cyfle iddo ymddangos y diwrnod wedyn, ond gwrthod a wnaeth bryd hynny hefyd, gan anfon llythyr i'w ddarllen yn ystod y gwrandawiad. Mae'r llythyr hwn yn rhan o'r dystiolaeth a gyhoeddwyd maes o law.

Yn ei lythyr, mae Thomas Gee yn datgan ei syndod a'i ddicter wedi i Bridge wrthod derbyn tystiolaeth ganddo ar y bore cyntaf yn Ninbych. Cyfeiria at benderfyniad yr ynad i beidio derbyn tystiolaeth gan rai nad oeddent yn llygad dystion, ond iddo ganiatáu i Reithor Chwitffordd a Phennant wneud datganiadau'n groes i'r penderfyniad hwn. Â ymlaen i gadarnhau nad bwriad arweinwyr y gwrthddegymwyr oedd diddymu'r dreth ond i newid y ffordd o'i phennu, a'i defnyddio i bwrpas a olygai na fyddai'n mynd i gefnogi unrhyw eglwys. Mae'n tynnu sylw at y ffaith fod yr helyntion wedi codi oherwydd bod yna wrthwynebiad i'r egwyddor o 'sefydliad' – a bod teimladau, felly, wedi'u dwysáu tuag at eglwys 'estronol' (Eglwys Loegr yng Nghymru), ac mai lleiafrif a'i mynychai. Meddai: *The payment of Tithes to this Church is also considered to be a badge of conquest, which we are quite determined to shake off with as little delay as possible.* Mae'n cyfeirio at y ffordd y bu i'r Dirprwywyr Eglwysig weithredu wrth atafaelu a gwerthu stoc yr amaethwyr, gan alw ar yr heddlu a'r milwyr i'w hamddiffyn. Diwedda'r llythyr gyda'r perorasiwn hwn:

> . . . and it will undoubtedly stimulate the Welsh nation to adopt every constitutional means to hasten the disestablishment and disendowment of a church whose hierarchy have shown no practical sympathy with the farmers in their great troubles and distress.

Mae cynnwys y llythyr hwn yn dangos yn glir iawn mai prif ymgyrch Thomas Gee oedd datgysylltu'r eglwys. Prin iawn yw'r cyfeiriad at sefyllfa economaidd y ffermwyr, er i hynny fod yn brif symbyliad i amaethwyr Llandyrnog herio'r eglwys flwyddyn ynghynt.

Yn ei adroddiad i'r Senedd, olrheinia Bridge gefndir yr helyntion, a thynnu sylw at y ffaith iddynt ddigwydd ar adeg o ddirwasgiad economaidd ac i brisiau stoc ostwng yn 1885 ac 1886. Cyfeiriodd at y teimlad y dylid neilltuo'r degwm at wasanaeth y genedl, ac at gryfder yr ymneilltuwyr yng Nghymru. Yn ei farn ef, yr oedd y teimlad hwn i'w briodoli i gymysgedd o resymau, rhannol grefyddol, rhannol gymdeithasol, rhannol genedlaethol a rhannol wleidyddol. Gwrthododd Bridge haeriad y gwrth-ddegymwyr fod yr eglwys yn codi arian yng Nghymru a'i wario y tu allan iddi. Tynnodd sylw at Adroddiad Tŷ'r Arglwyddi a ddangosodd fod incwm net y dirprwywyr eglwysig yng Nghymru yn £31,000 tra bo'r gwariant yn £65,000.

Er bod Bridge yn awgrymu na ddylai erlyniad ddigwydd yn sgil helyntion Mochdre, mae'n feirniadol o arweinwyr y mudiad gwrthddegymol. Yn ei adroddiad fe ddywed:

> During the Inquiry, those who appeared for the persons who were opposed to the payment of tithes stated, over and over again, that the leaders of the party counselled a strict obedience to the law. There can be no doubt, however, that the course urged upon the farmers to make no payment of tithes, except by distress, is likely to lead, and has led, to violence and lawlessness, and certainly the assembling of crowds, such as have come together in Mochdre and other places, is in itself most dangerous to the public peace.

Mae'n ddigon amlwg fod yr adroddiad yn dangos cryn gydymdeimlad â safbwynt yr eglwys a'r offeiriaid, ac yn awgrymu deddfu buan i setlo helynt y degwm. Yn ei farn ef gellid ei setlo drwy wneud y landlordiaid yn gyfrifol am ei dalu.

Fel y gellid disgwyl, beirniadaeth hallt a gafodd adroddiad Bridge yn *Y Faner*. Wedi'r cwbl, Thomas Gee oedd ym meddwl Bridge pan soniodd am yr arweinwyr yn cymell y ffermwyr i beidio â thalu'r degwm cyn i atafaeliad ddigwydd. Meddai'r *Faner* ar y 14eg o Fedi 1887:

> . . . a chredwn y cenfydd pob meddwl diragfarn mai dyma oedd ei amcanion:- amddiffyn yr Eglwys – taflu ei fantell dros yr heddgeidwaid – rhoddi darlithiau ar y degwm, ac ar

rwymedigaethau tenantiaid y wlad i'w dalu'n llawn – cuddio ymddygiadau Anghristnogol a gorthrymus Esgobion ac Archesgobion Eglwys Loegr, ac aelodau eraill o'r dirprwywyr Eglwysig – canmol gwaith ambell i foneddwr yn talu'r degwm, ac yn gorfodi'r tenantiaid i'w dalu iddo ef drachefn.

Yn yr un rhifyn o'r *Faner* cafwyd adroddiad fod y Gymdeithas er Cynorthwyo Gorthrymedigion y Degwm i newid ei enw i Gynghrair Genedlaethol Cymru ac i'r penderfyniad gael ei wneud mewn cyfarfod yn Ninbych rai wythnosau ynghynt. Ychwanegwyd at yr amcanion drwy gynnwys diwygio'r deddfau tir yn ogystal â datgysylltu a dadwaddoli'r eglwys a newid telerau'r degwm. Erbyn mis Rhagfyr yr oedd newidiadau pellach, gan gynnwys newid yr enw i Gynghrair Tirol, Masnachol a Gweithiol Cymru ac i ychwanegu ymhellach at yr amcanion y bwriad o anfon aelodau seneddol i'r senedd a fyddai'n deall amcanion yr amaethwyr.

Llugoer iawn oedd ymateb arweinwyr y Methodistiaid Calfinaidd i ymdrechion Thomas Gee pan oedd Rhyfel y Degwm yn ei anterth. Ceir adroddiad o Gymdeithasfa Gogledd Cymru yng Nghaernarfon yn *Y Faner* ar yr 31ain o Awst 1887. Pan drafodwyd mater y degwm yr oedd y Dr Owen Thomas yn hynod negyddol. Nid oedd ef yn gweld sut y gallai'r Gymdeithasfa drafod y cwestiwn, gan awgrymu y dylid pasio cynnig 'yn annog eu cyfeillion i ymddwyn yn addas i Efengyl Crist'. Er i'r Parch. Griffith Ellis, Bootle, ddatgan bod angen dangos cefnogaeth adeg helynt gwŷr Llangwm am i'r llywodraeth wrthod eu cais i'w hachos fynd gerbron rheithwyr o Gymry, ni chafwyd fawr o ymateb i'w gais.

Yn Llannefydd y gwelwyd yr helyntion mawr olaf yn ymwneud â'r Degwm. Bu atafaelu yn y cylch ar y 9fed a'r 10fed o Fai 1888.[5] Bu ymweliad arall ar yr 16eg o'r mis, ond ni chyflawnwyd llawer y diwrnod hwnnw gan i'r cerbyd a gariai'r heddlu fod mewn damwain. Y diwrnod canlynol, ymgasglodd 30 o heddlu yn Ninbych am 9 y bore,[6] gan adael am Lannefydd ddwy awr yn ddiweddarach. Yr oedd torf wedi ymgasglu ynghyd, ac yr oeddent yn 'hwtio' wrth i'r plismyn gychwyn ar eu taith.

---

[5] *Y Faner*, 16 Mai 1888. (Ymhlith y ffermwyr a atafaelwyd arnynt oedd William Jones, Penporchell Uchaf – hen daid gwraig yr awdur.)
[6] *Y Faner*, 23 Mai 1888.

Aeth cerbydau'n cario gwrthddegymwyr i'w canlyn. Cyn i'r heddlu a Stevens yr atafaeliwr gyrraedd y ffermydd y bwriedid atafaelu ynddynt, byddai torf yn ymgasglu yno gan ganu utgyrn a bloeddio. Erbyn iddynt gyrraedd fferm y Bryngwyn ar gwr pentref Llannefydd yr oedd torf o 150 i 200 yno i'w disgwyl. Gwrthododd William Williams y tenant dalu'r swm a oedd yn ddyledus, ac fe aed ati i chwilio am eiddo i'w atafaelu. Cyrhaeddodd Howell Gee a Dryhurst Roberts y safle ac fe welsant 20 o lanciau'n curo to sinc ar adeilad ger y tŷ. Aeth Stevens a'i swyddogion allan i'r ffordd ac fe'u dilynwyd gan ran o'r dyrfa (rhwng deugain a hanner cant) gan gynnwys gwragedd a phlant. Yr oedd y gweddill wedi mynd i gyfeiriad fferm arall y disgwylid atafaelu ynddi.

Wrth i'r dyrfa ddilyn Stevens, yr oedd gŵr ieuanc o'r enw William Jones, Nant Uchaf, yn 'bloeddio ac yn hwtio' fel oedd yn arfer ar achlysuron o'r fath. Fe aeth Stevens 'yn gynddeiriog gan gynddaredd' yn ôl *Y Faner*, a gafael yng ngwddf y gŵr ieuanc. Rhoddwyd 'hergwd' iddo gan un o'r swyddogion a'i daflu i'r gwrych, 'gan ei daro yn ei ben gyda staff sawl tro'. Wrth i rai o'r dorf geisio ymyrryd, yn ôl *Y Faner* 'rhuthrodd yr oll o'r gwŷr wrth raid a'r plismyn at y dorf fechan gan eu curo yn ddidrugaredd'. Yr oedd yr ymosodiad yn un 'ciaidd a mileinig' gan ddefnyddio 'pastynau'. Yr oedd 'y gwaed yn llifo' a'r heddlu 'yn bwrw eu llid ar y dorf heb arbed merched a phlant'. Mewn brawddeg ddramatig a nodweddai'r adroddiad, meddai'r gohebydd, 'Llifai'r gwaed yn ffrydiau o'u harchollion'. Yr oedd rhai o'r dorf yn barod i daro'n ôl ond fe'u 'perswadiwyd i beidio' gan yr arweinwyr. Galwyd am wasanaeth meddyg i drin y cleifion, ac yn ôl yr hanes bu Dr Pritchard yn nhŷ'r Bryngwyn am dair awr yn rhwymo'r briwiau, a'r llawr 'yn orchuddiedig dan waed'. Rhestrwyd enwau'r cleifion yn *Y Faner*, ynghyd â manylion y briwiau.

Yr oedd adroddiad *Y Faner* yn hynod fyw, ac yn amlwg yn gorliwio'r digwyddiadau. Er hynny, nid oes fawr o amheuaeth ynglŷn â'r ffaith i Stevens golli ei dymer ac mai hynny a ddechreuodd yr helynt, ac mae'n weddol amlwg fod yr heddlu wedi gorymateb. Yn ôl *Y Faner*, ymateb Leadbetter y Prif Gwnstabl, ar ôl cael adroddiad o'r hanes, oedd: *I am very glad to hear of it*. Ni wyddys beth oedd cynnwys yr adroddiad a gafodd y Prif Gwnstabl, ond yr oedd yr ymateb yn fêl ar fysedd perchennog *Y Faner*. Wedi helyntion Llannefydd, yr oedd beirniadaeth lem ar ymddygiad yr heddlu, ac fe anfonwyd 39 o filwyr y '9th Lancers' i'r cylch. Daethant i Ddinbych ar y 23ain o Fai a chael croeso mawr. Yn wir, y teimlad lleol oedd y byddent yn amddiffyn y ffermwyr yn erbyn ymosodiad arall gan yr heddlu, ac fe gawsant groeso ymhob cylch y buont ynddo. Yn ystod ymweliad â Llansannan, canwyd emynau i'w croesawu ac fe godwyd arian iddynt gael bwyd yn y pentref. Ar ôl helynt Llannefydd, ni chafwyd ymrafael rhwng yr heddlu a'r protestwyr. Dysgodd y Prif Gwnstabl y wers, ac er i atafaelu a gwerthiannau ddigwydd yn ystod gweddill 1888 ac 1889, ni chafwyd cythrwfl. Erbyn haf 1889, gallai'r *Faner* ddatgan nad oedd yr atafaelu yn 'creu cynnwrf i'r un graddau â'r llynedd'.[7] Erbyn Ionawr 1889, yr oedd Cyd-bwyllgor Sefydlog wedi'i benodi i fod yn gyfrifol am oruchwylio gwaith yr heddlu. Gan fod cynrychiolwyr o'r cynghorau sir newydd ar y Cyd-bwyllgor, gwyddai Leadbetter y byddai'n rhaid iddo fod yn hynod ofalus o hyn allan. Yn wir, bu Thomas Gee yn aelod o'r corff newydd ac, yn Hydref 1890, llwyddodd i gael ymchwiliad i ymddygiad yr heddlu yn Llannefydd.

Soniwyd eisoes am ymateb y Methodistiaid i Ryfel y Degwm. Yr oedd perthynas Thomas Gee â rhai o arweinwyr y Blaid Ryddfrydol yn ddigon anodd ar adegau hefyd. Cyfarfu Cynghrair Genedlaethol y blaid yn Llandrindod ar y 3ydd o Fedi 1889. Er bod yr arweinwyr yn barod i gefnogi cynnig i anghymeradwyo gweithredu'r degwm, bu peth anghydfod ynglŷn â'r dull o weithredu yn ei erbyn. Yr oedd Thomas Gee am iddynt fabwysiadu cymal a olygai y gellid defnyddio 'rhwystrau cyfansoddiadol' yn erbyn ei gasglu. Yr oedd gwrthwynebiad i hynny, ac fe gynigiwyd 'gwrthdystiad cyfansoddiadol'. Yn y diwedd cafwyd cyfaddawd gan gytuno ar y geiriau 'gwrthdystiad ymarferol cyfansoddiadol'. Yr oedd anniddigrwydd ymhlith yr arweinwyr ynglŷn â natur y protestio, ac roeddent yn anfodlon eu clymu eu hunain yn fwy nag i fynegi gwrthwynebiad geiriol. Fodd bynnag, fe fynegodd y cyfarfod siom mai dim ond hanner yr aelodau seneddol o Gymru a fynychodd y ddadl yn Nhŷ'r Cyffredin ar y degwm.

---

[7] *Y Faner*, 17 Gorffennaf 1889.

Yn ystod Rhagfyr, fe gyfarfu Cynghrair Ryddfrydol Gogledd Cymru yng Nghaer, pryd y trafodwyd perthynas y Gynghrair â'r Gynghrair Dirol. Yr oedd Thomas Gee o'r farn y dylid dod â'r Gynghrair Dirol o dan adain y Rhyddfrydwyr, ond yr oedd gwrthwynebiad chwyrn i hynny ymhlith aelodau'r blaid. Mae hon yn ddadl oesol, sef perthynas unrhyw fudiad sy'n defnyddio protest i hyrwyddo'i amcanion â'r blaid sydd agosaf ati o ran anian. Fe'i gwelwyd ar ddechrau'r ganrif hon ym mherthynas y Blaid Lafur â rhai o'r mudiadau protest ar y chwith, gan gynnwys yr Undebau Llafur, ac yn chwedegau a saithdegau'r ganrif bresennol rhwng Cymdeithas yr Iaith a Phlaid Cymru. Gall y berthynas fod yn un anesmwyth iawn ar brydiau, a dyna brofiad Thomas Gee yng nghyfnod Rhyfel y Degwm. Fe wrthodwyd cynnig Howell Gee i uno'r ddwy Gynghrair yng Nghaer, gan benderfynu 'gadael rheolaeth ymarferol y cyffrawd yn nwylaw y pwyllgor hwnnw', (sef y Gynghrair Dirol). Yn rhifyn y 18fed o Fedi o'r *Faner* beirniadwyd y penderfyniad yn hallt, gan restru'r rhesymau pam y bu i'r mudiad gwrthddegymol gadw ei drefniadaeth ar wahân i'r Blaid Ryddfrydol hyd hynny, ond fod yn amser eu huno. Mae'n weddol amlwg fod y brotest yn dechrau gwanio, ac na allai Thomas Gee barhau i gymryd rhan mor flaenllaw. Llusgodd yr anghydfod yn ei flaen yn ddigon blêr ac atgas yn *Y Faner* am rai wythnosau, ac fe gyhuddodd Thomas Gee Ryddfrydwyr y Gogledd o fethu â deall ysbryd y penderfyniad a wnaed yn Llandrindod rai misoedd ynghynt.

Erbyn dechrau 1890, yr oedd gelyn arall yn codi yn erbyn arweinyddiaeth Thomas Gee o'r mudiad gwrthddegymol, y tro hwn rhywun a deimlai nad oedd amcanion y mudiad yn mynd yn ddigon pell. Bu gohebiaeth yn y wasg rhwng y sosialydd Dr Pan Jones a Thomas Gee. Yr oedd colofnau'r *Celt* a'r *Faner* yn clecian wrth i'r ddau hogi arfau. Dechreuwyd y cyfan gan lythyr bychan yn *Y Faner* ar yr 8fed o Ionawr gan D. Ifor Jones, Corris. Honnodd hwnnw i Pan Jones ddweud wrth glerigwr (na chaed ei enw) nad oedd yn cefnogi'r brotest yn erbyn y degwm ac mai hyrwyddo 'lledaeniad *Y Faner*' oedd bwriad Thomas Gee. Cyhoeddwyd llythyr gan Pan Jones yn rhifyn dilynol *Y Faner* yn cydnabod iddo siarad â'r clerigwr, ac mai sail ei wrthwynebiad i'r protestio oedd nad oedd wedi'i sylfaenu ar 'egwyddor', ac y dylid bod yn gwrthwynebu talu'r degwm yn llwyr. Honnodd fod

Thomas Gee wedi gwrthwynebu ymweliad Michael Davitt â Chymru ar y dechrau ond, pan welodd y croeso a gafodd, iddo newid ei safbwynt. Dywedodd i Thomas Gee droi Michael D. Jones oddi ar lwyfan cyfarfod cyhoeddus yn Ninbych am ei fod yn 'rhy eithafol'. Aeth y ffrae yn hynod bersonol o hynny ymlaen. Cyhoeddwyd erthygl yn *Y Faner* ar y 29ain o Ionawr o dan y teitl 'Breuddwydion Dr. Pan Jones'. Gwadodd Thomas Gee lawer o'r honiadau, gan ddweud iddo deimlo bod ymweliad Davitt yn gynamserol o gofio bod Cymdeithasau Amaethyddol y cylch yn trafod argymhellion gyda'r tirfeddianwyr. Yn yr un rhifyn, cyhoeddwyd llythyr gan Daniel Roberts yn gwrthod honiadau Pan Jones ynglŷn â hanes Michael D. Jones. Fe ddywedodd fod y Gymdeithas a drefnai'r cyfarfod wedi mynd at Thomas Gee yn gyfrinachol gan ofyn iddo geisio perswadio Michael D. Jones i beidio â siarad. Yr oedd hyn yn creu embaras iddo gan fod y ddau yn gyfeillion, a Michael D. o bryd i'w gilydd yn aros yn ei gartref. Fodd bynnag, bu'n rhaid iddo gydsynio gan i'w gyfaill eistedd yng nghanol y gynulleidfa, ac nid aeth i'r llwyfan o gwbl.

Honiad arall a wnaed gan Pan Jones oedd gwamalrwydd *Y Faner* ar sawl pwnc, a pharodrwydd y golygydd i ddilyn pynciau poblogaidd yn hytrach na chadw at egwyddorion sylfaenol. Taranai: 'Bydd *Y Faner* yn troi bob amser gyda'r llanw. Gofala fwy am yr hyn sydd boblogaidd nag am yr hyn sy'n iawn. Bydd *Y Faner* yn cadw pob pwnc o hyd breichiau hyd nes y delo yn boblogaidd, yna cymer ef i fyny fel ei heiddo ei hun.' Cyhuddai Thomas Gee o unbennaeth, gan haeru ei fod yn amharod i gydweithredu ag eraill. Daeth ei ymosodiad ffyrnicaf mewn erthygl yn y *Celt* ar yr 21ain o Chwefror 1890. Gwnaeth sylwadau coeglyd ar y gwahanol Gynghreiriau a sefydlwyd gan Thomas Gee gan symud o'r naill i'r llall wrth iddynt fethu. Meddai, 'Fel hyn y mae Mr Gee wedi bod drwy'r blynyddoedd, yn deor ar gynghreiriau, yn eu bedyddio ac yna eu claddu'. Aeth ati i dynnu sylw'r darllenwyr at ddiffyg cefnogaeth Thomas Gee i amgylchiadau gweision ffermydd a labrwyr, er i'r Gynghrair olaf ychwanegu 'gweithwyr' i'w deitl.

Mae yna elfen gref o eiddigedd yn perthyn i sylwadau Pan Jones. Wedi'r cwbl, yr oedd y mudiad gwrth-ddegwm yn hynod boblogaidd ymhlith amaethwyr, a'r *Faner* wedi cynyddu ei chylchrediad ar ôl y ffrae ar bolisi Gladstone tuag at Iwerddon. Yr oedd y *Celt* a'r *Faner* yn cystadlu am ddarllenwyr, er nad oedd cymhariaeth rhwng y ddau o safbwynt cryfder eu newyddiaduriaeth. Er hynny, mae'n siŵr fod yna ddogn o wirionedd yn y sylwadau, a phrawf fod Thomas Gee yn bragmatydd yn ogystal â bod yn radical. Mae'n wir nad oedd amgylchiadau'r gweision yn uchel ar restr ei flaenoriaethau, ac fe welai'r ymgyrch yn erbyn y degwm yn rhan o'r frwydr ehangach dros ddatgysylltu'r Eglwys. Nid oedd cyflwr truenus y gweision o gymorth yn y frwydr honno.

Daeth Rhyfel y Degwm i ben i bob pwrpas ar ôl i weinyddiaeth yr Arglwydd Salisbury basio deddf ym mis Mawrth 1891 yn rhoi'r cyfrifoldeb o dalu'r degwm ar y landlord, a newid y dull o'i gasglu. Yr oedd Thomas Gee wedi chwarae rhan gwbl ganolog yn y frwydr, ac wedi gwneud llawer o elynion yn y broses. Ond yr oedd *Y Faner* yn sicr o'i lle yng nghalonnau ei ddarllenwyr. Iddyn nhw, Thomas Gee oedd arwr mawr y cyfnod.

Herio'r Drefn – Y Tir a'r Eglwys

Gan fod mwyafrif y landlordiaid yng Nghymru yn eglwyswyr yn ogystal â bod yn Dorïaid, cynyddodd y galw am ddatgysylltu'r eglwys. Cymaint fu llwyddiant y wasg Gymreig yn y frwydr i radicaleiddio'u darllenwyr, a hynny ochr yn ochr ag areithiau'r to newydd o aelodau seneddol yn San Steffan, fel y teimlodd y landlordiaid fod yn rhaid taro'n ôl. Mae'r cyhuddiadau a'r gwrth-gyhuddiadau a wnaed gan y ddwy ochr yn y frwydr hon yn un o wrthdrawiadau mwyaf diddorol y cyfnod. Ar y naill ochr safai Thomas Gee yn arwain y radicaliaid Cymreig, Rhyddfrydol ac Ymneilltuol mewn iaith a gweithred liwgar, ac ar y llall safai J. E Vincent, bargyfreithiwr disglair a chynrychiolydd y landlordiaid Seisnig, Ceidwadol ac Eglwysig, yn ysgrifennu mewn iaith or-gymedrol ac amddiffynnol. Cyhoeddodd Vincent ddau lyfr, y naill yn 1889 yn dwyn y teitl *Letters from Wales* a'r llall yn 1896, sef *The Land Question in North Wales*. Yr oedd y frwydr rhwng y ddwy ochr yn ganolog i hanes helynt y degwm, pwnc y tir a datgysylltu'r Eglwys.

Yr oedd patrwm amaethyddiaeth yng Nghymru yn dra gwahanol i'r patrwm yn Lloegr, gyda ffermydd bychain teuluol gan amlaf yn ddibynnol ar anifeiliaid a chynhyrchu llaeth. Er nad oedd y cwymp ym mhrisiau anifeiliaid i'w gymharu â'r gostyngiad ym mhris ŷd ddiwedd y saithdegau a'r wythdegau, yr oedd maint y ffermydd yng Nghymru yn golygu bod colledion yn faich trymach i'w gario. Yr oedd diffyg sicrwydd tenantiaeth yn ffactor arall. Ychydig o lais a gâi'r tenant wrth osod lefelau rhent, ac ni châi hawlio iawndal am welliannau. O ganlyniad, nid oedd ganddo fawr o gymhelliad i fuddsoddi yn nyfodol ei fusnes. Yn ogystal, yr oedd mewnforion o gig rhad o'r Ariannin ac Awstralia wedi dechrau glanio ym mhorthladdoedd gwledydd Prydain. Gwelwyd gostyngiad sylweddol yn y nifer a weithiai ar y tir, yn arbennig felly weision ffermydd a morynion. Dim ond 10.2% o'r tir yng Nghymru oedd yn eiddo i'r sawl oedd yn ei drin.[1] Yr oedd canran perchenogaeth tir yn uwch yn yr Alban a Lloegr. Symudodd nifer i'r ardaloedd trefol yng Nghymru ac eraill i Lerpwl, Manceinion a Llundain. Yn yr wythdegau aeth llawer dramor, i'r Unol Daleithiau yn bennaf, ac yn ddiweddarach i Batagonia.

Dechreuodd yr ymgyrch yn erbyn y tir feddianwyr yn yr 1840au yng ngholofnau'r *Cronicl* a'r *Amserau*. Erbyn y pumdegau yr oedd S.R. yn honni mai 'landlordiaeth' oedd wrth wraidd problemau'r Gymru wledig.[2] Gwelwyd eisoes fod etholiadau 1859, 1865 ac 1868 wedi amlygu'r tensiwn rhwng y landlordiaid a'u tenantiaid pryd y collodd rhai eu ffermydd am iddynt bleidleisio i'r ymgeisydd Rhyddfrydol. Yr oedd Thomas Gee ei hun yn denant fferm Yr Eglwys Wen ar gyrion tref Dinbych ers y chwedegau. Er bod Deddf Daliadau Amaethyddol 1875 wedi sefydlu'r egwyddor o iawndal am welliannau, ychydig o Gymry a wnaeth ddefnydd ohoni. Erbyn 1886 fodd bynnag, yr oedd gan yr amaethwyr yng Nghymru ladmeryddion yn y Senedd a allai leisio'u dyheadau, a rhoi min i'w hymdrechion i sicrhau gwell telerau. Defnyddiodd Thomas Gee golofnau'r *Faner* i gefnogi'r ymdrechion seneddol, ac i greu mudiad poblogaidd yn yr ardaloedd gwledig a allai ymgyrchu o blaid newidiadau deddfwriaethol. Yr oedd ymdrechion y Gwyddelod o blaid newidiadau yn y deddfau tir yn symbyliad i'r Cymry, er nad oedd Thomas Gee yn cefnogi'r dulliau Gwyddelig o ymgyrchu.

Yr oedd rhai o'r seneddwyr, megis Stuart Rendel (Maldwyn) a Bryn Roberts (Eifion) yn ddrwgdybus o radicaliaeth Thomas Ellis a Thomas Gee ar faterion yn ymwneud â deddfau tenantiaeth. Er hynny, yr oedd ymdrechion y radicaliaid yn hynod boblogaidd ymhlith y tenantiaid eu hunain. Yn y cyfnod hwn gellid dadlau mai Thomas Ellis oedd arweinydd seneddol y radicaliaid ar y pwnc hwn, a Thomas Gee yr arweinydd yn y wlad. Erbyn 1881, yn dilyn ymdrechion Parnell a'i gyd-aelodau Gwyddelig, pasiwyd Deddf Tir yn Iwerddon. Bu hyn yn symbyliad i ymdrechion y Cymry, ac fe anfonwyd cylchlythyr i bob rhan o'r wlad yn holi am lefelau rhenti a thelerau tenantiaeth. Cyhoeddwyd yr atebion yn *Y Faner*, gan ddal bod sefyllfa ariannol llawer o'r amaethwyr yn echrydus

[1] John Davies, *Hanes Cymru*.
[2] ibid.

a'r telerau tenantiaeth ar lawer o'r stadau yn hynod anffafriol. Ond nid dyma oedd y darlun cyfan. Yr oedd ffactorau eraill wrth waith hefyd,[3] megis problemau marchnata a diffyg menter yr amaethwr cyffredin. Mae yna dystiolaeth fod rhai o'r landlordiaid yn gostwng rhenti, ac yn buddsoddi mewn gwelliannau. Erbyn hyn fodd bynnag, nid dadl economaidd yn unig oedd y ddadl yn erbyn landlordiaeth. Yr oedd hi'n ddadl wleidyddol a chymdeithasol yn ogystal. Yn wir, fe drodd yn ddadl o blaid Ymreolaeth cyn diwedd y ganrif.

Yn 1883 cafwyd Deddf Daliadau Amaethyddol newydd nad oedd fawr gwell na'r gyntaf wyth mlynedd ynghynt, ac fe'i beirniadwyd yn hallt yn *Y Faner* a'r papurau Cymraeg yn gyffredinol. Yr oedd Thomas Gee yn hynod gefnogol, fel y gwelwyd eisoes, i Raglen Anawdurdodedig Joseph Chamberlain a oedd yn llawer mwy radical na Gladstone ar ddiwygio'r deddfau tir. Erbyn mis Ionawr 1886, yr oedd Thomas Gee o blaid sefydlu 'Cynghrair y Bobl' a allai ymgyrchu o blaid Mesur Tir cynhwysfawr i sicrhau rhenti teg, sicrwydd tenantiaeth, iawndal am welliannau, diwygio cyfraith hela a nifer o faterion eraill. Cynhaliwyd nifer o gyfarfodydd o dan nawdd y Cymdeithasau Amaethyddol yn hanner cyntaf 1886, ac ar yr 16eg o Fehefin cafwyd cyfarfod lluosog yn y Rhyl. Yno, penodwyd pwyllgor, ar gais Thomas Gee, i lunio mesur tir i Gymru, ac fe welwyd ffrwyth eu llafur erbyn mis Medi. Cytunwyd mai Bryn Roberts fyddai'n cyflwyno'r mesur. Cynhaliwyd Cynhadledd a chyfarfod cyhoeddus yn Ninbych yn Nhachwedd yr un flwyddyn, a Thomas Gee yn flaenllaw yn y gweithgareddau unwaith yn rhagor. Penderfynwyd y dylid cyflwyno mesur yn ystod y flwyddyn seneddol ganlynol. Yn ystod y cyfarfod cyhoeddus, cynigiodd y Dr Pan Jones welliant o blaid cenedlaetholi'r tir, ond ni chafodd eilydd. Dyma un o'r ffactorau a greodd ddrwgdeimlad rhyngddo a Thomas Gee, fel y gwelwyd yn y bennod ar y degwm.

Bu peth anghytundeb rhwng Thomas Gee a Bryn Roberts ar gynnwys y mesur a oedd i'w gyflwyno i'r senedd ar fater iawndal. Dadleuai Thomas Gee o blaid cynnwys cymal mwy radical o lawer na'r hyn y gallai'r seneddwr gytuno iddo.

Yn y diwedd, cyflwynwyd y mesur ym mis Ionawr 1887,[4] ond

---

[3] John Davies, *Hanes Cymru*. t. 428.
[4] Kenneth O. Morgan, *Wales in British Politics*. t. 95.

ni chafwyd cyfle i gael trafodaeth arno. Erbyn 1887, gwelai Thomas Gee yr angen i gyfuno'r ymgyrchoedd yn erbyn y degwm a'r deddfau tir ac, fel y nodwyd eisoes, erbyn diwedd y flwyddyn yr oedd Cynghrair Dirol, Masnachol a Gweithiol Cymru wedi'i sefydlu. Mewn araith o'i eiddo yn Ffestiniog yn ystod 1888, rhoddodd Thomas Gee amlinelliad clir o'i safbwynt ar bwnc y tir.[5] Cefnogai chwalu'r stadau mawr, a'r amaethwyr i fod yn berchenogion eu ffermydd. Dywedodd mai'r deddfau tenantiaeth oedd yn gyfrifol fod cynifer o weision ffermydd yn chwilio am waith yn ardaloedd fel y Blaenau.

Ym mis Mehefin 1888, symudodd Thomas Ellis gynnig ar fesur tir i Gymru yn y Senedd. Cafodd gefnogaeth gan ei gyfaill Arthur Acland, aelod Rotherham, a nifer o'r aelodau Cymreig. Traddododd araith rymus, feddylgar a choeth gan ddyfynnu ystadegau i ddangos bod lefelau rhenti wedi codi'n uwch yng Nghymru nag yn Lloegr yn ystod y cyfnod rhwng 1842 a 1879, ac fe alwodd am sefydlu corff i reoli rhenti ac amddiffyn sicrwydd tenantiaeth.[6] Cyfeiriodd at y ffaith nad oedd llawer o wybodaeth swyddogol i'w chael ar sefyllfa argyfyngus amaethyddiaeth yng Nghymru. Ychydig o Gymry, meddai, a benodid i gyrff statudol, ac ychydig o Gymry Cymraeg a benodid yn ynadon heddwch. Aeth ymlaen i sôn am y bwlch enfawr a fodolai rhwng y landlordiaid a'u tenantiaid mewn rhannau helaeth o'r wlad gan gyfeirio'n benodol at wahaniaethau ieithyddol, crefyddol a gwleidyddol. Soniodd am enghreifftiau o denantiaid yn cael rhybudd i ymadael â'u ffermydd am iddynt gefnogi'r ymgyrch yn erbyn y degwm. Yr oedd prisiau anifeiliaid wedi gostwng rhwng 30% a 60% yn y cyfnod diweddar, ond nid oedd y gostyngiad yn y rhenti yn fwy na 10%. Fe'i cefnogwyd yn frwd gan Osborne Morgan a draddododd araith genedlatholgar ei naws. Tynnodd sylw at y gwahaniaethau rhwng Cymru a Lloegr o safbwynt iaith, hil, crefydd a gwleidyddiaeth. Yn naturiol ddigon, gwrth-wynebwyd safbwynt Thomas Ellis yn ffyrnig gan rai a siaradai o blaid y landlordiaid, megis Cornwallis West a G. T. Kenyon. Siaradodd y Postfeistr Cyffredinol, Raikes, ar ran y llywodraeth. Cyfeiriodd at araith 'gymedrol' Ellis, ond yr oedd eraill yn fwy

[5] Ceir rhannau o'r araith yng *Nghofiant*, TGJ, tt. 500-502.
[6] *Hansard* 1888-9 col. 1792 et seq.

eithafol. Fe dynnodd sylw at lythyr Thomas Gee yn y *Times* ar 18 Mehefin 1888. Yn y llythyr, fe wadodd Thomas Gee ei fod wedi defnyddio'r term *rotten Landlords*; yr hyn oedd ganddo dan sylw, meddai, oedd *rotten land laws*. Er hynny, cyhuddodd Gee o ddefnyddio iaith eithafol, ac er mai cymedrol oedd ceisiadau Ellis yn ystod y ddadl, rhoddodd restr hir o amcanion Thomas Gee, sef Llys Tir, cynllun i osod lefelau rhent, sicrwydd tenantiaeth, iawndal am welliannau, cymorth i denantiaid brynu eu ffermydd, diddymu'r deddfau hela, talu cyflog i aelodau seneddol yn ogystal â datgysylltu a dadwaddoli'r Eglwys! Wrth wrthod y cynnig meddai:

> Nothing could be more fatal to the true interests of Wales . . . than for us to yield to an agitation got up by two or three incendiary newspapers . . .

Yr oedd y bleidlais ar y cynnig yn gymharol agos, er ei golli o 146 i 128.

Yn ddigon naturiol, rhoes *Y Faner* ganmoliaeth uchel i ymdrechion Thomas Ellis ac Osborne Morgan. Bu llu o erthyglau eraill yn *Y Faner* ar y pwnc, a Thomas Gee yn annerch cyfarfodydd ar hyd a lled gogledd Cymru; fe rannodd lwyfan â Lloyd George yng Nghricieth.

Bu cryn bwysau ar Gladstone yn ystod y cyfnod hwn i ymateb i ddyheadau'r aelodau o Gymru ar sawl mater gan gynnwys deddf tir. Cawn weld eto mai ar bwnc datgysylltu'r eglwys y bu'r dadlau mwyaf brwd, ond dengys y ffaith fod materion eraill yn codi i'r brig fod yr aelodau newydd o Gymru a etholwyd i'r senedd rhwng 1880 a 1890 yn cydweithio'n well nag mewn unrhyw gyfnod o'r blaen. Gyda phobl ifainc fel Thomas Ellis a Lloyd George yn ymuno â'r tîm seneddol Rhyddfrydol yr oedd yna fwy o fin a chyfeiriad i'r dadleuon yn ymwneud â Chymru. Er bod Thomas Gee yn cynrychioli cenhedlaeth dra gwahanol fe gefnogodd y genhedlaeth newydd yn frwd yng ngholofnau'r *Faner,* yn enwedig ar bynciau megis diwygio'r deddfau tir, datgysylltiad, a'r degwm. Ar y dechrau, yr oedd yn llai parod i gefnogi'r alwad am ymreolaeth i Gymru, ond fe chwaraeodd ran flaenllaw ym mudiad Cymru Fydd cyn diwedd ei oes. Serch hynny, rhaid gochel rhag gorganmol cydweithio rhwng yr aelodau seneddol Cymreig yn y cyfnod hwn o'u cymharu dyweder â'r cenedlaetholwyr

Gwyddelig. Yr oedd llawer o'r aelodau'n ddrwgdybus o amcanion y to ifanc, ac nid oeddent yn gweithio fel tîm pan drafodid materion yn ymwneud â Chymru yn y Senedd.

Yn ystod gweinyddiaeth Geidwadol Marcwis Salisbury rhwng 1886 a 1892, dim ond codi sylw at bynciau llosg o Gymru a allai'r Rhyddfrydwyr Cymreig. Erbyn mis Awst 1892, fodd bynnag, yr oedd Gladstone yn ôl wrth y llyw a'r aelodau o Gymru yn cynyddu'r pwysau arno i ddeddfu ar bwnc y tir, neu o leiaf i sefydlu Comisiwn Brenhinol i ymchwilio i'r pwnc. Ar yr 16eg o Fawrth 1892, bu ail ddarlleniad mesur tir Thomas Ellis yn y senedd. Nid oedd obaith iddo lwyddo, ond y bwriad, wrth gwrs, oedd cynyddu'r pwysau ar Gladstone i weithredu ar ôl yr etholiad a ddeuai cyn diwedd y flwyddyn. Y tro hwn cynhwysai'r mesur gymal i sefydlu Llys Tir yn lle'r cynllun cyflafareddu a gefnogwyd mewn dadleuon blaenorol. Yn ystod ei araith, ailadroddodd Ellis lawer o'r dadleuon a ddefnyddiwyd yn ystod y ddadl yn 1888. Dywedodd fod y gwahaniaethau rhwng y landlordiaid a'u tenantiaid yn peri i'r landlordiaid beidio ag anrhydeddu traddodiadau megis trosglwyddo tenantiaeth i fab ar farwolaeth y tad. Hyd yn oed ar ôl sicrhau'r bleidlais gudd, yr oedd llawer o'r tenantiaid yn amharod i ymddangos ar lwyfannau gwleidyddol, rhag ofn iddynt dderbyn rhybudd i ymadael. Cyfeiriodd at etholiad 1859 ym Meirionnydd pryd y trowyd rhai o'u ffermydd, ac etholiad 1868 pan ddaeth yr un ffawd i ran tenantiaid yng Nghaernarfon, Ceredigion a Chaerfyrddin. Ychwanegodd fod rhai tenantiaid wedi colli eu ffermydd am wrthod talu'r degwm. Dywedodd fod lefelau rhenti wedi gostwng yn fwy yn Lloegr yn y cyfnod ers 1888. Byddai ei fesur yn rhoi sicrwydd tenantiaeth, ac yn sefydlu awdurdod annibynnol i osod telerau rhesymol i gytundeb tenantiaeth, a rhent teg. Dywedodd nad oedd cynllun cyflafareddu yn dderbyniol bellach.

Siaradodd Gladstone yn erbyn y mesur. Meddai:

> *The question raised by my hon. friend is not ripe for a definitive solution such as is proposed by the Bill now before Parliament.*

ac ymhellach :

> *The claims of the Welsh farmer cannot possibly depend on the question whether he is a Liberal and Nonconformist or a Conservative and Churchman . . .*

Ni allai Gladstone wadu ei ymlyniad i'r Eglwys, hyd yn oed wrth i ymgyrch y Rhyddfrydwyr yng Nghymru ddechrau tanio o ddifrif. Er hynny, fe gyfaddefodd fod yna achos dros gael ymchwiliad trylwyr a diduedd i amaethyddiaeth Cymru. Yr oedd hyn gymaint ag y gallai Thomas Gee obeithio'i gael ganddo. Gofynnodd y Gweinidog Amaeth, Chaplin, i'r aelodau wrthod *what I can only characterise as a mischievous, utterly unprincipled, and wholly uncalled for measure.*

Er i Gladstone gytuno y dylid cael ymchwiliad i stad amaethyddiaeth yng Nghymru, yr oedd yn gyndyn iawn o sefydlu Comisiwn Brenhinol. Ar ôl iddo ennill yr etholiad yn 1892, ei ddewis ef fyddai cynnull Pwyllgor Dethol. Cyfeiriodd at bwnc y tir yn ei araith enwog ar lethrau'r Wyddfa ym mis Medi, ond yr oedd yn fis Rhagfyr cyn iddo ildio i ymbiliadau Thomas Ellis gyda chymorth Lloyd George a Herbert Lewis. Yr oedd ganddynt gefnogaeth Asquith yn y Cabinet. Sefydlwyd y Comisiwn ar y 27ain o Fawrth 1893, a bu'n casglu tystiolaeth tan 1896 pryd y cyhoeddwyd yr Adroddiad terfynol mewn nifer sylweddol o gyfrolau. Penodwyd yr Arglwydd Carrington yn gadeirydd a D. Lleufer Thomas yn ysgrifennydd.

Fel y gellid disgwyl, cymerodd Thomas Gee ddiddordeb mawr yng ngwaith y Comisiwn. Ymddangosodd fel tyst yn Ninbych ar y 6ed o Fedi 1894, ac fe gyflwynodd dystiolaeth fanwl. Yn ei ddatganiad agoriadol, cyfeiriodd at y ffaith iddo fyw yn Ninbych ar hyd ei oes ac yr âi ei gysylltiad â'r wasg yn ôl i'r cyfnod iddo adael yr ysgol. Soniodd iddo fod yn denant ar fferm 160 cyfer ger yr Eglwys Wen, bod ganddo wybodaeth eang o arferion amaethyddol yn y cylch, ac iddo gymdeithasu â llu o denantiaid dros y blynyddoedd. Yr oedd wedi gwneud ymdrech, meddai, i gael barn landlordiaid a'u cynrychiolwyr ar y materion a'u poenai hwy. Dywedodd fod *Baner ac Amserau Cymru* wedi'i chyhoeddi am yn agos i 40 mlynedd ac wedi rhoi lle amlwg i gwestiynau amaethyddol. Yna aeth ati i amlinellu'n fanwl y materion a'i poenai ef ynglŷn â phwnc y tir, sef sicrhau rhenti teg, sicrwydd tenantiaeth, a iawndal llawn am welliannau. Dylid sefydlu Llys Tir i ddelio â'r materion yma. Heb hynny, yn ei farn ef, nid oedd modd sicrhau tegwch yn y berthynas rhwng landlord a thenant. Rhoddodd dystiolaeth ynglŷn â lefelau rhenti, prisiau anifeiliaid, prisiau cnydau, caws, menyn a gwlân. Mae rhai haneswyr yn feirniadol o agwedd Thomas Gee tuag at y gweision ffermydd a'r dosbarth gweithiol yn gyffredinol.[7] Yn ei dystiolaeth gerbron y Comisiwn, fodd bynnag, cyfeiriodd yn helaeth at sefyllfa druenus y gweision ac at y cartrefi gwael a gaent ar y stadau. Mynnodd fod angen amgylchiadau cysurus i gadw'r gweision ar y ffermydd a chodi tai a bythynnod addas ar eu cyfer hwy a'u teuluoedd. Fe ddylent gael ychydig o dir gyda'u tai fel y gallent gael y cyfle i wella'u hamgylchiadau. Ar ddiwedd ei sylwadau, cyfeiriodd Thomas Gee at y dial a fu gan rai landlordiaid ar eu tenantiaid yn dilyn etholiadau, a'r pwysau a roddwyd ar rai tenantiaid i fynychu'r eglwys yn hytrach na'r capel. Dywedodd fod rhai Anghydffurfwyr yn ei chael hi'n amhosibl i adeiladu capeli am fod y meistri tir yn anfodlon rhyddhau tir iddynt. Adroddodd hanes un digwyddiad ym mhentref Llanrhaeadr-yng-Nghinmeirch ger Dinbych, ac un arall yn Llanddulas.

Fe'i holwyd yn hynod drwyadl ar ei dystiolaeth gan y Comisiynwyr. Yn naturiol ddigon, efallai, fe'i holwyd yn bennaf gan un a gynrychiolai'r landlordiaid, yr Arglwydd Kenyon. Yr oedd hwnnw wedi gwneud ei waith cartref yn ofalus gan ei holi ynglŷn ag amgylchiadau personol Thomas Gee, sef ei fod yn berchen ar ddyddyn, melin a thir rhwng saith ac wyth cyfer o'r enw Felin Gadeg, ac wedi gosod y lle i denant o'r enw Cadwaladr Griffiths. Aeth y tenant i ddyled o £114-13s-10c. Anfonwyd y beilïaid i fynnu tâl, ac fe gytunodd Thomas Gee i dderbyn £25 ar yr amod fod y tenant yn gadael. Mae'n siŵr fod Thomas Gee wedi gweithredu'n gwbl gyfreithlon yn yr achos hwn, ond bwriad Kenyon wth godi'r mater oedd creu embaras i berchennog *Y Faner* ac un o arweinyddion y tenantiaid. Dichon ei fod wedi llwyddo i wneud hynny. Ac mae'r stori hon yn cadarnhau'r teimlad y gallai Thomas Gee fod yn berson digon caled mewn materion busnes.

Mater arall a aeth â sylw Kenyon oedd adroddiadau yn *Y Faner* ar faterion yn ymwneud â phwnc y tir. Yr oedd cynrychiolwyr y landlordiaid – a J. E. Vincent oedd yn bennaf gyfrifol – wedi trefnu i gyfieithu'r erthyglau a'r llythyrau hynny a ystyrid y rhai mwyaf ymfflamychol a'u cyflwyno i'r Comisiwn. Holwyd Thomas Gee ar gynnwys nifer ohonynt. Dywedodd nad oedd golygydd a chyhoeddwr papur yn gyfrifol am bob peth a gyhoeddid ynddo, ac

---

[7] Gweler Darlith Emyr Price ar Thomas Gee 1977 (Cymdeithas Addysg y Gweithwyr).

yn arbennig felly gynnwys llythyrau. Er hynny, mae'n amlwg mai bwriad Kenyon oedd tynnu sylw at iaith eithafol y rhai a gefnogai ymdrechion Thomas Gee ac mai propaganda pur oedd llawer o'r cynnwys. Mae cwestiynau Kenyon, fodd bynnag, yn tanlinellu'r ffaith fod *Y Faner* wedi tanio dychymyg y werin ac yn bapur dylanwadol iawn erbyn wythdegau a nawdegau'r ganrif. Hynny sydd bennaf i gyfrif fod cymaint o ymdrech wedi'i gwneud i barddu'o'r *Faner* yng ngolwg y Sefydliad.

Bu peth holi ar Thomas Gee ynglŷn â'r ffordd y byddai Llys Tir yn gweithredu, ac fe gyfaddefodd fod y mesur a oedd ganddo mewn golwg wedi'i sylfaenu ar Ddeddf Tir Iwerddon 1881. Dangosodd wybodaeth fanwl o'r ffordd y byddai'r llys yn penderfynu ar iawndal ar gyfer gwelliannau, a sut y byddai hynny'n gweithredu ar ddiwedd tenantiaeth neu pan fyddid yn trosglwyddo tenantiaeth. Fe'i holwyd ar y mater hwn gan Brynmor Jones, ac fe gafodd gyfle i ddangos ei ddealltwriaeth o'r pwnc dan sylw. Cyfeiriodd hefyd at amharodrwydd llawer o denantiaid i ymddangos gerbron y Comisiwn i roi tystiolaeth. Yr oeddent yn pryderu y gallai eu hymddangosiad arwain at anghydfod rhyngddynt a'u landlordiaid neu'r asiant. Yr oedd Thomas Gee wedi anfon cylchlythyr at nifer o denantiaid, wrth baratoi tystiolaeth ar gyfer ei ymddangosiad ei hun, ac yr oedd nifer ohonynt wedi ateb ar yr amod na chyhoeddid eu henwau. Fe'i holwyd ynglŷn â'r rhesymau iddo adael ei fferm ger yr Eglwys Wen a'r telerau a gafodd ar ei ymadawiad. Eglurodd iddo adael yn rhannol oherwydd ei oed, ac yn rhannol am iddo wrthwynebu'r ddeddf a osododd y cyfrifoldeb o dalu'r degwm ar y landlord a allai ei hawlio'n ôl drwy'r rhent. Golygai hyn na allai brotestio yn erbyn talu'r degwm. Bu un drafodaeth ddiddorol iawn rhwng Thomas Gee a Kenyon ynglŷn â gwisg merched ffermwyr yn Ninbych. Honiad Thomas Gee oedd fod plant y ffermwyr yn gwisgo dillad carpiog oherwydd cyflwr dirwasgedig y diwydiant, tra oedd Kenyon yn dadlau fod merched ffermydd y cylch yn gwisgo dillad o ansawdd da i fynd i'r dref. Yn ôl Thomas Gee, yr oedd y merched ar eu gorau yn y dref, ond pe gwelsai Kenyon hwy gartref byddai'n stori wahanol; wrth ymddangos mewn lle cyhoeddus, meddai, *a young woman does not wish to appear in her dishabille.*

Er i fwyafrif y Comisiwn fod o blaid sefydlu Llys Tir pan

gyhoeddwyd yr Adroddiad, ni ddeddfwyd i'w sefydlu. Ac er i Thomas Gee ac eraill frwydro mor galed ar bwnc y tir, ychydig iawn a gyflawnwyd. Erbyn 1896 yr oedd tân yr ymgyrch wedi'i hen ddiffodd mewn gwirionedd. Gellid dweud fod cynnwys yr Adroddiad yn gofnod pwysig o sefyllfa amaethyddiaeth yng Nghymru ar ddiwedd y bedwaredd ganrif ar bymtheg, ynghyd â'r gymdeithas wledig, ei gwleidyddiaeth a'i chrefydd. Serch hynny, mae'n destament i anallu'r Rhyddfrydwyr Cymreig i sicrhau deddfwriaeth mewn meysydd ar wahân i addysg neu ddirwest. Yr oedd eu hanallu i weithio fel tîm yn cloffi eu hymdrechion dro ar ôl tro.

* * * * * *

Heb os, y pwnc canolog ym mywyd cyhoeddus Thomas Gee, a'r maes lle y dangosodd y sêl a'r brwdfrydedd mwyaf oedd Datgysylltiad yr Eglwys. O edrych ar yr ymgyrchoedd y bu'n ymhél â hwy drwy gydol ei oes mae'r frwydr rhyngddo a'r eglwys yn thema gyson. Dyna un o'r prif resymau y bu'n ymgyrchu o blaid sefydlu ysgolion Brutanaidd, a dyna oedd y tu ôl i'w frwydr yn erbyn y dreth eglwys rhwng 1852 a 1854. Bu'r gwahaniaethau rhyngddo a Gladstone, yr Uchel Eglwyswr, yn seiliedig ar agwedd lugoer os nad gelyniaethus y prif weinidog tuag at ddatgysylltiad. Arweiniodd at rwyg pendant rhyngddynt yn 1885, ac fe drodd Thomas Gee am ysbaid at Chamberlain am fod yntau'n cefnogi'r datgysylltu. Bu'n gyfrwng iddo ffraeo â'i gyfeillion adeg dadl Watkin Williams yn y Senedd yn 1869, ac yr oedd ei agwedd tuag at yr eglwys yn rhan amlwg o'r ymgyrch yn erbyn y degwm. Mae'r pwnc yn dangos cryfder ei gymeriad ar ei orau, a'i wendid fel person anoddefgar a chul ar brydiau. Gallai ddangos ochr go fileinig i'w gymeriad wrth ymateb i'w wrthwynebwyr, fel y dengys ei berthynas ag esgob Llanelwy, Alfred George Edwards.

Er nad oedd Gladstone o blaid datgysylltiad adeg y ddadl ar gynnig Watkin Williams – dywedodd y byddai'n gadael *a bleeding and lacerated mass* ar ei ôl – sylweddolodd yr angen am benodi Cymry yn esgobion. Penodwyd y cyntaf, Joshua Hughes, yn esgob Llanelwy yn 1870 ac fe groesawyd y penodiad gan *Y Faner*: 'Er nad yw o nemor bwys i ni fel ymneilltuwyr pwy a benodir, eto yr ydym fel Cymry yn rhwym o deimlo boddhad yn y ffaith fod un o'n cydwladwyr ein hunain o'r diwedd wedi ei ddyrchafu i'r fainc esgobol.' Wedi hyn, ni phenodwyd yr un clerigwr di-Gymraeg yn esgob yng Nghymru. Yn y dyddiau cynnar, yr oedd llawer o'r datgysylltwyr yn gweld yr ymgyrch fel rhan o'r frwydr gyffredinol i hollti'r eglwys sefydledig oddi wrth y wladwriaeth. Dyna oedd barn y Gymdeithas Ryddhad ac aelodau seneddol fel Henry Richard. Thomas Gee oedd un o'r ychydig a frwydrodd i sicrhau datgysylltiad yng Nghymru'n unig, ond erbyn 1885 yr oedd y mwyafrif yn cytuno ag ef. Yn wir, erbyn hynny, yr oedd datgysylltiad cyn bwysiced i'r aelodau Cymreig ag yr oedd Ymreolaeth i'r Gwyddelod. Y pwnc hwn a ddaeth â'r aelodau Cymreig at ei gilydd, a diffyg ymateb y llywodraeth i'w dyheadau a ddaeth â'r syniad o blaid seneddol Gymreig i fodolaeth.

Fel eglwyswr, yr oedd gan Gladstone ddiddordeb mawr yn ymlyniad y Cymry wrth Ymneilltuaeth. Mewn llythyr at un W. L. Bevan[8] ar y 13eg o Fai 1883, meddai

> There yet remains an interesting and important problem which has not been solved. During the great struggle with Charles I Wales was a great stronghold of the Church: so says Mr Hallam. And I apprehend that it is also true that Puritanism struck there but small and feeble roots. Two centuries pass and the Welsh are a non-conforming nation. How and why did this great change come about?[9]

Yn 1886, bu trafodaeth seneddol ar gynnig Lewis Dillwyn, aelod seneddol Abertawe, ac yr oedd Gladstone yn awyddus i'w drechu. Gwnaeth hynny'n glir mewn llythyr at H. C. E. Childers, yr Ysgrifennydd Cartref, ar y 9fed o Fawrth. Gofynnodd i Childers bleidleisio yn erbyn gan na allai ofyn i aelodau fel Chamberlain, Morley a Trevelyan wneud mwy nag ymatal. Yn ychwanegol, yr oedd yn bryderus ynglŷn ag agwedd y Frenhines: *It is very desirable to avoid mutiplying causes of the Queen's mistrust at this particular moment.*[10] Ysgrifennodd W. R. Thomas, golygydd *Y Bedyddiwr*, ato yn 1887 yn cefnogi datgysylltiad, ond ni welai Gladstone fod amser seneddol i'w gael ar gyfer cyflwyno mesur.[11]

Cyrhaeddodd yr ymgyrch o blaid datgysylltiad ei hanterth yn y cyfnod rhwng 1889 a diwedd y ganrif. Ym mis Mai 1889, bu

---

[8] Awdur *Historical note on the episcopate in Wales 1879.*
[9] Add. MS 44546, f. 113.
[10] Add. MS 44548, f. 60.
[11] Add. MS 44500, f. 129.

cynnig arall yn y senedd gan Lewis Dillwyn, a'r *Faner* yn datgan siom nad oedd Gladstone yn y Senedd i gymryd rhan yn y ddadl. Dechreuodd Esgob Llanelwy, A. G. Edwards, a benodwyd yn 1889, gymryd rhan go flaenllaw yn y ddadl yn erbyn datgysylltu ac erbyn 1890 yr oedd yn arwain yr ymgyrch drwy golofnau'r papurau. Yn *Y Faner* yn ystod y flwyddyn honno, cyhoeddwyd rhes o erthyglau yn ateb cyhuddiadau'r Esgob. Ym mis Mehefin, aeth dirprwyaeth o Ryddfrydwyr Caernarfon i ofyn i Gladstone ddeddfu ar y mater, ond fe wrthododd roi ymrwymiad nes byddai problem Iwerddon wedi'i setlo. Ar y 23ain o Fehefin, fe ysgrifennodd Thomas Gee lythyr hir ato'n dweud bod y Cymry wedi bod yn deyrngar iddo er 1868, yn fwy felly nag unrhyw ran arall o'r Deyrnas Gyfunol, a bod y mwyafrif o blaid datgysylltu a dadwaddoli'r eglwys. Mynegodd siom na chafodd Rhyddfrydwyr Caernarfon addewid ar ddeddfu, ac y dylai Cymru gael blaenoriaeth ar yr Alban yn y mater. Cyfeiriodd at ei aelodaeth o'r Gynghrair Gwrthddegymol ac mai ei brif wrthwynebiad i'r degwm oedd ei fod yn cael ei dalu i'r Eglwys yn hytrach na chael ei ddefnyddio at bwrpas 'cenedlaethol'.[12] Atebodd Gladstone ar yr ail o Orffennaf gan ddweud: *it is impossible at the present time to determine any question of priority* (rhwng Cymru a'r Alban)[13] a chadarnhau mai ymreolaeth Iwerddon a gâi'r flaenoriaeth ar bopeth arall.

Erbyn i Pritchard-Morgan godi'r mater yn y senedd ym mis Chwefror 1891, yr oedd Gladstone wedi dod o blaid yr egwyddor o ddatgysylltiad. Yr oedd hyn yn fater o gryn lawenydd i Thomas Gee er i'r cynnig ei hun golli o 32 o bleidleisiau. Mae'n amlwg fod a wnelo Stuart Rendel, A.S. Maldwyn er 1880, lawer â phenderfyniad Gladstone. Yr oedd Rendel yn gymeriad lliwgar a diddorol. Er ei fod yn Sais, yn gyfoethog, ac yn Eglwyswr, yr oedd Cymry tlawd ac anghydffurfiol Maldwyn wedi'i dderbyn i'w calonnau. Yn ei lythyr i'r etholwyr cyn etholiad 1880, cymerodd safbwynt go radical ar faterion y dydd yng Nghymru, a bu'n gyfrifol am ddwyn gafael teulu'r Wynniaid ar y sedd i ben o fwyafrif o 191. Yr oedd Rendel a Gladstone yn gyfeillion, ac fe dreuliai'r prif weinidog amser yn nhŷ aelod Maldwyn yn Ffrainc

---

[12] Ceir cynnwys y llythyr yn llawn yng *Nghofiant*, TGJ, tt. 552-55.
[13] T T 10 Gorffennaf 1890, 11f.

o bryd i'w gilydd. Yn ystod 1886, bu gohebiaeth rhwng Rendel a Morley ar fater datgysylltu, ac fe gyflwynodd Morley gynnig o'i blaid yng Nghynhadledd y Rhyddfrydwyr yn Leeds y flwyddyn honno. Cadarnhawyd hynny'n fwy pendant yng Nghynhadledd Nottingham y flwyddyn ganlynol. Erbyn 1891, yr oedd datgysylltu'r eglwys yn ymddangos yn ail ar restr blaenoriaethau'r blaid, rhestr a enwyd y *Newcastle Programme*. Ymddengys mai Morley oedd yn bennaf gyfrifol am sicrhau cefnogaeth Gladstone, gyda Rendel yn rhoi anogaeth fel bo'r galw. Mae'n hysbys fod Gladstone yn sylweddoli'r pwysau a ddeuai o Gymru yn sgil erthyglau yn *Y Faner* a phapurau a chylchgronau eraill.

Yr oedd dadleuon rheolaidd yn y Senedd ar bwnc datgysylltu. Ar y 23ain o Chwefror, cafwyd dadl ar gynnig Samuel Smith, a'r mwyafrif yn erbyn y tro hwn yn 47. Yn y ddadl hon, fe ddywedodd Cornwallis West ei fod o blaid datgysylltiad, ond yn erbyn dadwaddoliad. Tynnodd *Y Faner* sylw at yr anghysondeb yn ei safbwynt drwy gyfeirio at ei lythyr i'r etholwyr yn 1885 pan ddywedodd ei fod yn cefnogi'r ddau. Ond mae'n deg nodi fod rhai yn dechrau gwegian ar fater dadwaddoliad erbyn 1892, pan sylweddolid beth a olygai hynny'n ymarferol. Yng nghanol y flwyddyn dechreuodd Thomas Gee ymgynghori â'i gyfeillion ar gynnwys telerau dadwaddoliad. Derbyniodd yr ymatebion, ac yr oedd cefnogaeth gyffredinol i'w argymhellion ac fe'u cyhoeddwyd yn *Y Faner* yn 1893. Fodd bynnag, yr oeddent yn llawer rhy radical i'r seneddwyr eu mabwysiadu, ac fe'u beirniadwyd yn hallt gan Esgob Tyddewi yn y wasg Saesneg.

Yn ystod yr ymgyrch etholiadol ym mis Gorffennaf 1892, rhoddodd *Y Faner* sylw mawr i ddatgysylltiad, ac erbyn mis Medi, a Gladstone yn ôl fel prif weinidog, hawliodd Cynghrair Ryddfrydol y Gogledd flaenoriaeth i'r pwnc; ym mis Tachwedd yr oedd y Gynghrair yn hawlio'r ail le iddo ar raglen y llywodraeth. Yr oedd Gladstone wedi rhestru Comisiwn Tir a Datgysylltu fel y blaenoriaethau ar gyfer Cymru yn 1893.[14] Ar ddiwedd y flwyddyn pwysodd Rendel yn galed i sicrhau deddfwriaeth fuan. Ond siom a gafodd Thomas Gee ar ddechrau 1893 pan glywyd mai cyflwyno Mesur Ataliol yn unig a wnâi'r llywodraeth. Bwriad y mesur oedd i ohirio creu buddiannau newydd yn y pedair esgobaeth yng

[14] *Dyddiadur Gladstone* 20 Gorffennaf 1894 (Cyf. 13).

Nghymru fel rhagarweiniad i ddadwaddoliad. Ym mis Ionawr yr oedd *Y Faner* o blaid ffurfio plaid annibynnol Gymreig yn y Senedd.

Cyflwynwyd Araith y Frenhines gerbron y Senedd yn ystod mis Chwefror 1893, ac fe gadarnhawyd mai Mesur Ataliol a gyflwynid. Creodd hyn anniddigrwydd ymhlith rhai o'r aelodau seneddol Cymreig gan gynnwys Lloyd George a D. A. Thomas. Galwodd Thomas Gee ar i'r aelodau Cymreig wrthod y Mesur Ataliol, gan ei gondemnio'n hallt. Dywedodd fod y Mesur wedi'i gyflwyno yng nghynffon Araith y Frenhines, tra bod aelodau blaenllaw o'r llywodraeth wedi dadlau y dylai mesur datgysylltu llawn fod yn ail ar ei rhestr blaenoriaethau. Cyn canol Chwefror, yr oedd yr aelodau Cymreig wedi anfon at Gladstone i fynegi eu siom, ac er nad oedd ymateb y prif weinidog yn gwbl dderbyniol, fe gytunwyd i ddwyn y Mesur Ataliol ymlaen ynghynt. Cytunodd yr aelodau i dderbyn hynny am y tro ac fe gariwyd y mesur o fwyafrif o 76. Ond yr oedd rhai o'r aelodau'n parhau'n anesmwyth ac yn fwy parod i weithredu fel plaid annibynnol ar ôl hyn, symudiad a gefnogai Thomas Gee yn gryf. Yr oedd Gladstone wedi ei siomi droeon o'r blaen, ond ymddengys fod pethau wedi mynd ymhellach y tro hwn, a bod mwy o barodrwydd i wingo yn erbyn y symbylau o hyn allan.

Ni roddwyd amser i drin y mesur ymhellach yn ystod 1893 gan fod mesur Ymreolaeth Iwerddon yn mynd â chymaint o amser y Senedd. Penderfynodd yr aelodau Cymreig anfon llythyr at Gladstone i ofyn iddo ddatgan ei safbwynt yn glir, ond fe wrthododd wneud hynny tra oedd helynt Iwerddon yn mynd â chymaint o'i sylw. Anfonwyd ail lythyr ato gan yr aelodau a thua chanol Awst bu cyfarfod o'r blaid seneddol Gymreig i glywed ei ateb. Ni chafwyd addewid pendant, dim ond geiriau cynnes. Yr oedd *Y Faner* yn anfodlon iawn ond fe benderfynodd yr aelodau seneddol y dylid rhoi cynnig arall arni. Cynhaliwyd cyfarfod arall o'r blaid seneddol ym mis Medi pryd yr ystyriwyd dau gynnig, un ai i ffurfio plaid annibynnol rhag blaen, neu i roi rhybudd o'r bwriad hwnnw i'r llywodraeth pe na chyflwynid mesur datgysylltu yn ddigon buan yn y tymor canlynol iddo gwblhau ei daith drwy'r senedd cyn diwedd y tymor. Yr oedd saith o blaid y cynnig cyntaf a phedwar ar ddeg yn ei erbyn. Bu peth trafod ar yr ail gynnig ac wedi newid ychydig ar y geiriad, fe'i pasiwyd gyda mwyafrif o ddeg. Yr oedd Thomas Ellis yn fodlon ar y geiriad hwn, er ei fod bryd hynny'n aelod o'r llywodraeth. Ond nid oedd Thomas Gee yr un mor barod i dderbyn geiriau cynnes Gladstone â'r aelodau Cymreig. Tynnodd Y Faner sylw at lythyr y prif weinidog at ysgrifennydd y Gymdeithas Rhyddhad Crefydd, gan ddatgan nad oedd yn hwnnw unrhyw awgrym fod y llywodraeth am gyflwyno mesur.

Ym mis Chwefror 1894, yr oedd Thomas Gee mewn cyfarfod o Gynghrair y Gogledd yn y Drenewydd ac yn siarad o blaid cynnig sefyll y tu cefn i'r aelodau Cymreig pe byddent yn sefydlu plaid annibynnol yn y senedd. Aed ymhellach yng nghyfarfod y Gynghrair ym mis Ebrill am fod y llywodraeth wedi cyflwyno mesurau eraill o flaen y mesur datgysylltu, ac fe gytunwyd i gefnogi plaid annibynnol. Erbyn i'r pwnc ddod i sylw'r senedd drachefn yr oedd Gladstone wedi ymddeol fel prif weinidog. Fe'i dilynwyd gan Iarll Rosebury ac fe ymatebodd hwnnw i fygythiad gan rai o'r aelodau Cymreig i sefydlu plaid annibynnol drwy gyflwyno mesur datgysylltu i'r senedd yn 1894. Ond, mewn gwirionedd, doedd yna fawr o sylwedd i'r bygythiad, er i bedwar aelod, Lloyd George, D. A. Thomas, Frank Edwards (Maesyfed) a Herbert Lewis, wrthod y chwip Ryddfrydol am ychydig fisoedd. Fe'i cefnogwyd gan Y Faner[15] ac yr oedd Thomas Gee am i'r aelodau fynd lawer ymhellach a'i gwneud hi'n glir na allai'r llywodraeth ddibynnu ar eu cefnogaeth oni bai bod deddfu buan. Aeth y pedwar aelod o gwmpas Cymru i annerch cyfarfodydd cyhoeddus, ond nid oedd cefnogaeth gref i'r bwriad o sefydlu plaid annibynnol. Yn ddadlennol efallai, yn Ninbych a'r Wyddgrug lle roedd cylch dylanwad Thomas Gee ar ei gryfaf y cafwyd y gefnogaeth fwyaf brwd. Bodlonodd y pedwar 'rebel' ar addewid a gaed ym mis Gorffennaf y cyflwynid mesur yn gynnar yn sesiwn 1895.

Daeth y mesur o flaen y Senedd ar y 25ain o Chwefror 1895, ac fe gafodd fwyafrif o 45 ar ddiwedd yr ail ddarlleniad ar y 1af o Ebrill. Aeth y mesur i'w bwyllgor yn ystod mis Mai, lle cafwyd trafodaeth ar welliannau. Ond fe drechwyd y llywodraeth ar fesur arall, a bu'n rhaid galw etholiad. Trechwyd y Rhyddfrydwyr yn yr etholiad, a dyna ddiwedd yr ymgais i ddeddfu ar ddatgysylltu'r

---

[15] Y Faner, Ebrill 1894.

eglwys yn ystod oes Thomas Gee. Bu'n rhaid disgwyl tan 1914 cyn cael Deddf Datgysylltiad, ac fe ddaeth honno i rym yn 1920.

Dyna, felly, ran Thomas Gee yn un o'r brwydrau mwyaf angerddol y cymerodd ran ynddi drwy gydol ei oes. Yn ystod yr holl ddadlau, y cynghreirio a'r ffraeo fe ddangosodd benderfyniad di-ildio yn ogystal â dallineb niweidiol, ymlyniad dewr yn ogystal â rhagfarn noeth. Daeth holl gymhlethdod ei gymeriad i'r amlwg yn y frwydr hon, ac er ei holl bropaganda yn *Y Faner* a'r gefnogaeth amlwg a gafodd ymhlith y werin a ryddfreiniwyd, bu'n rhaid sylweddoli yn y diwedd mai nerth neu ddiffyg nerth y Cymry yn y Senedd fyddai'n troi'r fantol o blaid neu yn erbyn yr ymgyrch. Yn anffodus, doedd trefniadaeth na chyd-dynnu'r aelodau Cymreig yn ddigon cryf i gario'r dydd, ac yr oedd Gladstone yn ormod o feistr ar ystrywiau gwleidyddol iddynt. Fe ddangosodd y bennod hon yn hanes Thomas Gee nad oedd llais y Gymru wledig Gymraeg bellach yn ddigon i gario'r dydd. Ychydig iawn o ddylanwad oedd gan *Y Faner* yn yr ardaloedd diwydiannol a oedd yn prysur golli'r iaith, ac yr oedd pynciau eraill eisoes yn mynd â bryd trigolion yr ardaloedd hynny.

* * * * * *

Sefydlwyd Cymdeithas Amddiffyn Eiddo Gogledd Cymru yn 1886 fel canlyniad uniongyrchol i lwyddiant ymgyrch Thomas Gee a'r *Faner* ar fater y degwm a phwnc y tir. Yn amlwg yr oedd y landlordiaid yn hynod o bryderus ynglŷn â'r ymgyrchoedd yma, a'r canlyniadau posibl pe byddai'r llywodraeth Ryddfrydol a etholwyd y flwyddyn honno yn ildio i'r radicaliaid. Meddai J. E. Vincent, canghellor esgobaeth Bangor a chyfreithiwr y Gymdeithas Eiddo:

> . . . the landowners of North Wales, who, by reason of the greater acuteness of the tithe question and the greater influence of the vernacular press in their districts, had been forced by circumstances to stand in the forefront of the battle, were already formed into a defensive association, and had been so formed since 1886.[16]

[16] J. E. Vincent, Longmans, *The Land Question in North Wales*. 1896, t. 41.

Mae'n amlwg fod y Gymdeithas yn cadw llygad barcud ar weithgareddau y rhai a elwid yn *agitators* ac yn trefnu cyfieithiadau o'r erthyglau a ymddangosai yn y wasg Gymraeg. Dichon eu bod yn gobeithio y gellid dwyn achos o enllib yn erbyn rhai o'r papurau a'r cylchgronau ac y byddai hynny'n fodd i'w tawelu. Ymddengys na ddaeth cyfle i wneud hynny, ond fe sicrhawyd erthyglau amddiffynnol yn y wasg Saesneg o bryd i'w gilydd, ac fe ddefnyddiwyd colofnau'r *Times* i wneud hynny'n lled effeithiol. Cyhoeddwyd llythyrau Vincent ar ffurf llyfr yn ddiweddarach. Erbyn 1892, yr oedd y ddwy ochr wedi dod i'r casgliad y dylid sefydlu Comisiwn Brenhinol i ymchwilio i bwnc y tir; roedd y tenantiad o blaid hynny am nad oeddent yn obeithiol y byddai'r llywodraeth yn deddfu, a'r landlordiaid am eu bod yn sylweddoli bod aelodau megis Thomas Ellis yn defnyddio dadleuon seneddol yn hynod effeithiol i ddwyn sylw i'w cwynion. Credai'r Gymdeithas y gellid pylu'r ymgyrch drwy sianelu ymdrechion y radicaliaid i waith y Comisiwn.

Mae'n amlwg fod araith Thomas Ellis yn y Senedd, wrth agor y ddadl ar ail ddarlleniad y Mesur Tir ar 16 Mawrth 1892, wedi cythruddo'r landlordiaid yn arw. Nodwyd eisoes fod Thomas Ellis yn areithiwr grymus a meddylgar ac mae'n amlwg fod ei gyfraniad wedi pryderu'r Toriaid, o gofio bod etholiad ar y gorwel a'r Rhyddfrydwyr yn debyg o gipio'r awenau unwaith yn rhagor. Mater arall a gododd wrychyn y landlordiaid oedd cynnwys araith Gladstone ar lethrau'r Wyddfa, gan ei fod yn adleisio llawer o'r dadleuon a gyflwynwyd gan Thomas Ellis yn y Senedd rai wythnosau ynghynt. Synwyrasant fod y llanw'n dechrau troi yn eu herbyn ar lefel seneddol, ac fe ddechreuodd Vincent herio'r ffigurau a ddefnyddiwyd i gyfiawnhau dadleuon y radicaliaid. Ysgrifennodd at Gladstone gan ofyn iddo gyfiawnhau'r ffigurau a ddefnyddiwyd ganddo ar lefelau rhenti yn ystod araith yr Wyddfa. Mae'n siŵr fod yr araith honno'n defnyddio mwy o rethreg nag a ddefnyddid ganddo yn y Senedd, ac fe gafodd beth anhawster i ateb gan roi cryn foddhad i Vincent a'i gefnogwyr. Unwaith y deallodd y landlordiaid fod Comisiwn Brenhinol i'w sefydlu, dechreuwyd ar y gwaith o baratoi tystiolaeth. Penodwyd Vincent yn gyfreithiwr i'r Gymdeithas Eiddo, ac ef oedd yn bennaf gyfrifol am ateb haeriadau'r rhai a gynrychiolai'r tenantiaid. Ni allai'r landlordiaid fod wedi sicrhau gwell lladmerydd ac aeth at y gwaith gyda thrylwyredd ac effeithlonrwydd canmoladwy iawn. Casglodd wybodaeth ar lefelau rhenti a'u cyflwyno'n awdurdodol i'r Comisiwn. Ni allai'r tenantiaid ei herio'n effeithiol.

Yn ystod tystiolaeth lafar Thomas Gee i'r Comisiwn, fe'i heriwyd ar gynnwys nifer o erthyglau yn *Y Faner* ar bwnc y tir. Trefnwyd i'w cyfieithu ac fe'u casglwyd ynghyd gan yr Arglwydd Penrhyn. Yr oedd nifer ohonynt yn gyfieithiadau o lythyrau a gyhoeddasid, ac nid oedd disgwyl i Thomas Gee gytuno â'u cynnwys bob tro. Er hynny, bwriad yr Arglwydd Kenyon wrth eu cyflwyno i'r Comisiwn oedd darlunio'r radicaliaid fel criw penboeth ac anghymharus a fodlonai ar ystumio ffeithiau i gydfynd â'u propaganda.

Pan soniai Vincent am *the vernacular press,* Y Faner oedd y prif elyn. Daeth hyn yn amlwg pan gyhoeddwyd ei lyfr yn 1896. Ynddo ceir cyfieithiadau o nifer o erthyglau yn y wasg Gymraeg. Mae yna un enghraifft yr un o'r *Herald Cymraeg, Y Genedl* a'r *Gwyliedydd,* a deunaw o'r *Faner.*[17] Meddai Vincent:

> *It was in this paper* [Y Faner] *that the attempt to use religious prejudice as a weapon against landowners was made with a persistent venom which, to those who have the intelligence to perceive and the candour to confess the absolute distinction between the two questions, will carry its own condemnation.*

Dyma enghraifft o'r cyfieithiadau:

> *'To arms! To arms!!' is the cry heard from afar, and if there be any foundation for what is published these days as to the conduct of landowners and clergymen in Wales, no doubt this cry will get louder continually until it resounds throughout the Principality and every other place where Dissenters are located. If it be found that circumstances call for the national newspapers of Wales to join in the shout 'To arms!' we believe that the nation will rise as one man in obedience to the call and that all will be ready for the battle!*

Y farn gyffredinol oedd y byddai'r tenantiaid yn cyflwyno'u hachos yn fwy effeithiol na'u gwrthwynebwyr, ac y byddai gallu trefniadol Thomas Gee wedi talu ar ei ganfed. Ond fe roes y

---

[17] *The Land Question in North Wales,* tt. 14-31.

landlordiaid well cyfrif ohonynt eu hunain gerbron y Comisiwn nag a ddisgwylid, a hynny'n bennaf o ganlyniad i waith Vincent.[18]

Ar fater datgysylltiad, Esgob Llanelwy, A. G. Edwards, a safai fel y prif ddadleuydd yn erbyn safbwynt Thomas Gee. Cafodd gymorth o bryd i'w gilydd gan y Barnwr Homersham Cox – gŵr yr honnwyd iddo gyhuddo'r Cymry o fod yn genedl feddw a chelwyddog[19] – ac Esgob Tyddewi. Ond Edwards oedd prif ladmerydd cyhoeddus yr Eglwys yn y cyfnod hwn, ac fe wnaeth gymaint o niwed i'r ymgais at gymod ag a wnaeth Thomas Gee ar yr ochr arall. Gallai ei gyfraniadau i'r wasg fod yr un mor rhagfarnllyd â'r ymneilltuwr mwyaf eithafol, ac nid oes amheuaeth nad oedd ei ffraeo cyhoeddus â Thomas Gee wedi gwneud niwed mawr i'r achos crefyddol yng ngogledd Cymru. Yn wir, pe gellid bod wedi defnyddio holl ynni diamheuol y ddau i bwrpas mwy cadarnhaol, dyweder i gydweithio er sicrhau addysg gynradd ac eilradd anenwadol, neu i wella cyfleusterau cymdeithasol y gweision ffermydd, gellid bod wedi cyflawni llawer mwy. Gellir dadlau hefyd fod defnyddio cymaint o egni ar y ddadl o blaid datgysylltiad ar ran Thomas Gee a'r seneddwyr Cymreig wedi gohirio'r ymgyrch o blaid ymreolaeth i Gymru. Dyna'n sicr oedd barn Emrys ap Iwan. Dichon nad oedd modd rhoi heibio'r alwad am ddeddfu ar ddatgysylltiad a phwnc y tir, ond gellid bod wedi cyflawni cymaint mwy pe byddai'r ymdrech ar bynciau penodol wedi'u cynnwys o fewn fframwaith ehangach a hwnnw wedi'i sylfaenu ar ymreolaeth.

[18] *Wales in British Politics*, Kenneth O. Morgan, t. 127.
[19] *Cofiant*, TGJ, t. 551.

Deffroad Cenedlaethol

Nid oedd Thomas Gee yn genedlaetholwr fel yr oedd Michael D. Jones neu Emrys ap Iwan. Byddai hynny wedi bod yn beth annisgwyl iawn o gofio ei fod yn perthyn i genhedlaeth dra gwahanol, ac wedi cyrraedd oed yr addewid pan ffurfiwyd y cymdeithasau cyntaf o dan faner Cymru Fydd yn Llundain. Y syndod yw ei fod nid yn unig wedi cefnogi'r mudiad yn frwd ar ôl 1894 ond ei fod wedi chwarae rhan mor flaenllaw ynddo hyd ddiwedd ei oes. .

Gwelwyd eisoes fod Thomas Gee yn clodfori'r frenhiniaeth yn rhifyn cyntaf Y *Faner,* ac yn adlewyrchu syniadau'r oes yng nghanol y ganrif. Ond buan y pylodd ei sêl o blaid y sefydliad hwnnw. Erbyn 1878 yr oedd yn beirniadu'r frenhiniaeth am gefnogi rhyfel yn erbyn Rwsia, a'r flwyddyn ganlynol beirniadai gost y teulu brenhinol gan ddatgan na ddylid rhoi arian o bwrs y wlad i fab y frenhines ar achlysur ei briodas. Mewn erthygl yn Y *Faner* ar yr 20fed o Fawrth 1878 o dan y teitl 'Y Goron, Y Senedd a'r Bobl', cyhuddwyd y Frenhines o geisio gweithredu y tu hwnt i'w hawliau o dan y cyfansoddiad, ac na ddylid caniatáu iddi ymyrryd yng ngwaith y llywodraeth, a chondemniwyd y bwriad i ychwanegu'r teitl 'Ymerodres' i'r Frenhines. Tynnwyd sylw yn yr un rhifyn at sylwadau anffafriol y Tywysog Albert ar y Senedd mewn cofiant ohono a ddyfynnwyd yn y papurau Saesneg. Ar y 19eg o Fawrth 1879, beirniadwyd y Frenhines ymhellach am wrthod rhoi gwahoddiad i Gladstone i briodas ei seithfed plentyn i dywysoges o Brwsia. Roedd hon yn weithred annoeth meddai Thomas Gee, 'gweithred a bâr i luoedd o'i deiliaid ymddieithrio oddi wrthi yn fwy nag erioed'. Aeth ymhellach drwy honni y byddai'r farn gyhoeddus yn cynyddu yn erbyn y frenhiniaeth o ganlyniad i'r 'gwastraff cywilyddus a wneir ar fyddinoedd, a llyngesoedd, a rhyfeloedd, a segur-swyddwyr, a'r teulu brenhinol hefyd'. Wrth gefnogi cynnig Lewis Dillwyn yn y Senedd ar yr Hawlfraint Frenhinol, meddai'r *Faner* ym mis Mai 1879:

Cadwed y Frenhines yn deg o fewn ei chylch ei hun, a pharched y cyfansoddiad – ac fe'i perchir hithau; ond nis gall y wlad hon oddef iddi hi, nac un penadur arall pwy bynnag, sathru cyfansoddiad y wlad dan draed, a diystyru hawlfreintiau'r senedd.

Cynyddodd ei feirniadaeth o'r sefydliad brenhinol yn ystod yr wythdegau, gan ganolbwyntio ar gost cynnal y frenhiniaeth. Erbyn hyn, yr oedd yn ymylu ar fod yn weriniaethwr, ac nid oedd y Frenhines wedi gwneud lles i'w hachos yn ei olwg drwy ddangos ei gwrthwynebiad i'r bwriad o ddatgysylltu'r eglwys. Ym mis Medi 1880, yr oedd *Y Faner* yn beirniadu'r ysbryd 'imperialaidd' yn y wlad, ysbryd a amlygwyd mewn rhyfeloedd yn Affganistan a De Affrica, ac erbyn diwedd y mis beirniadwyd y Frenhines am ddangos ei hanfodlonrwydd â bwriad y llywodraeth i dynnu'r milwyr o Affganistan. Mewn erthygl ym mis Ebrill 1885, yr oedd *Y Faner* yn datgan mai'r unig reswm y cawsai mab Fictoria swydd gyda'r fyddin yn India oedd o ganlyniad i'w 'gysylltiadau teuluaidd', ac ym mis Mai yr un flwyddyn, cefnogwyd cynnig seneddol i ddiddymu tâl i dywysoges frenhinol tra byddai ei gŵr yn eistedd yn Nhŷ'r Cyffredin. Bu'n rhaid i Gladstone ymddiswyddo ganol 1885 fel prif weinidog ac fe wrthododd y Frenhines ddod o Balmoral i Lundain i'w dderbyn yn unol â'r drefn gyfansoddiadol, ac yr oedd *Y Faner* yn hallt ei beirniadaeth ohoni. Gwrthododd Thomas Gee roi ei enw wrth 'annerch' y bwriedid ei gyflwyno i'r Frenhines ar ei hymweliad â Chymru yn 1889, gan ddatgan y byddai hynny'n arwydd fod yr ymneilltuwyr yn 'fodlon eu byd'. Cyhoeddwyd cyfres o erthyglau yn *Y Faner* yn 1891 yn trafod y frenhiniaeth a gweriniaeth, ac mae'n amlwg fod Thomas Gee yn ochri safbwynt y gweriniaethwyr. Mewn un erthygl, awgrymodd yn gryf fod angen 'i'r deyrnas ystyried bellach ai ni ddylid cyfnewid ei ffurf o lywodraeth, a defnyddio'r moddion priodol i ddwyn hynny oddi amgylch'.

Yr oedd Thomas Gee wedi dangos cefnogaeth gref i'r iaith Gymraeg a'r defnydd swyddogol y dylid ei wneud ohoni. Un achos y bu'n gyson ei gefnogaeth iddo oedd hwnnw i ddefnyddio'r iaith yn y llysoedd a phenodi barnwyr ac ustusiaid a fedrai'r iaith. Cefnogodd *Y Faner* ymdrechion Osborne Morgan yn y Senedd yn ystod mis Mawrth 1872 i fynnu y dylid penodi barnwyr a siaradai Gymraeg i weinyddu'r gyfraith yn y siroedd lle roedd mwyafrif y trigolion yn siarad yr iaith. Mewn erthygl fywiog a doniol gan 'Y Gohebydd' yn Y *Faner* ar 13eg o Fawrth 1872, o dan y pennawd heriol *No more Homersham Coxes* (barnwr ffyrnig o wrth-Gymreig oedd Homersham Cox), dyfynnwyd yn helaeth o araith Osborne Morgan gan ddatgan yn ddiamwys o'i blaid. Cafwyd cyfaddawd tua diwedd y ddadl y gwneid ymdrech i benodi barnwyr a fedrai'r Gymraeg ar yr amod eu bod yn addas i'r swydd, ac fe siaradodd Bruce yr Ysgrifennydd Cartref o blaid hynny.

Ceryddwyd Lewis Edwards yn Y *Faner* ym mis Gorffennaf 1880 am ddweud y dylid gwahardd pregethwyr o'r pulpudau oni bai eu bod yn *loyal* i benderfyniad y Gymdeithasfa o blaid yr Achosion Saesneg a'r Gronfa. Bu Thomas Gee yn llym ei feirniadaeth ar benodiad ustusiaid na fedrai'r Gymraeg, ac fe dynnodd sylw at y ffaith nad oedd yr ustusiaid yn Rhuthun yn deall yr iaith pan ymddangosodd gwŷr Llangwm o'u blaenau yn ystod helynt y degwm. Cefnogodd Emrys ap Iwan pan wrthododd Emrys roi tystiolaeth mewn achos llys ar y 14eg o Hydref 1889 am na châi wneud hynny yn Gymraeg. Yr oedd hwnnw'n achos digon rhyfedd. Cyhuddwyd Thomas Davies, gwas ffarm, o geisio cusanu Jane Beech a hithau'n wraig i'w gyflogwr. Digwyddodd hynny wrth i'r gwas a'r wraig dywys lloi i'r beudy, ac fe redodd Mrs Beech i'r tŷ mewn braw. Aethpwyd â'r achos gerbron y Cyfarfod Misol ac yna i'r llys ynadon. Galwyd Emrys ap Iwan i'r llys i roi tystiolaeth o'r hyn a drafodwyd yn y Cyfarfod Misol. Wedi iddo fynnu rhoi ei dystiolaeth yn Gymraeg, fe'i cyhuddwyd gan un o'r cyfreithwyr o roi esiampl ddrwg, a bu dadlau go ffyrnig. Yn y diwedd fe ohiriwyd yr achos am bythefnos. Pan fu i'r llys ailymgynnull ar yr 28ain o Hydref, mynnodd Emrys ap Iwan gael siarad yn Gymraeg ac fe ddirprwywyd heddwas i weithredu fel cyfieithydd, ond cyn iddo roi tystiolaeth yr oedd Thomas Davies wedi syrthio ar ei fai, a therfynwyd yr achos. Yr oedd Y *Faner* a Thomas Gee yn cefnogi safiad Emrys;[1] 'edmygir ei wroldeb a'i benderfyniad gan bob Cymro pur', ac 'Ystyriwn fod Emrys ap Iwan wedi gwneud gwasanaeth amhrisiadwy trwy ei ffyddlondeb i'r hen iaith. Pwy eto?'

[1] Gweler Y *Faner* 16 Hydref a 30 Hydref 1889.

Bu Thomas Gee yn cefnogi'r ymdrechion i helaethu'r defnydd o'r Gymraeg yn yr Eisteddfod Genedlaethol ac fe ymdrechodd i sicrhau dysgu'r Gymraeg yn yr ysgolion.

Dechreuodd yr alwad am ymreolaeth i Gymru oddeutu 1886. Yr oedd rhai, gan gynnwys Thomas Gee, wedi cefnogi galwad Joseph Chamberlain am *home rule all round* adeg y ffrae â Gladstone ar fater Ymreolaeth i Iwerddon. Ond gwelwyd mai ystryw wleiddydol yn unig oedd hyn ar ran Chamberlain i dynnu sylw oddi ar ymdrechion Gladstone ar adeg go eirias yn y ddadl. Emrys ap Iwan sy'n haeddu'r clod am fathu'r term 'ymreolaeth',[2] ac fe'i defnyddiwyd yn gyhoeddus yng Nghymru am y tro cyntaf yn ystod y cyfarfodydd cyhoeddus a drefnwyd adeg helynt y degwm.

Yn Lloegr, fodd bynnag, y dechreuodd mudiad Cymru Fydd, a hynny yn 1886, y flwyddyn yr aeth Thomas Ellis i'r Senedd yn ŵr saith ar hugain oed. Heb os, ef oedd prif symbylydd cynnar y mudiad hwn, a'i weledigaeth ef o Gymru oedd y peiriant a yrrai'r cyfan yn ei flaen. Yr oedd wedi cyrraedd Llundain rai misoedd cyn yr etholiad ac wedi dechrau ar y gwaith o drafod y syniadau a roddodd gyfeiriad i'r mudiad. Ond symudiad digon bregus a simsan a fu mewn gwirionedd, gan na fu iddo ennill calonnau pobl ac etholwyr Cymru. Pan fu iddo chwythu ei blwc ar ddiwedd y ganrif, ychydig o alaru a fu, mewn gwirionedd. Er hynny, rhaid cydnabod mai hwn oedd y mudiad democrataidd cyntaf i arddel cenedligrwydd Cymru, ac i weithredu'n wleiddydol i hyrwyddo'i amcanion. Y broblem fawr oedd nad oedd unfrydedd barn ymhlith selogion y mudiad ynglŷn â'r ffordd orau i weithredu. Mae rhai haneswyr yn dadlau iddo fethu o ganlyniad i ffrae rhwng Cymry Cymraeg gwledig y gogledd a Chymry Saesneg cosmopolitanaidd Caerdydd a Chasnewydd ond, fel y dadleua John Davies yn *Hanes Cymru*,[3] mae'r rhesymau'n llawer mwy cymhleth na hynny. Nid mater o iaith neu ddaearyddiaeth oedd yr unig resymau – yma y gwelwn y gwrthdaro rhwng y bywyd gwledig a'r bywyd trefol, rhwng radicaliaeth wleiddydol a chymdeithasol pobl fel Thomas Gee a Lloyd George, a cheidwadaeth arweinwyr y Rhyddfrydwyr yn ninasoedd a

---

[2] Gweler *Cofiant Emrys ap Iwan*, T. Gwynn Jones (Gwasg Gee) 1912.
[3] *Hanes Cymru*, t. 451.

phorthladdoedd y de. Ni lwyddwyd i asio'r radicaliaeth a berthynai i'r Cymry Cymraeg a'r egin o sosialaeth a fyddai'n gymaint rhan o draddodiad cymoedd y de yn yr ugeinfed ganrif.

Mae cyfnod Cymru Fydd yn syrthio i ddwy ran gwbl daclus, y naill rhwng 1886 a 1890, a'r llall rhwng 1894 a 1896. Fe lusgodd ymlaen hyd 1898, ond yng nghyfarfod Casnewydd yn 1896 y cafodd yr ergyd farwol mewn gwirionedd. Er bod y mudiad yn cefnogi achosion megis datgysylltiad a sicrhau gwell cynrychiol-aeth yn y Senedd, ei gefnogaeth i ymreolaeth oedd yr hyn a'i gwahaniaethodd oddi wrth fudiadau eraill y cyfnod. Cefnogwyd sefydlu senedd ddeddfwriaethol i Gymru o fewn y Deyrnas Gyfunol. Ni bu unrhyw ymgais i ddadlau o blaid annibyniaeth lwyr, ac yr oedd Thomas Ellis ei hun wedi dod o dan ddylanwad yr imperialydd, Cecil Rhodes. Gallai ddadlau o blaid cenedlaetholdeb Cymreig ac imperialaeth Brydeinig heb weld unrhyw wrthdaro rhyngddynt.[4] Fel y gwnaeth sawl 'mudiad' yn y cyfnod hwn, fe sefydlwyd cylchgrawn misol a'i enwi'n *Cylchgrawn y Blaid Genedlaethol Gymreig*. Fe gynhwysid erthyglau gwleidyddol eu naws yn ogystal â rhai ar hanes, cerddoriaeth a gwyddoniaeth yn y rhifynnau cynnar. Ond wedi penodi Owen M. Edwards yn olygydd ym Mehefin 1889, fe newidiwyd y pwyslais ac erbyn diwedd y flwyddyn yr oedd y cynnwys gwleidyddol wedi lleihau'n sylweddol. Daeth cyfnod cyntaf Cymru Fydd i ben i bob pwrpas wedi araith Thomas Ellis yn y Bala ar y 18fed o Fedi 1890 yng nghyfarfod Cymdeithas Rhyddfrydwyr Meirionnydd. Dyma'r araith bwysicaf a wnaed ar y pwnc yn y cyfnod hwn. Fe'i disgrifir fel 'cyffes ffydd'[5] ac mae ôl saernïo gofalus arni. Galwodd am sefydlu 'Cymanfa Ddeddfwriaethol' a fyddai'n symbol o'n 'hundeb cenedlaethol' ac yn erfyn i 'weithio allan ddelfrydau cymdeithasol a buddiannau diwydiannol'. Ceir dyfyniadau o'r araith yn *Y Faner* ar 24ain o Fedi 1890.

Llugoer oedd ymateb y Cymry i eiriau a delfrydau Thomas Ellis. Hawdd deall hynny heddiw, ond bu'n siom aruthrol iddo ef. Mae'n ddigon posibl mai'r ymateb a gafodd i'r hyn a ystyriai'n faniffesto cyntaf y mudiad o blaid ymreolaeth a barodd iddo

[4] ibid t. 448.
[5] *Cofiant T. E. Ellis* gan T. I. Ellis (Gwasg y Brython) 1948. Cyf. II t. 108.

dderbyn swydd yn y llywodraeth ddwy flynedd yn ddiweddarach. Beth bynnag am hynny, ni fu llawer o siâp ar fudiad Cymru Fydd tan 1894 pan sefydlwyd canghennau ledled Cymru a chreu trefniadaeth ganolog i'r mudiad. Dyma'r cyfnod pan gipiodd Lloyd George yr awenau yn y gogledd, ac fe gymerodd Thomas Gee ran flaenllaw yn y gweithgareddau o hynny ymlaen. Er na allai Thomas Ellis chwarae rhan flaenllaw yn y mudiad yn y cyfnod hwn gan ei fod yn aelod o'r llywodraeth, mae yna le i gredu bod peth eiddigedd yn y berthynas rhyngddo a Lloyd George o hyn ymlaen. Er bod y ddau'n wleidyddion ifainc a disglair ac yn cynrychioli'r 'wleidyddiaeth newydd' ar ôl 1886, cafodd Lloyd George gryn sylw fel areithydd a gweithredwr gwleidyddol hynod effeithiol wedi'i ethol i'r Senedd yn 1890. Mynnodd Lloyd George geisio rhoi trefn ar Gymru Fydd ac fe benodwyd Beriah Gwynfe Evans yn ysgrifennydd yn 1895.

Yn ystod mis Mehefin 1894, daeth cynrychiolwyr y mudiad ynghyd yng Nghaer, ac fe'u cynghorwyd gan Thomas Gee i gydweithio gyda changhennau presennol y mudiad yn y de a'r gogledd cyn gwneud cynnig i'w huno. Fodd bynnag, cynhaliwyd cynhadledd o ganghennau'r de yng Ngastell Nedd yn ystod mis Awst, a phenodwyd pwyllgor i gyfarfod cynrychiolwyr y gogledd yn Llandrindod yn ddiweddarach yn y mis. Yno, rhoddwyd trefn ar amcanion y mudiad. Y prif amcan oedd 'cadw undod cenhedlig Cymru' ac fe ellid sicrhau hynny drwy 'gefnogi trefn i gael Ymreolaeth i Gymru'. Mewn araith ym Manceinion ddiwedd Hydref, cyfaddefodd Thomas Gee fod y diffyg trefn yn llesteirio'u gwaith. Erbyn diwedd y flwyddyn yr oedd Cynghrair Cymru Fydd a Chynghrair Ryddfrydol y Gogledd wedi dod i ddealltwriaeth, ac fe gafwyd cyfarfod pellach gyda chynrychiolwyr y de yng Nghaerdydd ym mis Ionawr 1895 pryd y cariwyd penderfyniad o blaid un gynghrair i Gymru gyfan. Ond ym mis Mawrth, ymddengys i D. A. Thomas, A.S. Merthyr, newid ei feddwl ar ôl y cyfarfod yng Nghaerdydd ac fe ymosododd ar y bwriad i uno cymdeithasau'r de a'r gogledd. Bu ymrafael ymhlith cynrychiolwyr y de, ac er bod yna benderfyniad i gyfarfod yn Aberystwyth ym mis Ebrill, cynhaliwyd cyfarfod o gynrychiolwyr y de ar y funud olaf bron er mwyn gohirio'r penderfyniad hwnnw. Er hynny, aethpwyd ymlaen â'r trefniadau ar gyfer y cyfarfod yn Aberystwyth, ac fe ddaeth cynrychiolwyr o nifer o etholaethau'r de yno wedi'r cwbl! Mewn cyfarfod o Gynghrair Ryddfrydol y Gogledd a gyfarfu ar y diwrnod blaenorol, fe ddadleuodd merch Thomas Gee yn erbyn cynnig 'i sicrhau yr un hawliau dinesig i ferched ag a ganiateir i ddynion', ond fe'i pasiwyd gyda mwyafrif mawr yng nghyfarfod Cynghrair Cymru Fydd. Daethpwyd i gytundeb ar ddiwygio'r cyfansoddiad, ac fe gyfarfu cynrychiolwyr y gogledd yng Nghaer ddechrau Mehefin i gadarnhau penderfyniad Aberystwyth. Yr oedd *Y Faner* yn galw am undeb er mwyn cael mynd ati i weithredu ar yr amcanion. Yn ystod cyfarfod cyntaf y Gynghrair Genedlaethol yn Llandrindod ganol y mis, penodwyd Alfred Thomas yn Llywydd a Beriah Gwynfe Evans yn Ysgrifennydd a sefydlwyd cyd-bwyllgor o gynrychiolwyr y de a'r gogledd i geisio cymod parhaol. Penodwyd Thomas Gee yn un o gynrychiolwyr y gogledd ac yn y cyfarfod cyntaf ddiwedd Mehefin, siaradodd o blaid cadw'r Gynghrair Genedlaethol, tra dadleuai rhai o gynrychiolwyr y de y dylid rhannu Cymru yn daleithiau a Chynghrair i bob un. Ar ôl cryn drafod, cytunwyd ar bedair talaith at bwrpas gweinyddol, ac iddynt bwyllgor yr un i gyfarfod mewn Cyngor Cenedlaethol yn ôl yr angen. Yr oedd angen pwyllgor arall i adolygu'r cyfansoddiad yn sgil y penderfyniad hwn, a phenodwyd Thomas Gee yn aelod ohono.

Bu ymrafael ynglŷn â'r cyfansoddiad mewn cyfarfod o'r cyd-bwyllgor yn Amwythig ar y 25ain o Fedi 1895. Mae yna adroddiad llawn o'r cecru rhwng cynrychiolwyr y de a'r gogledd yn *Y Faner* ar yr ail o Hydref. Mynnai Thomas Gee gadw at ei ddehongliad ef o benderfyniadau a wnaed i sefydlu Cynghrair Genedlaethol yn Llandrindod ac a gadarnhawyd yn Aberystwyth, tra dadleuai eraill mai'r bwriad oedd sefydlu Cynghreiriau Taleithiol. Bu cryn ddadlau ynghylch a ddylid enwi'r corff cenedlaethol yn Gynghrair ynteu'n Gyngor. Yn y bleidlais derfynol cafwyd bod tri o blaid cynnig Thomas Gee a thri yn erbyn! Heriwyd hawl Thomas Gee i fwrw pleidlais gario, ac yn y diwedd taflwyd y mater i'w ystyried ymhellach gan y Gynhadledd Genedlaethol. Yr oedd hi'n eithaf amlwg erbyn hyn y byddai'n anodd cael dealltwriaeth. Cyfarfu Cynghrair y De ddechrau'r flwyddyn ganlynol, ac yno daeth y cyfan i ben mewn gwirionedd. Fe'i cynhaliwyd yng Nghasnewydd ar yr 16eg o Ionawr, ac aeth Lloyd George yno i geisio perswadio Cynghrair y De i uno â'r Gynghrair Genedlaethol. Ond yr oedd ei elynion wedi trefnu'n ofalus ac fe'i trechwyd. Yn ôl yr adroddiadau, cafodd wrth-wynebiad mileinig, ac fe ddywedodd Robert Bird, llywydd Rhyddfrydwyr Caerdydd: *There are . . . from Swansea to Newport, thousands upon thousands of Englishmen, as true Liberals as yourselves . . . who will never submit to the domination of Welsh ideas.* Anerchodd Lloyd George ei gyfeillion ar ddiwedd y cyfarfod, ond buan y sylweddolodd nad oedd fawr o bwrpas iddo ymladd ymhellach. Cafwyd adroddiadau manwl o'r trafodaethau yn *Y Faner* ar yr 22ain o Ionawr gan gynnwys cyfieithiadau o adroddiadau yn y *South Wales Daily News* a'r *Western Mail.* Teimlai Thomas Gee fod y sefyllfa 'yn ddifrifol'. Bu ymdrech i ffurfio mudiad arall 'Cymru'n Un' yn ystod 1897, ac fe gynhaliwyd cynhadledd yng Nghaerdydd ym mis Chwefror 1898. Yr oedd Thomas Gee yn bresennol ac yn cymeradwyo'r ffaith nad oedd y cecru a nodweddai cyfarfodydd Cymru Fydd yn rhan o'r digwyddiadau. Yng nghyfarfod cyntaf y mudiad newydd yn ystod mis Awst 1898, fe'i henwebwyd yn llywydd ac fe ysgrifennodd yn *Y Faner* am 'ddyhead y Genedl Gymreig am ryddid yn y ffurf uchaf arno, sef rhyddid y bobl o orthrymderau anghyfiawn ac annioddefol, a rhyddid y bobl i ffurfio ac i weinyddu dosbarth o gyfreithiau fydd yn dwyn perthynas neilltuol â'u manteision hwy eu hunain.'

Methodd Cymru Fydd am nad oedd y syniad o ymreolaeth wedi'i wreiddio yn ddigon dwfn ym meddyliau pobl Cymru. O edrych yn ôl, hawdd yw gweld nad oedd modd iddo lwyddo, mewn gwirionedd. Nid oedd y syniad o ymreolaeth wedi codi mewn unrhyw ffurf ymarferol cyn 1886, ac ni bu digon o drafod arno cyn symud ymlaen i ffurfio mudiad torfol. Bregus iawn oedd y syniad o 'genedligrwydd' i'r mwyafrif o Gymry, ac nid oedd digon yn gyffredin rhwng arweinwyr y Rhyddfrydwyr yn y de a'r gogledd.

Er nad oedd Thomas Gee yn genedlaetholwr yn ystyr gwleidyddol y term cyn iddo ddod yn arweinydd y mudiad gwrth-ddegymol, yr oedd yn agored iawn i dderbyn y syniadau newydd a ddaeth yn ei sgil ac yn sgil mudiad Cymru Fydd. Wrth iddo ddod i sylweddoli bod y llywodraeth Ryddfrydol yn gyndyn iawn o ddeddfu ar faterion yn ymwneud â Chymru, cefnogodd sefydlu'r blaid seneddol Gymreig, a chefnogi'r brotest gan y pedwar aelod, gan gynnwys Lloyd George, a wrthododd gymryd chwip y

Rhyddfrydwyr am gyfnod o ganlyniad i'r oedi cyn cyflwyno'r mesur Datgysylltu. Ac wrth i Lloyd George gipio awenau Cymru Fydd yn y gogledd ar ôl 1894, fe'i cefnogwyd yn gadarn gan Thomas Gee yn Y *Faner*. Bu Lloyd George ar daith hynod lwyddiannus yn y de wrth geisio cefnogaeth i'r mudiad. Gwerthfawrogai Lloyd George gefnogaeth Y *Faner* a Thomas Gee. Mae hynny'n glir yng nghynnwys llythyr i'r teulu ar achlysur penblwydd Thomas Gee yn 80:

> What amazes everyone in connection with Mr Gee is not only the stalwartness of his physique but the freshness of his mind at such an advanced age. With the exception of Mr Gladstone there is no man I know of who has displayed such receptiveness to new ideas. Just fancy him in his eightieth year leading this movement for the formation of a genuine national party in Wales . . . The Liberal organisations have been captured already by Welsh Nationalism and I attribute the triumph to your father's sturdy actions . . .[6]

Aeth Lloyd George ymhellach drwy nodi ei fod yn ystyried Thomas Gee fel ei 'dad gwleidyddol' ar yr adeg hon. Poenai Lloyd George am ddiffyg trefn Cymru Fydd ac mewn llythyr arall ym mis Hydref 1895, cwynai am allu trefniadol Beriah Gwynfe Evans. Gwyddai na allai'r mudiad fynd yn ei flaen a threulio cymaint o amser yn trafod y cyfansoddiad, ac y byddai'n rhaid iddynt gyfeirio eu holl ymdrechion i sicrhau diwygiadau ar bynciau yn ymwneud â'r eglwys, y tir, addysg, dirwest, mewn un ymgyrch fawr o blaid hunanlywodraeth genedlaethol. Sylweddolai fod y mudiad yn fregus a dyna pam y bu iddo fentro i gyfarfod Cynghrair y De yng Nghasnewydd yn gynnar yn 1896. Dichon fod yna eiddigedd tuag ato fel gwleidydd ifanc radical a disglair ymhlith rhai o'r Rhyddfrydwyr dinesig.

[6] LLGC 8310D.

Diwedd y Daith

Bu Thomas Gee farw ar yr 28ain o Fedi 1898 yn 83 mlwydd oed[1] heb fawr o gystudd. Yn y dyddiau cyn ei farwolaeth, bu'n siarad mewn cyfarfod dirwestol. Bu yn y capel fore Sul y 25ain o Fedi a bu'n ymweld â'r cleifion yn ysbyty'r dref gyda'r hwyr. Gweithiodd yn y swyddfa ddydd Llun hyd ddeg yr hwyr, er mwyn sicrhau bod Cofiant Gladstone yn barod ac i sicrhau y deuai'r *Faner* o'r wasg ar y dydd Mercher. Yr oedd Gladstone wedi marw ar y 19eg o Fai, ac fe gomisiynwyd Griffith Ellis, Bootle, i ysgrifennu cofiant iddo. Yn ystod y nos trawyd Thomas Gee yn wael, a bu yn ei wely yn ystod y diwrnod canlynol. Ar y dydd Mercher, bu yn y gwely hyd ddiwedd y prynhawn, ac yna bu'n trafod lle i roi'r lluniau yng nghofiant Gladstone. Llewygodd wrth fynd yn ôl i'w wely a galwyd y meddyg. Er iddo siarad ychydig wedyn, gwaethygodd a bu farw ychydig funudau cyn wyth o'r gloch.

Bu'r gwasanaeth angladdol yn y Capel Mawr ar y 3ydd o Hydref. Yr oedd tyrfa fawr wedi ymgasglu, un o'r tyrfaoedd mwyaf a welwyd yn y dref erioed. Cafwyd gwasanaeth preifat yng nghartref y teulu ym Mronallt, ac fe ymgasglodd dros 2,000 o bobl yn y capel ar gyfer y gwasanaeth cyhoeddus. Llywyddwyd y gwasanaeth gan y gweinidog, Evan Jones. Ymhlith y siaradwyr yr oedd Thomas Ellis,[2] ac meddai:

> *Ni wariodd ef un diwrnod, un awr, mewn oferedd. Ni roddwyd erioed yn nhir Cymru un a garodd ac a wasanaethodd ei genedl gyda chariad mor drylwyr a Thomas Gee . . . Yn bersonol sylweddolaf heddiw, yn fwy dwys a diolchgar nag erioed, y ddyled sydd arnaf iddo am ei ddysgeidiaeth, ei esiampl, ei gyngor, ei gymorth parod ym mhob argyfwng, ei gyfeillgarwch di-wyro.*

---

[1] Mae camgymeriad yng nghofiant TGJ sy'n cofnodi (t. 616) ei fod yn 84.
[2] T. I. Ellis, *Cofiant T. E. Ellis*, Cyf. II tt. 228-9.

Modelwyd trefniadau'r angladd ar gynhebrwng Gladstone yn ôl yr hanes,[3] ac fe orymdeithiodd tyrfa enfawr, filltir o hyd, o'r capel i'r fynwent newydd ar gyrion y dref, lle rhoddwyd gweddillion Thomas Gee i orffwys.

Mae cynnwys y teyrngedau ysgrifenedig a ymddangosodd yn dilyn ei farwolaeth braidd yn anfeirniadol ac yn ymylu ar weniaith, a'r iaith flodeuog yn nodweddiadol o'r cyfnod. Yr oedd yna duedd hefyd i ganolbwyntio ar flynyddoedd olaf Thomas Gee, yn arbennig felly ar ôl 1880, gan edrych ar ei holl fywyd yng ngoleuni ei weithgarwch yn y cyfnod hwn. Mae yna rai sylwadau gwerthfawr, fodd bynnag, sydd wedi goroesi pob astudiaeth a wnaed ohono. Tystia pawb i'w ynni dihysbydd, ei benderfyniad di-ildio ar brydiau, cadernid ei gymeriad, ei gyfraniad fel golygydd Y *Faner* a pherchennog Gwasg Gee, ei synnwyr busnes, ei radicaliaeth wleidyddol yn nhermau'r cyfnod a'i barodrwydd i dderbyn syniadau gwleidyddol newydd. Er hynny, yr oedd yn berson anodd a chaled, ac fe allai fod yn rhagfarnllyd ac annoeth ar brydiau. Treuliodd lawer gormod o'i amser yn ffraeo ag eglwyswyr, ac fe wastraffodd lawer o'i ynni ar yr ymgyrch i ddatgysylltu'r eglwys pryd y gallai fod yn llawer mwy proffidiol iddo fod wedi canolbwyntio ar welliannau cymdeithasol. Fe ddarostyngodd bopeth bron i'r frwydr hon am gyfnodau maith, a gwnaeth ddrwg i achosion eraill o'r herwydd.

Un o nodweddion amlycaf ei oes faith oedd y ffordd y bu iddo lwyddo i bontio sawl cyfnod yn hanes Cymru yn y ganrif ddiwethaf. Yn ôl un hanesydd, saif Thomas Gee fel y cysylltiad rhwng byd canol oes Victoria a nodweddai bobl fel S.R. a Lewis Edwards, a chenedlaetholdeb Lloyd George ar ddiwedd y ganrif. Yr oedd yn rhan o'r symudiad pendant oddi wrth geidwadaeth grefyddol a gwleidyddol oes John Elias, ac yn rhannol gyfrifol am ryddfrydiaeth canol y ganrif. Brwydrodd gymaint â neb i ehangu'r rhyddfraint, a sicrhau'r balot, ac yr oedd yn gefnogwr cynnar i'r ymgyrch i roi'r bleidlais i ferched. Teimlai fod y frwydr i wella amgylchiadau pobl yn y byd hwn cyn bwysiced â'r frwydr am eu heneidiau, a bu'n barod i herio safbwynt traddodiadol y Methodistiaid Calfinaidd na ddylid ymhél â gwleidyddiaeth nac ymgyrchoedd torfol. Ysbrydolodd genhedlaeth o Gymry ifainc i

---

[3] Gweler Cyhoeddiad Archifdy Clwyd 1983.

arwain y frwydr wleidyddol yng Nghymru yn chwarter olaf y ganrif, a bu'n gefn iddynt hyd ddiwedd ei oes. Gwyddai nad oedd cyhoeddi papur newydd yn ddigon – yr oedd angen arweinwyr gwleidyddol yn y Senedd hefyd, ac ef yn anad neb arall a welodd bwysigrwydd hynny.

Yr oedd yn ddyn a fynnai ymroddiad llwyr gan eraill, yn arbennig felly ei weithwyr ei hun. Mae yna sôn ei fod yn sefyll yn ei swyddfa yng Ngwasg Gee yn edrych drwy sbienddrych i gyfeiriad fferm yr Eglwys Wen adeg y 'cynhaeaf, a phe byddai awgrym fod y gweithwyr yn segura, anfonid neges yno'n fuan i'w hatgoffa o'u dyletswyddau. Er ei fod yn mynnu gwell telerau i ddenantiaid ffermydd, mae tystiolaeth anecdotaidd nad oedd yn talu cyflog teilwng i'w weithwyr ei hun. Mae Gwilym R. Jones,[4] a fu'n olygydd Y *Faner* am gyfnod go faith yn y ganrif hon, yn adrodd stori a glywodd am gyfnod Thomas Gee. Bu chwarelwyr y Penrhyn ar ymweliad â Dinbych i godi arian yn ystod anghydfod yn y chwarel a buont yng Ngwasg Gee yn gofyn am gefnogaeth. Wrth i'r gweithwyr ddechrau siarad canfuwyd bod y chwarelwyr yn cael mwy o gyflog na gweithwyr y wasg!

Efallai fod Thomas Gee yn ŵr caled a digon didostur ar brydiau, ond fe lwyddodd yn well na neb arall yn hanes Cymru i gyhoeddi papur newydd safonol, diddorol ac ymgyrchol a hynny yn y Gymraeg. Yr oedd llwyddiant y papur i'w ganfod yn safon ei newyddiaduriaeth, ac fe'i gosodwyd ar sylfaen busnes cadarn. Heb os, cyhoeddi'r *Faner* o 1857 hyd ddiwedd ei oes oedd campwaith Thomas Gee, a beth bynnag oedd y brychau yn ei gymeriad, gall Cymru ymfalchïo yn y gamp hon fel un o'r cymwynasau mwyaf a wnaed i'n cenedl.

---

[4] Gwilym R. Jones, *Rhodd Enbyd* (*Llyfrau'r Faner* 1983).

LLYFRYDDIAETH DDETHOL

Llyfrgell Genedlaethol Cymru, Aberystwyth

Llawysgrifau   Thomas Gee LLGC 8305-8320
Gwasg Gee LLGC 20151C, 20152-3E, 20154B
Mri Gee a'i Fab, Dinbych (Morris T. Williams)
LLGC
Mrs Tom Gee, Aberystwyth, a Miss Dilys Gee,
Y Ro-Wen LLGC 11011E
Papurau T. Gwynn Jones LLGC Cyfrol IV & B409-
10 Cyfrol II G7027

Swyddfa Cofrestr Gyhoeddus, Kew

Papurau'r Swyddfa Gartref 42/34, 43/6 & 50/23

Llyfrau Cyffredinol

Morgan, J. Vyrnwy, *Welsh Political & Educational Leaders in the Victorian Era* (1908)
Morgan, J. Vyrnwy, *A Study in Nationality* (1911)
Jenkins, R. T., *Hanes Cymru yn y Bedwaredd Ganrif ar Bymtheg* (1933)
Jones, E. P., *Methodistiaeth Galfinaidd Dinbych 1735-1909* (1936)
Morgan, Kenneth O., *Wales in British Politics 1868-1922* (1970)
Jones, David, *Before Rebecca* (1973)
Jones, Frank Price, *Radicaliaeth a'r Werin Gymreig yn y Bedwaredd Ganrif ar Bymtheg* (1975)
Morgan, Kenneth O., *Rebirth of a Nation: Wales 1880-1980* (1981)
Wood, Anthony, *Nineteenth Century Britain* (ail argraffiad) (1981)
Williams, Gwyn A., *When Was Wales?* (1985)
Davies, John, *Hanes Cymru* (1990)

Cofiannau/Bywgraffiadau

Thomas, Owen, *Cofiant John Jones Talsarn* (1874)
Jones, Jonathan, *Cofiant Thomas Jones o Ddinbych* (1897)
Owen, John, *Cofiant Daniel Owen* (1899)

174

Jones, T. Gwynn, *Cofiant Emrys ap Iwan* (1912)
Jones, T. Gwynn, *Cofiant Thomas Gee* (1913)
Garvin, J. L., *The Life of Joseph Chamberlain* Cyf 1-3 (1932-)
Ellis, T .I., *Cofiant Thomas Edward Ellis* Cyf I & II (1944 & 1948)
Jenkins, David, *Cofiant T. Gwynn Jones* (1973)
Morgan, Kenneth O., *Lloyd George* (1974)
Jones, Gwilym R., *Hunangofiant 'Rhodd Enbyd'* (1983)
Smith, Denis, *Mazzini* (1994)
Jenkins, Roy, *Gladstone* (1995)

Llyfrau Lleol/Pynciau penodol

Williams, John, *Ancient and Modern Denbigh* (1856 & 1989)
Williams, W. R., *The Parliamentary History of Wales, 1541-1895* (1895)
Vincent, J. E., *The Land Question in North Wales* (1896)
Hamer, F. E., *The Personal Papers of Lord Rendel* (1931)
Foot, M. R. D., & Matthew, H. G. C., *The Gladstone Diaries* Cyf. 1-14

Erthyglau, Cylchgronau, Llyfrynnau

Y Traethodydd

Cyf XXXVII	ar y Gwyddoniadur
Cyf XL	Sefydlu Prifysgol Gogledd Cymru, Bangor
Cyf XLIII	Landlordiaeth a'r Eglwys
Cyf LIV	Erthygl Goffa ar Thomas Gee gan Evan Jones, Caernarfon
Hydref 1992	'Saernïo'r Gofeb, T. Gwynn Jones a Chofiant Thomas Gee,' Philip Henry Jones
Ionawr 1995	'Y *Traethodydd* 1845-1995: Hanes y Cychwyn', J. E. Caerwyn Williams
Gorffennaf 1995	'Y *Traethodydd* 1845-1995: Ychydig o Hanes Masnachol y Degawd Cyntaf', Philip Henry Jones,

Trafodion Cymdeithas Hanes Sir Ddinbych

Cyf 40 (1991) Erthygl gan Philip Henry Jones
Cyf 43 (1994) Erthygl gan S. I. Wicklen

Eraill

Ashton, G. M., *Hunangofiant a Llythyrau Twm o'r Nant* (1948)
Jones, Frank Price, *Thomas Jones o Ddinbych* (1956)
Price, Emyr, *Darlith ar Thomas Gee* (1977)

Adroddiadau Seneddol

Reports of the Commissioners of Inquiry into the State of Education in
     Wales (1847)
Report of the Committee appointed to Inquire into the condition of
     Higher Education in Wales (1881)
Second Report of the Commissioners appointed to Inquire into the
     Elementary Education Acts (1887)
Tithe Disturbances Inquiry (1887)
Final Report of the Commissioners appointed to Inquire into the
     Elementary Education Acts (1888)
Report of the Royal Commission on Land in Wales and Monmouthshire
     (1894-96)

Mynegai

Y mae n ar ôl rhif yn golygu troednodiad.

Evans, P. M. (Treffynnon), 64, 68.
Evans, T. Lloyd, 94.
Evans, Thomas (Dinbych), 69.
Evans, William (Caer), 107, 108.

Ffoulkes, Mary, 27, 30, 50.
Ffoulkes, Robert ac Anne, 30.
Forster, William, 102, 103.
Frost, John, 52.

Gee, Thomas (y tad), 21, 26, 27, 30, 33, 34, 37-9, 48, 49, 56.
Gee, Mary (y fam), 30.
Gee, Sarah (chwaer), 36, 39, 40, 46, 48, 50, 54, 83.
Gee, Mary Anne (chwaer), 49.
Gee, Robert Foulkes (brawd), 31, 50.
Gee, Edward Williams (brawd), 31, 39.
Gee, Mary (y ferch hynaf), 12, 13, 14, 54, 55, 73.
Gee, John Howel (mab), 14, 54, 57, 126, 127, 134, 138, 140.
Gee, Thomas, Robert Foulkes, Sarah, Emily, Claudia, Anne (meibion a merched), 54.
George, D. Lloyd, 13, 147, 149, 156, 157, 165, 167, 168, 169, 170, 172.
Gladstone, William Ewart, 49, 70, 102, 103, 105, 110, 111, 113-123, 141, 145, 147, 148, 149, 152-6, 159, 162, 163, 165, 170, 171, 172.
Glynne, Catherine, 49.
Glynne, Syr Stephen, 49.
Gordon, Cadfridog, 118.
Griffith, Mr. (Caer-hun), 80.
Griffiths, John ('Y Gohebydd'), 112, 164.
Gwynedd, Ieuan, 77.

Harney, George Julius, 51.
Harris, Hywel, 19, 20.
Hetherington, Henry, 86.
Hughes, John (Lerpwl), 61, 64.
Hughes, (Esgob), Joshua, 114, 152.
Hughes, Margaret, 20.

Hughes, (Y Parch.) John (Porthaethwy), 87.
Hughes, Susannah, 47, 54, 73.
Hughes, Teulu (Plas Coch, Llangynhafal), 54.

Iwan, Emrys ap, 13, 16, 59, 161, 162, 164, 165.

Jenkins, D. E., 12.
Jenkins, R. T., 14, 60n, 70n.
Jenkins, Roy, 83, 119n.
Jones, Brynmor, 151.
Jones, D. Ifor, 140.
Jones, Edward, (Bathafarn), 25.
Jones, Edward (tad Thomas Jones), 21.
Jones, Elisabeth, 24.
Jones, Evan, 171.
Jones, Frank Price, 22, 24, 123n.
Jones, Gwilym R., 173.
Jones, Hugh (Tŷ Nant), 130.
Jones, Jacob, 94.
Jones, Jane (mam Thomas Jones), 21.
Jones, John (Aeddren), 28, 50.
Jones, John (Jac Glan-y-gors), 21, 22, 28.
Jones, John (Lerpwl), 58.
Jones, Jonathan, 22, 24, 33.
Jones, Michael D., 96, 98, 141, 162.
Jones, Owen (Meudwy Môn), 49.
Jones, (Dr.) Pan, 140, 141, 145.
Jones, Philip Henry, 12n, 13.
Jones, Richard (o'r Wern), 37.
Jones, T. Gwynn, 11, 12, 13, 19, 31, 33, 34, 38n, 42, 49, 54, 59, 63, 71, 75, 77, 81, 95, 116, 117, 121, 126, 127n.
Jones, T. M., 62.
Jones, (Dr.) Thomas, 13.
Jones, Thomas (o Ddinbych), 19, 21-27, 30, 33, 42, 56.
Jones, Thomas (Glan Alun), 66, 87.
Jones, W. Collister, 24, 26, 30, 56.
Jones, William (Nant Uchaf), 138.
Jones, William (Penporchell Uchaf), 137n.
Jones, Wilson, 48.
Jones-Parry, Love D., 97.

178